微观 MICROECONOMICS 经济学

主编 王正明 副主编 鄢 军 陈银飞

江苏大学出版社
JIANGSU UNIVERSITY PRESS
镇 江

图书在版编目(CIP)数据

微观经济学 / 王正明主编. 一镇江：江苏大学出版社，2013.2(2020.1 重印)
ISBN 978-7-81130-445-9

Ⅰ.①微… Ⅱ.①王… Ⅲ.①微观经济学－高等学校－教材 Ⅳ.①F016

中国版本图书馆 CIP 数据核字(2013)第 030502 号

微观经济学
WEIGUAN JINGJI XUE

主　　编/王正明
责任编辑/顾正彤　柳　艳
出版发行/江苏大学出版社
地　　址/江苏省镇江市梦溪园巷 30 号(邮编：212003)
电　　话/0511-84446464(传真)
网　　址/http://press.ujs.edu.cn
排　　版/镇江文苑制版印刷有限责任公司
印　　刷/扬州皓宇图文印刷有限公司
开　　本/787 mm×1 092 mm　1/16
印　　张/13.5
字　　数/340 千字
版　　次/2013 年 2 月第 1 版　2020 年 1 月第 7 次印刷
书　　号/ISBN 978-7-81130-445-9
定　　价/32.00 元

前言

“微观经济学”是高校经济、管理类专业教学体系中最重要的专业基础课程之一，也是其他众多专业的学生经常选修的社科类课程，因为要真正认识现代市场经济环境，准确把握市场经济规律，有效指导市场经济运行，科学管理市场经济活动，就必须学习和掌握经济学基础理论和方法。著名经济学家凯恩斯曾经说过：“经济学不是一种教条，只是一种方法，一种心灵的容器，一种思维的技巧，帮助拥有它的人得出正确的结论。”因此，学习经济学理论重在思辨、要在解析、珍在理解、贵在应用。

现代教学理念早已摒弃了那种将学生简单当作教育的产品和知识传授的接受者的陈旧观念，转而真正将学生作为教学活动的主体，作为教育服务的对象。因此，微观经济学教学也应从传统教学模式中的教条化、空洞化倾向中转变过来，更加注重从提高学生学习兴趣、激发学生思辨能力、加深学生对经济原理的理解等角度进行教学活动，坚持将现实经济问题引入课堂，在对经济问题作出分析的过程中激发学生的探索欲望，让学生始终带着问题进行学习，使微观经济学作为经济思维分析工具和经济系统认识手段的性质在教学过程中真正地体现出来。

当然，我们也注意到，作为教学主体的学生正在发生着一些重要的改变。在网络信息时代成长起来的跨世纪新一代青年，他们的信息获取渠道更加立体化，网络应用能力大大增强，对时事信息的感知空前敏锐，知识体系的更新速度不断加快，对多媒体讯息的接受显得更加偏爱。而传统微观经济学教学体系更多地关注经济理论的内在逻辑结构，过于陶醉在现代数理分析优美的逻辑形式之中，相对忽视了现实经济问题的探讨和案例剖析，教学过程中的趣味性和生动性都受到一定程度的影响，满足不了新一代学生多渠道、多媒体、多视角的信息获取要求。

基于上述教学认识的改变和教学理念的更新，为满足微观经济学教学改革的要求，我们从现代经济学教学体系、教学内容、教学方法、教学手段等方面进行了系列化的改革探索，本书的编著便是要努力体现微观经济学教学体系的时代感。首先，从现代经济学发展的角度优化传统教学体系，强化经济原理分析的系统化理解，并尽量简化不必要的数理推导分析过程。例如，在供求均衡和弹性分析的基础上，按照等边际法则、最优化分析模式，分别说明消费者需求的形成、生产者供给的决定，再从市场竞争和垄断博弈的市场结构中分析价格决定的效率；按照从产品市场到要素市场的分析次序，从收入分配到一般均衡，直到市场失灵的揭示逐步推进，体现出现代经济学发展的基本进程。其次，从最新的经济、社会发展中选取典型问题、案例，便于多种教学形式的开展，活跃微观经济学教学过程；从经典著作、网络和其他众多媒体中导入相关资料，以资料链接、拓展阅读的形式增强趣味性和知识的延展性，满足多样化的学习要求。

本书的编写思路是编者在多年经济学教学实践中，经过问题总结、深刻思考、大胆设想、局部尝试而形成的，绝不是某一个人的贡献，而是一个积极进取、精诚合作、科研和教学相互促进的教学团队集体经验的结晶。具体编写分工为：王正明撰写第一章；胡绪华撰写第二章；王为东撰写第三章；陈海宁撰写第四章；阎梁撰写第五章；陈海波撰写第六章；陈银飞撰写第七、第十章；王欣撰写第八章；鄢军撰写第八章；曾华撰写第十一章。最后由王正明对全书修撰定稿。

本书的编写除了上述编写人员的努力之外，还参考吸收了其他同仁、同学，以及其他学科专家提出的一些意见和建议，所有这些都为本书增色不少。同时，本书的编写还参考了许多国内外重要的文献资料尤其是优秀教材等，除了在参考文献中已经列出的之外，难免还有一些疏漏，在此一并致谢。本书的出版得到了江苏大学出版社的大力支持，在此致以衷心的感谢！

王正明

2013 年 1 月

目录

1 导论

经济问题

孤岛部落的选择

在遥远的太平洋孤岛上居住着一个原始部落,他们世代依靠捕鱼和种植土豆为生。对他们来说,利用所有的人力、物力去生产,必须首先回答这样一个问题:究竟捕多少鱼、种植多少土豆是最合适的?虽然这样的问题即使请教圣贤也不会得到答案,但祖祖辈辈沿袭下来的生活经验却告诉他们,动用部落全部资源去捕鱼,或者去种植土豆都不是最好的。他们的选择是既要捕一定数量的鱼,也要种植一定数量的土豆。这其中隐含的经济学道理在哪里?

经济是人类社会生活所面临的最主要的问题之一。从古至今,人们为满足衣、食、住、用、行等多方面的需要,不断向自然界索取,投入人力物力进行生产,甚至通过各种方式进行掠夺。从古代贩卖奴隶、农民起义,到现代石油政治、贸易摩擦、金融危机等,都是经济问题的直接表现,或者是由经济问题引发的。因此,研究经济的意义是显而易见的。

对于"经济"一词的理解,在现代和古代汉语语境中语义是有差别的。古代汉语中"经济"一词的含义与现在不一样。在古代汉语中,"经"常用作动词,意为"治";"济"则通"齐",意为整齐、调和;"经"与"济"组合在一起,意为"经邦济世""经国济民"。总之,古汉语中"经济"一词的含义远比现代汉语要丰富和广泛,除了包含现代经济一词的主要含义之外,还涉及"政治""军事""法律""科学""教育"等多学科的内容。现代汉语中的"经济"来源于英语单词economy的翻译。英语单词 economy 则来源于古希腊语 oikovouia 这样一个由 oikos(家)和 vouos(支配)两个字复合而成的词,原意是指"家庭管理",即古希腊时代的"庄园管理"。众所周知,持家之本在于节俭,因此,实际上 economy 从一开始就是与节约、合算同义的。随着资本主义制度的兴起和不断发展,"企业""行业""中介机构""政府"等组织不断出现,西方社会家庭的重要性越来越多地让位于这些社会组织,相应的,economy 一词的含义也由家庭收支管理更多地转向社会组织的收支、效率管理问题。发展到现在,现代语言环境下"经济"一词的含义主要包括以下两个方面的内容:一是指节省、有效率,意为以较少的人力、物力、时间等耗费而获得较大的成果;二是统称人类社会生产、消费、分配、交换等活动,以及组织这些活动的制度、系统等。

中国学者在翻译西方的经济学著述时,最早用"平准""货殖""生计""资生""积著"等古汉语词汇来表示 economy。现在我们将 economy 译成"经济",是源于 19 世纪后半期日本学者的译法。1908 年,朱宝绶在翻译麦克凡的《经济学原理》时,首先沿用了日本学者的译法。1912 年 8 月,孙中山先生在北京的一次演讲中肯定了这种译法,从此,"经济"便成为 economy 的通用译法而延续下来。

资料链接

从红色回形针到别墅

2005 年 7 月 12 日之前,26 岁的凯尔·麦克唐纳德只是一个名不见经传的小青年。他住在一间租来的房子里,每天都梦想着拥有一套自己的房子。有一天,他突发奇想:要用一枚红色回形针换回一间别墅。

12 点 48 分,凯尔发出了微博:"这枚红色的回形针现在正躺在我的电脑旁。我想用它和你换一些更大更好的东西,可以是一支笔、一个勺子或者——一只靴子。只要你同意跟我交换,无论你在哪里,我都会过来跟你换。"同时,凯尔也把自己的交换信息发布在了一个换物网站 Craigslist 上。就这样,凯尔开始了他疯狂的换物计划。

两天后的清晨,一阵电话铃声把凯尔从睡梦中吵醒。电话那头是两个女孩蕾温和科林纳——凯尔的第一个交换对象,她们的交换物品是一支鱼形笔。

10 分钟之后,电话又响了,打电话的是住在美国西雅图的安妮·罗宾斯。这一次,凯尔换来的是一个陶瓷门把手。不久后他又用这只门把手换了一只野营炉。

9 月 24 日,一名加拿大人用一台旧的 1000 瓦发电机换取了凯尔的野营炉;11 月 16 日,凯尔用发电机换回了一个啤酒广告霓虹灯、一个啤酒桶和满桶啤酒;12 月 8 日,换回了加拿大蒙特利尔著名节目主持人迈克尔·巴利特的雪地摩托车;一周之后,从一家雪地车杂志换来了前往加拿大亚克村庄的免费度假游。2006 年 1 月 7 日,他用度假游换取了一辆小货车;2 月 22 日,小货车又换成一份乐队录音合同;4 月 11 日,录音合同换来了凤凰城一户人家一年的租房权;4 月 26 日,一年的租房权换到了与老牌摇滚歌星艾利斯·库帕相处一个下午;5 月 26 日,用与歌星见面的机会换来了重金属摇滚乐队 KISS 的纪念物 KISS 雪球;6 月 2 日,用 KISS 雪球交换了在电影《有求必应的唐娜》里的一个角色。从此,凯尔成了网络名人。

6 月 6 日,出了名的凯尔收到吉卜林小镇镇长帕特·杰克逊的一封邮件。在邮件中,帕特镇长邀请凯尔搬到吉卜林居住,想通过他带动吉卜林小镇的人气和商业气氛,交换的条件是:用电影《有求必应的唐娜》里的一个角色,交换位于吉卜林镇商业中心的一间别墅。

2006 年 7 月 12 日,在经历了 14 次交换之后,凯尔搬进了加拿大萨斯喀彻温省吉卜林小镇 530 主干道上的别墅里,实现了最初的心愿。

(Macdonald Kyle. *One Red Paperclip*: *How a Small Piece of Stationery Turned into a Great Big Adventure*, Ebury Press.)

从字面上理解,经济学是研究经济活动、经济问题的学问。但对经济学进行规范的定义时,学者们的表述却出现了很大程度的差异。马歇尔在 1890 年出版的《经济学原理》中将经济学定义为一门研究人类一般生活事务的学问。萨缪尔森在 1948 年出版的《经济学》中定义:经济学研究的是社会如何利用稀缺资源以生产有价值的商品,并将它们在不同群体间进行分配的学问。斯蒂格利茨在 1997 年出版的《经济学》中定义:经济学研究我们社会中的个人、厂商、政府和其他组织如何进行选择,以及这些选择又决定社会资源如何被利用的问题。曼昆在 1998 年出版的《经济学原理》中指出,经济学研究的是社会如何管理自己的稀缺资源。

尽管不同的学者对经济学的定义在表述上存在着差异,但其本质或内涵却是高度一致的,即几乎所有的定义都强调了这样一个问题:经济学是研究如何有效配置稀缺资源,或者说经济学是研究稀缺资源配置和利用问题的科学。显然,资源的稀缺性是经济学研究的前提,资源的有效配置和合理利用是经济学研究的基本内容。

1.1 经济学的基本假设

经济活动作为人类社会最基本的活动之一,离不开人的作用。相应的,经济学作为一门社会科学,其研究首先需要对人的基本行为进行假设,这也正是理论研究所必需的三步曲——假设、模型、检验——中的第一步。只有通过假设,才能使复杂的问题简化,使理论分析更能抓住问题的本质,而不被次要因素所干扰。经济学的两个最基本的假设是:经济资源是稀缺的,经济个体是理性的。

1.1.1 稀缺性假设

经济学之所以产生和发展,正是因为人类社会的一切活动都是在一定的约束条件下进行的选择。经济学中的这种约束集中表现为资源有限性约束。如果任何资源都取之不尽、用之不竭,人们可以通过任何方式、运用无限的资源去实现自己的目标,也就没有了选择的理性行为(最大化行为)存在的必要性。

资源一般可分为经济资源与非经济资源两大类。经济学所研究的资源不同于地理资源,后者属于非经济资源。“天生我物必有用”说的是非经济资源“有用性”的一般特征,但经济资源强调的是“可被人类开发和利用”,凡是能够被人类社会开发利用的客观存在才是资源。相反,有用但尚未被人类开发利用的物品,则不包含在经济资源序列之中。彼得·蒙德尔将资源定义为“生产过程中所使用的投入”。①

从生产过程来理解,经济资源实质上就是生产要素的代名词。所谓生产要素,是指进行社会生产经营活动时所需要的各种社会资源,是构成产品的主要因素或手段。传统经济模式下的产品(劳务)主要是由劳动、资本、土地和企业家才能这 4 种要素组合而成的,因此,传统经济学研究的基本生产要素一般只包括劳动、资本、土地和企业家才能,而对现代生产所需的技术、信息等则缺少必要的关注。

经济资源是稀缺的,这个判断基于以下两个方面的理解:

一是人的欲望是无限的。世界再大也大不过人心。正像心理学家马斯洛需求层次论所描

① [英]彼得·蒙德尔,等:《经济学解说》,经济科学出版社,2000 年。

述的那样，人的欲望或需要是有层次的，从低到高分别由生理需要、安全需要、社交需要、尊重需要、自我实现需要所构成。而且，需要的层次通常是自主提升的：当较低层次的需要得到满足以后，又会产生更高层次的需要，一直持续，没有止境。

二是经济资源是绝对有限的。所有经济问题都是有前提或背景的，在一定时期、一定环境条件下，经济资源都会因为地理位置、生产技术、运输条件等方面的限制而表现出总量的既定性。从人类历史发展进程来看，无论贫穷的原始部落还是富裕的现代社会，无论人类生产能力是低下还是强大，有用的资源总是显得不足。按照人类社会生产能力提高的历史进程，这种短缺形成了一定的先后顺序：先是劳动力稀缺，后来是土地、资本稀缺，再后来是技术、环境、制度稀缺。从当今世界发展的不同区域来看，无论是经济落后的非洲，还是先进发达的欧美，到处都充斥着石油资源被耗尽的忧虑，争夺石油资源的国际事件甚至军事冲突不断上演。同时，全球性水危机、环境污染、气候异常等问题不断给人们敲响资源（包括环境）稀缺性的警钟。所有这些都清楚地说明：不管何时何地，资源都是有限的。

资料链接

中东战争与石油

1956 年，第二次中东战争与石油。第二次中东战争起因是埃及总统纳赛尔决定从英国人的手里收回苏伊士运河。当时，英国等西欧国家经济对海湾石油严重依赖，而大部分石油都必须经苏伊士运河运输。为了夺回运河，英、法和以色列于当年 10 月 29 日出兵攻打埃及，第二次中东战争爆发。战争中，阿拉伯国家坚决支持埃及：叙利亚、黎巴嫩和约旦立即切断了输油管道，沙特停止向英法供应石油。通过这场战争，石油生产国首次体会到了石油武器的“威力”。

1967 年，第三次中东战争与石油。第三次中东战争爆发后，阿拉伯国家再一次拿起了“石油武器”，伊拉克、科威特、沙特等国宣布对美石油禁运。可是，这一次阿拉伯人输掉了战争，蕴藏丰富石油的西奈半岛被以色列占领。

1973 年，第四次中东战争与石油。第四次中东战争中，阿拉伯国家再次动用“石油武器”支援埃及、叙利亚等国。战争爆发不久，阿拉伯国家一致决定实行石油减产计划，逐月减产 5%。随后，阿拉伯国家纷纷对美实行石油禁运。与此同时，阿拉伯国家还大幅提高石油价格，并趁机推行石油国有化政策，将西方石油公司股份收归国有。减产、禁运和国有化三大措施导致油价飞涨，第一次世界石油危机爆发。

1980 年，两伊战争与石油。世界第三大产油国伊拉克和第五大产油国伊朗之间爆发了长达 8 年的战争。20 世纪 70 年代的高价石油为两伊积累了庞大的石油财富，随之而来的是两国称霸海湾的野心急剧膨胀，双双大量购买军火武器。此外，伊拉克还对与其接壤的伊朗胡齐斯坦省虎视眈眈，而该省的石油储量几乎占了伊朗石油储量的 90%。战争期间，双方都竭力破坏对方的石油设施，轰炸产油基地。两个产油大国间的战争引起了世界石油市场的动荡和供应紧张，从而酿成了第二次世界石油危机。

1990 年,海湾战争与石油。伊拉克吞并科威特就是想吞并其石油资源。其后的美国对伊拉克动武,更是与石油利益紧密相关。老布什在国会演讲中说:“如果世界上最大石油储备的控制权落入萨达姆手中,那么我们的就业机会、生活方式、我们自己的自由和世界各友好国家的自由都将蒙受灾难。”对美国而言,海湾石油就是其“国家利益”。

海湾战争使伊拉克、科威特的石油业遭到严重破坏,科威特 7000 座油井被点燃,导致油价一路飞涨,酿成了第三次世界石油危机。

(新浪网,http://finance.sina.com.cn/j/20030407/1458328508.shtml。)

制约人类经济活动的资源是随着社会生产能力的提高而变化的,除了劳动、土地、资本之外,技术、制度、政治、法律、文化等因素越来越多地显示出其稀缺性。传统经济学一般不研究经济活动所处的政治、法律、技术等环境,将它们看作不变化的。现代经济学则已经开始拓展其研究领域,在要素禀赋、技术和偏好三大经济理论柱石之上,将制度作为第四大柱石进行研究,创立了新制度经济学。

1.1.2 理性(经济人)假设

在经济学研究中,通常都要假设人是理性的,即所有的人都是“经济人”。经济学正是借助这样的假设,才解决了如何认识最复杂的“人”的问题。从一般意义上看,理性是和感性相对应的,是一种判断、推理等思维形式或发展活动,通常是指按照事物发展的规律和自然进化的原则来处理问题,不凭感觉做事情。而从社会学角度来讲,理性则是指能够识别、判断、评估实际理由以及使人的行为符合特定目的等方面的智能。但经济学中的理性,则是指人们在一定的约束条件下追求预期效用最大化的行为。具体来说,理性假设包含这样一些内容,即经济人(理性人)是以完全追求物质利益为目的而进行经济活动的主体,他们掌握了所处环境的完全信息,能对其偏好进行排序,具有无懈可击的逻辑推理和计算能力。有了关于人的理性假设,相应的经济问题也就可以简化为求解约束条件下的最大化问题,可以通过建立数学模型来求解。

需要明确的是,理性只是一种行为而非结果。作为经济学所研究的理性行为,一般仅限于既定目标下的理性行为,并不研究在目标选择和确定过程中的最优问题。例如,经济学并不解释消费者为什么喜欢这种商品而不喜欢另一种,只是定义(给出)了这种“偏好”,并将“偏好”看成给定的,至于偏好是怎样形成的,影响偏好变化的因素有哪些,并没有进行解释。

具体来说,理性的经济人包括 3 个方面:第一,人是自利的。人和动物一样具有求生的本能,在人的欲望大大超过稀缺资源所能满足的程度时,与达尔文进化论相类似的“物竞天择”的社会竞争必然出现,于是每个人都从利己心出发,争相选择最有利于自己的经济行为。第二,极大化原则。在自利性驱使之下,经济人总是能利用其无界的智力资源,使他们的选择达到极大化边界时才停止下来,即满足等边际原则。第三,个体行为与群体行为具有一致性。每个人的自利行为都是在与社会中其他人的自利行为相互作用的前提下产生的,个体自利行为与“加总”后形成的群体行为具有高度的方向一致性。

虽然理性(经济人)假设并不能全面、精确地反映社会现实(事实上,现实中的“非理性”是时常存在的),但它具有很好的代表性,符合统计学中的大数规律:大多数人的大多数行为是符合理性(经济人)假设的。

1.2 经济学的基本内容

如前所述,正是因为社会生活中人们的需要或欲望是无限的,而资源或满足需要的手段是有限的,才产生了经济学研究、探讨的核心问题,即怎样使有限的、相对稀缺的生产资源满足无限多样化需要的问题,通常可以分为两个方面:一是稀缺资源如何优化配置,二是稀缺资源如何有效利用。

1.2.1 资源配置——经济学的基本内容之一

既然资源是稀缺的,人们就必须学会选择如何对目标需求进行权衡和取舍。当然,有选择就会有放弃,或者说“放弃”就成为“选择”的成本或代价。在经济学中,这种成本或代价是用“机会成本”来定义的。所谓机会成本,就是指人们在做出一项选择(或决策)时所要放弃的其他选择可能获得的最大收益或价格。简言之,机会成本就是为选择(或决策)所付出的代价。通过权衡选择的收益和机会成本,人们就可以在面对稀缺资源约束时,对如何进行选择或取舍做出理性判断。

借助于机会成本这一概念,经济学建立了“生产可能性曲线”来描述资源配置问题。

假定在现有既定资源条件下,前文“经济问题”中太平洋孤岛上的原始部落如果投入所有资源去捕鱼,最多可获得26吨,而投入所有资源去种植土豆则最多可以生产30吨。当然,他们也可以用部分资源去打鱼,用其余的资源去种植土豆,这样就产生了各种最大的生产可能性组合,见表1-1。

表1-1 孤岛部落的生产可能性边界

生产组合	鱼产量/吨	土豆产量/吨
A	26	0
B	23	10
C	18	18
D	10	24
E	0	30

如果用纵坐标表示鱼的产量,用横坐标表示土豆的产量,在坐标图上分别将生产组合 A,B,C,D 和 E 表示出来,再用平滑的曲线将这些点连接起来,就得到了孤岛部落的生产可能性边界曲线,见图1-1。

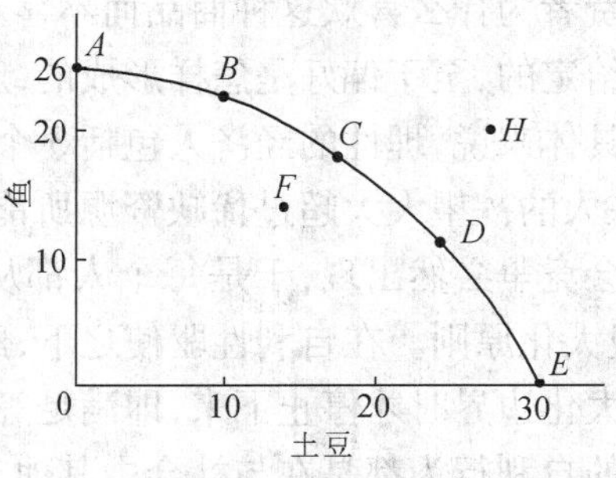

图1-1 孤岛部落的生产可能性边界曲线

从生产可能性边界曲线上可以看出两个问题:第一,生产可能性曲线上的点表示在既定资源(包括生产技术)条件下所能获得的最大产量组合。如 B 点,表示要生产10吨土豆,最多就只能打23吨鱼;而 D 点,则表示要打10吨鱼,最多只能生产24吨土豆。第二,如果不改变既定资源(包括生产技术)条件,要想获得更多的某一种产品,就必须减少另一种产品的生产。如从 B 到 C,要想使土豆的产量从10吨增加到18吨,就必须使鱼的产量从 23 吨减少到 18 吨。

上述生产可能性边界曲线，形象地将稀缺资源约束下的选择问题进行了模型化思考。当然，具体分析这一模型，包含至少 3 个方面的问题（3W），即“生产什么（What）、怎样生产（How）、为谁生产（Who）”。这些选择行为在经济学上被统称为“资源配置”。

生产什么（What）：即在既定的资源条件下选择什么样的产品进行生产。荒岛部落在一定的资源条件下选择生产多少鱼、多少土豆是他们首先需要解决的经济问题。一种资源可以有多种用途，一块土地可以用于种植农产品，也可以用于房地产开发，但资源的使用只能选择其一，因此，人们需要为既定资源的使用作出选择。

怎样生产（How）：即生产既定产品选择用什么样的方式和资源组合比例进行。生产同样的产品，可以选择不同的手段。荒岛部落可以选择不依赖任何工具仅用手抓鱼，也可以选择用渔网等工具打鱼，这样就产生了人和工具（资源）之间的配合比例问题——是主要依靠劳动投入，还是主要依靠工具或手段投入进行生产？不同生产方式的效率并不一样，因此人们需要做出选择。

为谁生产（Who）：即生产出来的产品在社会成员之间如何进行分配。荒岛部落生产出来的鱼和土豆是首领独享，还是平均分配给部落成员，或者按劳动贡献的大小进行分配？这是需要进行选择的。

1.2.2 资源利用——经济学的基本内容之二

面对资源稀缺性约束，人类社会理应充分利用现有资源生产更多的经济物品（产品或劳务），但稀缺资源被浪费或得不到充分利用的现实却比比皆是：如今欧美国家在金融危机的冲击下，工人失业严重——劳动资源被浪费；经济增长乏力——现有资源得不到充分利用；通货膨胀的压力逐步增强——各种价值都在悄然缩水。中国经济虽然长期保持着强劲增长的态势，但隐性失业问题始终存在，高能耗、高排放、高污染等问题长期得不到解决……所有这些都暗示着社会经济活动中存在着这样一个问题：社会生产经常处在稀缺资源没有被充分利用的状态之中。如果用生产可能性边界曲线来表示，就是产品组合没有达到图 1-1 中的生产可能性边界上，只是处在边界内的某一点（如图 1-1 中的 F 点）上。由此产生了资源的充分利用问题：如何使有限的资源生产出更多的产品。具体来说，要实现资源充分利用的目标至少包括以下 3 个方面：

第一，充分就业。这里的“就业”是广义的，意为资源被使用，如果资源被闲置则为失业。因此，充分就业不仅仅是指劳动资源被充分利用，而是广义地指包括土地、劳动、资本等在内的所有资源都得到了充分利用，没有闲置和浪费。要实现充分就业，就要使处在生产可能性边界之内的点向外扩张到生产可能性边界上，实现可能的最大产量。

第二，价格稳定。现代经济是以货币为媒介的货币经济，货币是一切资产形式的度量尺度。然而，现代货币已经纸币化（信用化），货币贬值是经常发生的事。一旦纸币贬值，就必然导致物价上涨，持续下去必然引发通货膨胀，相应造成资产价值缩水、价格扭曲、资源配置效率降低、社会生产脱离生产可能性边界。因此，价格稳定自然成为现代经济的重要目标之一。

第三，经济增长。即社会产品持续增加，社会生产突破生产可能性边界，达到生产可能性边界之外的点（如图 1-1 中的 H 点）。这就意味着生产可能性边界不断向外推移。因此，促进经济增长的办法和路径，必然是现代经济学研究的重要内容。

案例评析

要大炮还是要黄油?

大炮和黄油都是一个国家必需的,黄油代表维持生命的必需品,大炮代表保卫国家的武装力量,所以大炮和黄油都是越多越好。但一个国家的资源和生产能力是有限的,大炮生产多了黄油就少了,反之亦然。希特勒在要大炮还是要黄油的选择中走了极端,他认为有了大炮就可以掠夺黄油;只要黄油不要大炮的典型国家是我国的宋朝,它的"黄油"产量位居当时世界之首,但军事力量十分薄弱。在要大炮还是要黄油的问题上走极端,成为它们最终在军事上失败的原因之一。

那么,究竟是要黄油还是要大炮呢?这就是西方经济学中关于选择的问题。

经济学是研究人类行为的一种社会科学。再具体一点,经济学在社会科学体系里是一门研究人类在资源"稀少"前提下做出选择的科学。在经济学上,"稀少"是相对性的概念。一般说来,当人对物品或服务的渴求量大于其供应量时,该物品或服务就存在着"稀少"问题。而当"稀少"问题出现时,人们就必然要做出取舍。选择,便成为人类社会面临的一个基本问题。

1.3 经济学的基本方法

如果从整个科学体系的角度来分析经济学,其独特性取决于研究对象和研究内容,而不在于研究方法。但从经济学内部来看,其独特性则在于以特定视角和分析工具来观察、解释和解决问题。经济学的研究方法很多,人们会针对不同的经济问题选择不同的分析方法,但任何一种方法都是从某一特定的角度来分析和描述经济活动中客观存在的规律的。

1.3.1 经济学基本方法概述

在经济学学科体系中,专门的经济学方法通常有如下几种:

(1) 规范分析与实证分析

规范分析是研究经济运行"应该是什么"的研究方法,要解决的是"应该是什么"的问题。规范分析主要依据一定的价值判断和社会目标提出行为标准,并以此作为处理经济问题和制定经济政策的依据,探讨如何才能符合这些价值标准、达到这种社会目标的方法和步骤。

实证分析则是分析经济问题"是什么"的研究方法,要解决的是"是什么"的问题。实证分析是在一定的假定并考虑经济变量之间因果关系的前提下,着重描述、解释或说明已观察到的事实,并对有关经济现象将会出现的情况做出预测。实证分析侧重研究经济体系是如何运行的,主要分析经济活动的过程、后果以及向什么方向发展,而不考虑运行的结果是否可取。实证分析在分析经济问题和建立经济理论时,会撇开对社会经济活动的价值判断,只研究经济活动中各种经济现象之间的联系,运用"大胆假设,小心求证,在求证中检验假设"的方法,在作出与经济行为有关的假定前提下,分析和预测人们经济行为的后果。

与规范分析和实证分析方法相对应,经济学也就有了规范经济学(Normative Economics)

和实证经济学(Positive Economics)之分。

规范经济学涉及经济行为和经济政策对社会福利的影响和评价问题,涉及是非善恶、合理与否等问题。它与伦理学、道德学相似,具有根据某种原则规范人们行为的性质。规范经济学研究和回答的经济问题是:① 经济活动"应该是什么"或社会面临的经济问题应该怎样解决;② 什么方案是好的,什么方案是不好的;③ 采用某种方案是否应该,是否合理,为什么要作出这样的选择。由于人们的立场、观点、伦理和道德观念不同,对同一经济事物、经济政策、经济问题可能会有不同的意见和价值判断。对于应该做什么、应该怎么办的问题,不同的经济学家也可能会有完全不同的结论。

实证经济学所力图说明和回答的问题是:① 经济现象是什么?经济事物的现状如何?② 有几种可供选择的方案,各自将会带来什么后果。它并不回答"是不是应该作出这样的选择"等问题,试图超脱和排斥价值判断(即关于社会的目标应该是什么,经济事物是好是坏,对社会有无意义)。实证经济学所研究的内容具有客观性,是说明客观事物是怎样的实证科学。

(2) 均衡分析与过程分析

均衡分析是西方经济学广泛采用的基本分析方法,在西方经济学特别是微观经济学体系中占有十分重要的地位。

均衡(Equilibrium),亦称平衡,原来是一个力学概念,是指当一个物体受到同一直线上两个相反方向的外力作用时,如果这两个力量恰好大小相等,该物体就会处于静止不动的状态,这种状态就是均衡。英国经济学家马歇尔将"均衡"应用于经济分析,派生出了"经济均衡"概念。所谓经济均衡是指这样一种状态:当经济中各种对立的、变动着的力量达到势均力敌或相互平衡时,使经济事物处于一种相对静止、不再变动的状态,或经济决策者(消费者个人、厂商等)在权衡抉择资源使用方式时,认为重新调整资源配置方式已不可能获得更多的好处,从而不再改变其经济行为的状态。

均衡分析方法是对研究问题所涉及的诸多经济变量(因素),假定自变量是已知的或不变的,然后分析因变量达到均衡状态时会有的情况和所需具备的条件,即所谓均衡条件。例如,在消费者需求理论中,假定一些变量(如消费品的价格、消费者的偏好和支出)是已知的、不变的,同时还假定消费者的目标是实现效用最大化,而待求解的因变量则是消费者实现既定目标所需购买各种商品的数量组合和实现最大化目标所需具备的条件。

均衡分析可分为局部均衡和一般均衡。局部均衡是指某一时间、某一市场的某种商品(或生产要素)的价格或供求量所达到的均衡,是单个市场上的均衡。同局部均衡相反,一般均衡是研究整个经济体系的价格和产量结构所实现的均衡,所以也称为总均衡分析。一般均衡分析把整个经济体系视为一个整体,从市场上所有商品的价格、供求是相互影响、相互依存的前提出发,考察各种商品的价格、供求同时达于均衡状态的价格决定问题。也就是说,一种商品的价格不仅取决于它本身的供求,而且受其他商品的价格和供求的影响,因而一种商品的价格和供求的均衡,只有在所有商品的价格和供求都达到均衡时才能决定。显然,一般均衡比局部均衡更能说明经济实际,但一般均衡涉及的经济变量太多,而这些经济变量及其关系又是错综复杂和瞬息万变的,因而使用起来十分复杂和困难。所以,在西方经济学中,大多采用局部均衡分析方法。

均衡分析一般不涉及达到均衡的过程,而过程分析则重点考察经济变量调整变化的各个阶段和变动趋势。这种分析方法一般将经济运动过程划分为连续的分析"期间",以便考察有关经济变量在相继起的各个期间的变化情况,所以,过程分析又称"期间分析"或"序列分析"。比如在蛛网理论中所使用的分析方法,就是考察某一产品在相继的生产期间,如何以某一个期间供求不平衡造成的价格涨落,引起继起的各生产期间的供求量的增减和价格的涨落的实际发展变化过程。在经济周期波动分析中,考察社会经济将如何经历繁荣、危机、萧条和复苏各阶段的周期性变化,这是在客观经济分析中运用过程分析的例证。

在西方经济学中,均衡分析和过程分析是同静态分析、比较静态分析以及动态分析联系在一起的。

(3)静态分析、比较静态分析与动态分析

静态分析(Static Analysis)就是分析经济现象的均衡状态以及有关经济变量达到均衡状态所需要具备的条件。它完全不考虑时间因素和具体变动的过程,是一种静止地、孤立地考察某些经济现象的方法。静态分析总是与均衡分析联系在一起。之所以称为静态分析,是因为自变量通常被假定为既定的,仅考察因变量达到均衡状态时的情况。微观经济学分析单个供求均衡时运用的就是静态分析,如在考察市场价格时,研究的是价格随供求关系上下波动的趋向或者是供求决定的均衡价格,也就是说,这种分析只考察任一时点上的均衡状态。

比较静态分析(Comparative Static Analysis)就是分析在已知的自变量发生变化后经济均衡状态相应的变化,以及有关的经济总量在达到新的均衡状态时的相应变化,也就是对经济现象有关经济变量发生一次变动(而不是连续变动)的前后进行比较。如对上述均衡价格决定问题,当影响供求的因素发生变化时,相应的供给和需求曲线也会发生移动,它们会达到新的均衡状态,这时运用的就是比较静态分析,即两个时点上均衡状态的比较。比较静态分析只是对比一个经济变动过程的起点和终点,而不涉及转变期间和具体变动过程本身,实际上只是对两种既定的自变量和它们各自相应的因变量的均衡值加以比较。区别于静态分析,比较静态分析就是对比分析两套既定的自变量下的静态均衡发生了什么样的变化,并不涉及变化的过程和路径。

动态分析(Dynamic Analysis)则是对经济变动的实际过程进行分析,其中包括分析有关变量在一定时间过程中的变动、这些经济变量在变动过程中相互影响和彼此制约的关系以及它们在每一时点上变动的速率,等等。也就是说,这种分析考察时间因素的影响,并把经济现象的变化当作一个连续的过程来看待。如对上述均衡价格决定问题,如果分析每一期自变量的变化,相应引起因变量随之发生怎样的变化,也就是把时间因素作为一个变量考虑进去,这种分析就是动态分析。由于动态分析需要具备较深厚的数学分析基础,因此很少安排在初级经济学教学内容中。

1.3.2 经济模型

正如其他科学研究一样,经济学也依靠模型这一工具来理解、分析社会经济现象。所谓经济模型是指用来描述与所研究的经济现象有关的经济变量之间的依存关系的理论结构。作为一种经济分析工具或方法,经济模型以简单、明了的方式描述了现实世界的情况。

建立模型首先需要运用人类思维方式所特有的功能——抽象思维能力。现实世界是由无数多个因素(变量)构成的复杂系统,这些因素(变量)之间的关系错综复杂,我们不可能(也不必)了解所有的因素,更不可能把它们之间的关系全部梳理清楚,除非把次要的因素排除在外,否则就不可能进行严密的科学分析。这就是抽象,即从众多的事物中抽取出共同的、本质性的特征,而舍弃其非本质的特征。

建立经济模型主要的抽象方法就是假设。在逻辑学上,假设就是根据一定的事实材料和理论知识,对于研究对象的未知性质及其原因或规律的某种推测性的说明。它是一种将认识由已知推向未知,进而变未知为已知的一种思维方法。通过假设,可以撇开与所研究的问题无关的许多细节,排除许多次要因素对分析过程的干扰。事实上,所有模型——物理学的、化学的、生物学的、经济学的——都是为了增进我们对现实的理解而简化了的现实。经济学理论必须对错综复杂的现实经济活动进行高度概括,去粗取精、去伪存真,把握经济关系的实质,构造出抽象、简化却能反映内涵本质的"经济模型",进而通过模型对假设所规定的特殊情况进行分析,发现和揭示经济规律。

经济模型可以用文字、表格、图形或数学表达式来表示。用图形来表示的经济模型比较直观,是经济学理论常用的方法之一。前述生产可能边界曲线图就是一种基本的经济模型,其他还有市场交换经济模型,如图 1-2。

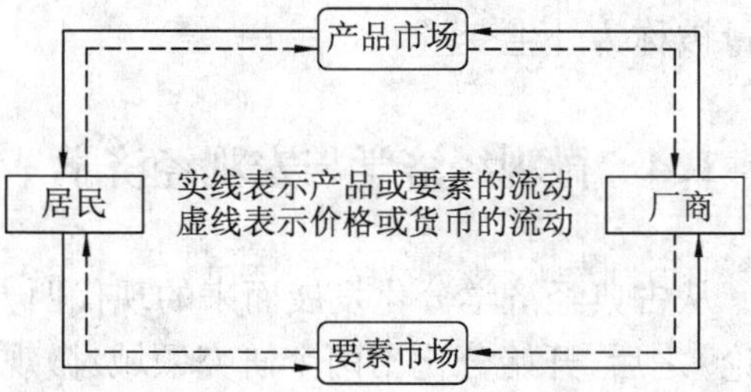

图 1-2　市场构成与运行循环图

由于用数学模型来描述可以更好地进行定量分析,因此,现代经济研究多采用数学方程来描述经济模型。这种模型的特点是用一组变量所构成的方程式或方程组来表示,侧重于定量描述经济变量之间的相互关系。

经济模型所涉及的变量一般可区分为内生变量、参数和外生变量。

所谓内生变量,是指直接构成该模型的变量,或者说是该模型所要决定的量,即这些变量可以在模型体系内部得到说明。

所谓参数,是指构成模型的常数项,或者说是模型中数值已知的变量。这些参数是模型本身所不能决定的,不能在模型体系内部得到说明。因为,这些变量的决定因素在模型之外,由外生变量所决定。

所谓外生变量,是指由模型以外的其他因素所决定的变量,是模型得以建立的外部条件,这些变量不能在模型体系内得到说明。

以下我们以均衡价格和均衡数量决定的微观静态模型来说明经济模型的构成。

市场均衡由需求和供给两方面共同决定。影响商品需求量 X_d 的因素有很多,除了商品价格 P 以外,还有其他商品的价格 $P_1, P_2, \cdots, P_n$,收入水平 Y,以及消费者偏好和制度方面的因素。为简化分析过程以便建立模型,可以假定除了价格 P 以外,其他因素都是既定不变的,这样需求方程可以表示为 $X_d = f(P)$。假设根据观察到的实际统计数据,商品的需求量与价格之间的函数关系为:

$$X_d = a - bP \qquad (1\text{-}1)$$

同样,可以假定商品的供给量 X_s 也仅取决于价格 P,于是可以建立供给方程:$X_s = g(P)$。

假设根据观察到的实际统计数据,商品的供给量与价格之间具有的函数关系为:

$$X_s = -d + cP \qquad (1\text{-}2)$$

市场实现均衡条件是供给量与需求量相等,即:

$$X_d = X_s \tag{1-3}$$

将上述3个方程组合在一起就得到市场均衡模型。

$$\begin{cases} X_d = a - bP \\ X_s = -d + cP \\ X_d = X_s \end{cases}$$

求解上述方程组,即可解得市场均衡价格和数量。

显然,在上述方程组中,商品需求量 X_d、供给量 X_s、价格 P 均为模型的内生变量,因为方程组的解实际上决定的就是这些变量;而需求方程的斜率 $-b$ 和截距 a、供给方程的斜率 c 和截距 $-d$,则为该模型的参数,因为它们不是由模型本身决定的,而是由模型的外部条件,如其他商品的价格 $P_1, P_2, \cdots, P_n$ 和收入水平 Y,以及消费者偏好和制度方面的因素共同决定的,这些变量被称为外生变量。

1.4 微观经济学与宏观经济学

从古典经济学分化发展而来的现代西方经济学,在1936年凯恩斯发表《就业、利息和货币通论》之后,开始分化出两个研究领域:微观经济学和宏观经济学。

微观经济学着重于分析经济的基本单元(经济主体)的经济活动,如消费者、生产者、资源拥有者的选择(决策)规律,以及他们在生产、交换、分配、消费过程中的相互关系;而宏观经济学则主要研究人类社会经济活动的总体表现,如国内生产总值、消费和投资总量的决定、通货膨胀、就业与失业、财政收支、货币供应等总量的变化规律及相互关系。从经济学的研究对象或基本内容上来区分,微观经济学研究的主要是资源的配置问题,而宏观经济学研究的则主要是资源的利用问题。

1.4.1 微观经济学

微观经济学主要采用个量分析方法,它对基本经济单元(消费者、生产者、市场)的研究是通过3个层次进行的。第一个层次,从单个经济主体(单个消费者、生产者)的经济行为研究切入,即分析单个消费者(或家庭)为获得最大化的效用如何进行消费选择(决策),单个生产者(厂商)为获得最大化的利润而进行生产决策。第二个层次,区分单个市场来研究其均衡价格的决定,即以消费者、生产者最优经济行为作背景,分析市场需求和供给共同作用而达到的均衡状态,说明实现均衡的条件。第三个层次,将单个市场综合在一起分析所有市场都实现均衡的状态和条件,即将单个市场的相互作用作为基础,揭示它们共同作用而实现一般均衡的状态及可能性。

微观经济理论的形成建立在一系列假设条件之上。通常的微观经济分析,将根据不同的研究问题和需要,选择采用不同的假设条件。传统的微观经济学研究最基本的假设有3个,即完全理性、完全信息和市场出清。

(1)完全理性(Perfectly Rational),是指所有的经济主体(消费者个人和厂商)在所有时间和所有经济活动中都是理性的,即都以最小的代价去追逐和获得最大的自身利益,是完全的"经济人",而不存在任何反例。显然,微观经济学中的人是自利的,但自利并不等于自私。例如,在市场自利原则下并不等于没有行善的要求和欲望,也不等于没有慈善行为。慈善行为虽不能带来物质消费的满足感，但"帮助了别人，快乐了自己"，依然是在自利原则下实现的，仍然遵循着效用最大化逻辑。

（2）完全信息（Complete Information），是指所有经济主体都能及时获得一切市场信息，而且不需要支付任何代价。具体说，完全信息至少包括两层含义：一是信息是对称的，不存在"你知道的我不知道、你不知道的我知道"这样的情况；二是信息是充分的，信息的产生、传输和获取不会产生任何费用和代价，所有信息都是可以免费获取的。例如，每个消费者都能充分地了解每一种商品的性能和特点，准确判断一定产品组合给自己带来的满足程度，掌握产品在不同时期的价格变化等等。

（3）市场出清（Market Clearing），是指价格机制可以使所有市场都处于均衡状态，即市场价格自由而迅速的变动，可以使市场需求和供给及时做出反映，从而保证供需总是处于均衡的状态。具体说，就是价格信号是完全有效的：商品价格的及时变化可以使该商品供需平衡；利率（资产价格）的随时波动能使资本供需平衡。这样一来，意味着市场永远是均衡的，不存在资源的闲置和浪费，也就是资源充分利用问题已经得到解决。

然而，现实情况与微观经济学的基本假设并不完全相符，完全理性、完全信息和市场出清都是相对的，并不能总是存在。所有这些问题都向传统经济学提出了挑战，不断地促进经济学的深化和发展。

1.4.2 宏观经济学

与微观经济学相区别，宏观经济学的研究对象不再是单个经济主体，而是国民经济整体。如果说微观经济学研究的是广袤森林中一棵棵树木，那么宏观经济学研究的则是由这些树木组成的整个森林。

宏观经济学的任务是研究资源的充分利用。微观经济学研究资源配置问题是假定市场出清，即把资源的充分利用看做既定的前提，而宏观经济学研究资源充分利用则是把资源的最优配置作为既定的前提，具体揭示资源没有得到充分利用的原因，促进资源充分利用，以及如何获得更多的资源以实现经济增长。

宏观经济学研究的是国民经济总量的决定及其变化，并以此来说明市场经济如何实现资源的充分利用。宏观经济理论的内容包括国民收入决定理论、经济周期理论、经济增长理论、失业与通货膨胀理论、宏观经济政策理论、国际收支理论等，其中国民收入决定理论是宏观经济学的中心理论，因为宏观经济学研究经济整体的数量就是国民收入，这个经济总量与价格的决定问题必然成为其他资源利用问题的基础。

宏观经济学研究资源利用问题采用的是总量分析方法。具体来说，宏观经济学反映经济运行情况的经济指标都是总体指标，如总收入（国民收入）是全部最终产品市场价值的总和，总投资是社会各项投资的总和，总储蓄是所有个体储蓄的总和，其他还有总消费、货币供给总量、价格水平等等，都是国民经济总量的具体表现。

资料链接

微观经济学与宏观经济学名称的由来

在20世纪30年代之前,并没有微观经济学与宏观经济学的提法。人们一般把英国古典经济学家亚当·斯密作为现代经济学的奠基者,他的主要代表作是1776年出版的《国民财富性质和原因的研究》(简称《国富论》)。从亚当·斯密开始的古典经济学既研究经济增长、经济周期这类今天称之为宏观经济学的内容,又研究价格、价值、成本、收入分配这类今天称之为微观经济学的内容。换言之,在经济学形成的相当一段时期中,经济学并没有微观与宏观的区分。

19世纪70年代的边际革命之后,经济学的研究从生产转向需求,直至20世纪30年代之前,研究的中心是资源配置,即今天所说的微观经济学,这一时期的经济学称为新古典经济学。到19世纪末英国经济学家马歇尔的《经济学原理》出版时,今天所说的微观经济学体系已经基本形成,但是并没有微观经济学这个名称。

在凯恩斯之前,经济学家也研究过经济增长、经济周期这类宏观经济问题。但现代宏观经济学是在凯恩斯1936年发表《通论》之后才形成的,不过提出微观经济学与宏观经济学这两个名称的并不是凯恩斯。凯恩斯也没有把自己的理论体系称为宏观经济学。

第一次使用微观经济学和宏观经济学这两个名词的是荷兰统计局一位并不知名的经济学家卜迪·沃尔夫。他在1941年的一篇文章中写道:"微观经济解释所指的是一个人或家庭……的关系。宏观经济解释产生于与个人或家庭组成的大集团(社会阶层、民族等)……相应的关系。"沃尔夫的解释已接近于今天对微观经济学和宏观经济学的理解。美国经济学家萨缪尔森在1948年出版的《经济学》中把这两种理论构建在一个经济学体系之内,这成为迄今为止几乎所有初级教科书的标准模式。

把经济学分为微观经济学与宏观经济学是一个创举,但过分强调这两者之间的区分,又容易形而上学地割裂它们之间的内在联系。经济学家们正在努力建立一个微观经济学与宏观经济学统一的体系。但也许下一代人学习经济学时又没有了微观与宏观之分。

(http://yingyu.100xuexi.com)

1.5 微观经济学理论体系

1.5.1 微观经济学理论的基本构成

作为一个完整的理论体系,微观经济学包括诸多相对独立的理论内容,主要有供求均衡原理、弹性分析理论、效用理论、生产理论、成本理论、自由竞争原理、垄断博弈原理、收入分配理论、一般均衡原理和市场失灵与微观经济政策等。

(1) 供求均衡原理

供求均衡原理需要解决的是价格如何决定的问题,因此供求均衡原理又称为价格理论。在市场价格决定的背后,存在着买和卖两方面的力量。买方形成对商品的需求,买方需求旺盛将会驱动价格上涨;卖方形成对商品的供给,卖方供给增加将导致价格下降;而价格的变动又会引起买方需求和卖方供给的此消彼长。只有当买卖双方力量势均力敌时,价格才趋于稳定,均衡价格才得以形成。价格理论主要包括揭示需求规律、供给规律的基本内容,描述价格与供求均衡关系的均衡价格理论等,通过需求、供给分析,揭示价格机制的“无形之手”在引导资源流动、实现优化配置中的作用过程。

(2) 弹性分析理论

弹性分析理论将“弹性”概念引入到经济学理论分析中来,借以描述商品自身价格、相关商品的价格、消费者收入等因素对产品或市场的需求、供给产生影响的程度,并且这种描述可以较好地进行定量化处理,能够较好地分析不同产品或市场的需求量、供给量与其影响因素之间相对变动的关系,对需求和供给的决定进行量化的解释。

(3) 效用理论

效用理论着重于从市场需求方(消费者)的角度来解释消费者的最优选择行为,进而揭示出消费者需求是怎样形成的。效用理论具体包括效用分析及消费者均衡两个方面的内容:效用分析试图客观地描述消费者在消费时得到的满足程度即效用与消费数量之间的变动关系,消费者均衡理论则描述了消费者依据效用最大化原则对其需求量进行权衡决策的过程和结果。效用理论是供求均衡理论得以成立的重要基础,它进一步解释了需求规律形成的原因,同时告诉生产厂商应该将稀缺资源用于“生产什么”。

(4) 生产理论

生产理论着重于从市场供给方(厂商)的角度来分析生产者的最优决策行为,进而解释了产品供给和供给曲线是怎样形成的。借助于生产函数,生产理论客观地描述了厂商在短期和长期生产过程中产量与要素投入量之间的关系,区分可变要素生产函数、固定比例生产函数分别对产量与一种投入要素、两种要素最佳组合之间的变动规律,提出了厂商产出水平最大化的一般原则,重点解决了生产厂商以产量最大化为目标的“怎样生产”的问题。

(5) 成本理论

成本理论进一步从价值角度对厂商的生产行为进行了分析,在建立经济成本概念的基础上,客观地描述了短期中厂商生产成本与产量之间的关系,揭示了长期中厂商生产成本与生产规模、生产范围之间的变动规律,为厂商在不同市场结构中以利润最大化为目标进行价格、产量决策提供理论依据。成本理论是在生产理论的基础上,进一步深入分析了以利润最大化为目标的“怎样生产”的问题。

(6) 自由竞争原理

完全竞争和完全垄断都是厂商均衡的一种市场结构。自由竞争原理是微观经济学综合消费者行为理论和生产者行为理论对市场供需双方进行均衡分析的基础,在完全竞争假设基础上,客观地分析了竞争性市场中厂商利润与其影响因素之间的联系,提出了厂商实现利润最大化的均衡原则。作为完全竞争市场的反面,完全垄断的最大不同在于厂商对价格具有一定的控制能力,以此为条件对完全垄断厂商利润最大化行为的分析,有助于揭示完全垄断市场的效率损失,并为政府对垄断的管制提供理论依据。总之,自由竞争原理的主要作用就在于解决了厂商在完全竞争和完全垄断这两种极端的市场结构下“生产多少”的问题。

(7) 垄断博弈原理

介于完全竞争和完全垄断之间,现实中的市场结构更多地属于垄断竞争或寡头垄断等非完全竞争(非完全垄断)状态。与自由竞争理论相联系,垄断博弈原理同样客观地分析了非完全竞争(非完全垄断)市场中厂商利润与其影响因素之间的联系,提出了厂商实现利润最大化的均衡原则,但与完全竞争或垄断市场不同的是,非完全竞争(非完全垄断)市场厂商的利润最大化行为要复杂很多,方法上需要运用博弈分析理论。因此,垄断博弈原理作为自由竞争原理的扩展,重点研究的是非完全竞争(非完全垄断)市场结构下“生产多少”的问题。

(8) 收入分配理论

收入分配理论从要素的需求、要素的供给角度,也就是从要素市场上的价格决定问题入手,描述了要素价格与要素需求、要素供给之间的变动关系,揭示了决定要素需求曲线、要素供给曲线,分析了决定要素需求、供给关系的因素,形成了市场经济制度下以效率为主线的社会收入分配原则。收入分配理论在分析要素需求者和要素供给者进行市场选择或决策的过程中,实际上也回答了微观经济学需要解决的“为谁生产”的问题。

(9) 一般均衡原理

一般均衡原理是在厂商均衡理论的基础上,联系产品市场和要素市场,分析消费者在产品市场上对产品的选择和厂商在要素市场上对生产要素投入量的选择,而使产品市场和要素市场的供求关系实现均衡,实现所谓的“一般均衡”的过程。一般均衡意味着达到了帕累托最优,是市场经济的一种效率状态。

(10) 市场失灵与微观经济政策

市场失灵与微观经济政策主要分析价格机制在进行资源配置时失灵现象及其背后的原因,剖析市场失灵对社会、经济产生的影响,以及为纠正市场失灵政府可以采取的经济政策措施及效果等。作为对传统微观经济学的发展,市场失灵与微观经济政策理论除了说明价格机制本身并不完善,也会出现资源配置的低效率之外,更重要的在于强调政府干预经济生活,对价格机制先天性缺陷进行弥补的必要性和可行性。

1.5.2 微观经济学理论的逻辑结构

微观经济学是一个严格的演绎逻辑体系,如图1-3所示。演绎逻辑的好处是:只要符合给定的逻辑前提(假设条件),其结论的正确性就一定能得到保证。

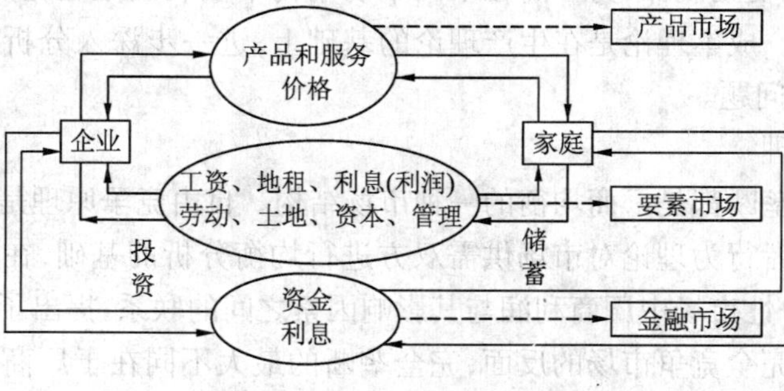

图1-3 微观经济学理论体系结构

供求均衡原理和弹性分析理论是微观经济学初学者必须掌握的基础理论。其中,需求和需求曲线、供给和供给曲线、供求均衡、弹性及其具体应用等内容,对微观经济学的基本概念、方法和原理作出了初步展示。

实际上,微观经济学逻辑体系首先是从效用理论(消费者行为理论)开始的。它从反映人的消费偏好(preference)的最简单的公理出发,使得"理性人"这一完美的假定得以成立。在此基础上,效用理论通过构造描述偏好的效用函数,即无差异曲线,进而决定了人类经济行为中至关重要的主观交换比率,即边际效用替代率。在既定预算约束的前提下,消费者的客观交换比率是由市场相对价格来决定的。于是,当主观交换比率(边际替代率)等于客观交换比率(相对价格)的时候,交换就得以发生。这样,产品市场上的交换行为就得到了完美的解释。

这条线在微观经济学里至关重要,理解它,就等于是理解了经济学微观基础是如何建立起来的;有了它,微观经济学才得以以严谨的逻辑著称,颇有美感。

与消费者行为理论相对应的是厂商理论,其理论逻辑与消费者行为理论如出一辙。基于对厂商行为的假定可以推导出厂商生产最大化、成本最小化、利润最大化的要素价格曲线,即要素需求曲线。其中的一个关键环节就在于劳动的价格要等于劳动的边际产出,资本的价格要等于资本的边际产出。这样,在要素市场上工资、利息等要素的价格就被决定了。

如果割裂产品市场和要素市场的联系,消费者行为理论和厂商理论的解释是完美的。但事实上产品市场和要素市场是相互联系的,如何使它们同时实现均衡即达到市场一般均衡,自然是微观经济学需要进一步研究的问题。因此,关于市场的一般均衡即帕累托最优,是微观经济学研究的又一重要内容。其实,关于市场一般均衡的研究还是从微观层面的研究到宏观层面研究的一条重要通路,宏观经济学就是从瓦尔拉斯一般均衡开始,一直走到经济增长理论和周期波动理论。

当然,微观经济学还有很多分支,但都无非是对其自身的某些问题进行的更深层次的研究,比如垄断、博弈,等等。

拓展阅读

西方经济学发展史上的重要流派

1. 重商学派

重商学派(15—17世纪),主要代表人物是蒙克莱田。早期重商学派研究的不是经济现象之间的内在联系,而是经济现象在表面上的联系,即只是流通领域中的联系。

2. 广义的古典学派

广义的古典学派(17—18世纪末)包括早期古典学派,代表人物有英国的威廉·配第、法国的布阿吉尔贝尔;重农学派,代表人物为法国的魁奈;古典学派,代表人物有英国的亚当·斯密和大卫·李嘉图、法国的西斯蒙第。1776年,亚当·斯密发表《国民财富的性质和原因的研究》,标志着现代西方经济学的开始。

3. 庸俗学派

庸俗学派(18 世纪末—19 世纪 90 年代)继承和发展了斯密的现象描述法。早期的庸俗学派代表人物有英国的马尔萨斯和法国的萨伊;后期的庸俗学派(19 世纪 70 年代—90 年代),主要包括奥地利学派、数理经济学派和美国学派等。

4. 剑桥学派

剑桥学派又称新古典经济学派(19 世纪 90 年代—20 世纪 30 年代)。1890 年,剑桥大学的马歇尔把边际效用论同当时资产阶级的一些其他学说,如供给论、节欲论、生产费用论等综合在一起,其作品《微观经济学原理》标志着微观经济学的开始。马歇尔和瓦尔拉斯等人把完全竞争和充分就业假设为既定条件,进而从供给和需求的角度来分析市场价格,以便解决资源在生产上的配置、资源的报酬等问题。

5. 凯恩斯学派

凯恩斯学派(20 世纪 30 年代)采用国民收入总量流量为主的分析方法,得出有效需求不足是造成普遍失业和生产过剩的直接原因,提出通过政府的需求管理,来弥补总需求的不足,消除非自愿失业和危机。1936 年,凯恩斯《就业利息和货币通论》的出版标志着宏观经济学的开始。

6. 新古典综合派

新古典综合派(20 世纪 40 年代末期形成)的代表人物萨缪尔森认为,微观经济学以充分就业为前提,而宏观经济学则着重研究各种不同水平就业量情况,将二者进行了综合。但其无法解释滞胀的存在,也提不出解决这一问题的对策。后来的各学派如货币主义学派、理性预期学派等对其进行了批判和修补。目前新古典综合派注意吸收各学派的观点,形成了一系列理论,称之为现代经济学。尽管如此,现代西方经济学依然存在两大派别,即沿袭凯恩斯的基本理论框架的新凯恩斯主义和恢复凯恩斯主义之前的传统思想的新古典经济学。

复习思考

1. 简述对经济、经济学的理解。
2. 简述为什么经济资源是稀缺的。
3. 简述“经济人”、理性的含义。
4. 简述经济学的基本内容。
5. 简述经济学的基本方法。
6. 论述微观经济学的内在逻辑。
7. 论述微观经济学的理论体系。

2 供求均衡原理

经济问题

2010 年中央电视台曝光的“天价药”事件再次引起公众对药价虚高问题的关注。药价虚高一直是我国社会反映强烈的问题之一，也是医疗改革的难点。自 1996 年恢复对药品价格管理以来，国家价格主管部门相继 27 次出台降价措施，基本医疗保险目录内 1000 余种药品价格得到了削减。虽然这些管制措施在一定程度上遏制了部分药价过快上涨，但药品市场的供求关系未能得到根本改变，对药品售价整体理性回归的带动作用并不明显，药品市场的均衡价格仍然维持高位运行。

2.1 需求

任何商品的价格都是由需求和供给两方面的因素共同决定的。消费者和厂商经济行为的联系表现为产品市场和要素市场供求关系的相互作用，由此形成了市场的均衡价格。作为微观经济学分析的起点，本章将分别介绍需求和供给两个基本概念及供求均衡原理。

2.1.1 需求函数

(1) 需求的定义

商品的需求(Demand)是指消费者在一定时期内在各种可能的价格水平下愿意而且能够购买的商品数量。需求必须是指消费者既有购买欲望又有购买能力的有效需求。如果消费者对某种商品只有购买的欲望而没有购买的能力，就只能算作“需要”，不能算作需求。

(2) 影响需求的主要因素

商品的需求数量是由许多因素共同决定的。其中主要的因素有：该商品的价格、消费者的收入水平、相关商品的价格、消费者的偏好和消费者对该商品的价格预期等。它们对商品需求数量的影响如下：

① 商品的自身价格。一般来说，商品的价格越高，该商品的需求量就会越小。相反，价格越低，需求量就会越大。

② 消费者的收入水平。对于大多数商品来说，消费者的收入水平提高，就会增加对商品的需求量。相反，消费者的收入水平下降时，就会减少对商品的需求量。

③ 相关商品的价格。当一种商品本身的价格保持不变，而与它相关的其他商品的价格发

生变化时,这种商品本身的需求量也会发生变化。当两种商品互为替代品时,一种商品价格的上升会导致另外一种商品需求量上升,反之则同步下降;当两种商品为互补产品时,一种商品价格的上升会导致另外一种商品需求量下降,反之亦然。

④ 消费者的偏好。当消费者对某种商品的偏好增强时,该商品的需求量就会增加。相反,偏好减弱,需求量就会减少。

⑤ 消费者对商品的价格预期。当消费者预期某种商品的价格在未来会上升时,就会增加对该商品的现期需求量;当消费者预期某商品的价格在将来会下降时,就会减少对该商品的现期需求量。

(3) 需求函数

需求函数是表示一种商品的需求数量和影响该需求数量的各种因素之间的相互关系的函数。在函数中,影响需求数量的各个因素是自变量,需求数量是因变量。

在实际问题分析时,如果同时考虑影响一种商品需求量的所有因素,会使问题变得异常复杂。为简化问题,通常假定其他影响因素保持不变,一次把注意力集中在一个影响因素上。由于一种商品的价格是决定需求量的最基本因素,所以,我们假定其他因素保持不变,仅仅分析一种商品的价格对该商品需求量的影响,即把一种商品的需求量看成这种商品的价格的函数,此时,需求函数可以表示为:

$$Q_d = f(P) \tag{2-1}$$

其中:P 为商品的价格; Q_d 为商品的需求量。

2.1.2 需求表和需求曲线

需求函数 $Q_d = f(P)$ 表示一种商品的需求量和该商品的价格之间存在着一一对应的关系。这种函数关系可以分别用商品的需求表和需求曲线来加以表示。

(1) 需求表

商品的需求表是表示某种商品的各种价格和相对应的该商品的需求数量之间关系的数字序列表。表 2-1 是某商品的需求表。

从表 2-1 可以清楚地看到商品价格与需求量之间的函数关系。比如,当商品价格为 1 元时,商品的需求量为 600 单位;当价格上升为 2 元时,需求量下降为 500 单位;当价格进一步上升为 3 元时,需求量下降为更少的 400 单位……如此等等。

表 2-1 某商品的需求表

价格—数量组合	*A*	*B*	*C*	*D*	*E*	*F*
价格/元	1	2	3	4	5	6
需求量/单位	600	500	400	300	200	100

(2) 需求曲线

需求曲线是反映某种商品的需求量与其价格相互关系的曲线。在经济学中,涉及价格与数量关系时,常用纵轴表示价格(自变量),横轴表示需求量(因变量)。图 2-1 是根据表 2-1 绘制的一条需求曲线。

在图 2-1 中,横轴表示商品的数量,纵轴表示商品的价格。图中需求曲线的绘制过程:根据表 2-1 中每一个商品的价格与需求量的组合,在平面坐标图中描绘相应的某商品的需求点

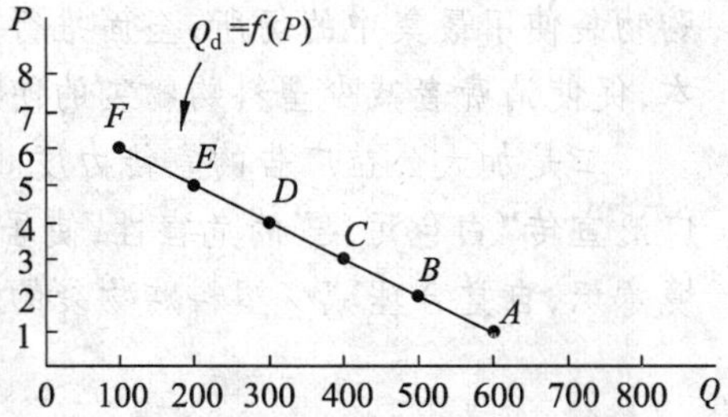

图 2-1 某商品的需求曲线

A,B,C,D,E 和 F，然后顺次连接这些点，便得到需求曲线 $Q_d=f(P)$。它表示在不同价格水平下，消费者愿意而且能够购买的商品数量。可见，需求曲线是以几何图形来表示商品的价格和需求量之间的函数关系的。

微观经济学在论述需求函数时，一般都假定商品的价格和相应需求量的变化具有无限可分性，即具有连续性。正是由于这一假定，在图 2-1 中才可以将商品的各个价格与需求量的组合点 A,B,C……连接起来，从而构成一条光滑的、连续的需求曲线。

图 2-1 中的需求曲线是一条直线。实际上，除直线型需求曲线外，也还存在曲线型需求曲线。当需求函数为线性函数时，相应的需求曲线是一条直线，直线上各点的斜率是相等的。当需求函数为非线性函数时，相应的需求曲线是一条曲线，曲线上各点的斜率是不相等的。在微观经济分析中，为了简化分析过程，在不影响结论的前提下，大多使用线性需求函数。线性需求函数的一般形式为：

$$Q_d=\alpha-\beta P \tag{2-2}$$

其中：α,β 为常数，且 $\alpha,\beta>0$。该函数所对应的需求曲线为一条直线。

需求表和需求曲线都反映了商品的价格变动和需求量变动二者之间的关系。从表 2-1 可见，商品的需求量随着商品价格的上升而减少。与之相对应的，在图 2-1 中的需求曲线具有一个明显的特征，它是向右下方倾斜的，即它的斜率为负值。它们都表示商品的需求量和价格之间呈反方向变动的关系，这种普遍存在的现象被称为需求规律（Law of Demand）。

2.1.3 需求量的变动与需求的变动

（1）需求量变动的含义及其表现

需求量变动是指其他因素不变，由某种商品价格变动引起的消费者对该商品需求量的变动。在坐标图中，需求量的变动表现为在同一条需求曲线上点的移动。

（2）需求变动的含义及其表现

需求变动是指某种商品的自身价格不变，由其他因素变动引起的消费者对该商品需求量的变动。在坐标图中，需求变动表现为需求曲线本身的移动。需求增加，需求曲线向右上方移动；需求减少，需求曲线向左下方移动。

资料链接

如何减少塑料购物袋的需求

塑料购物袋是日常生活中的易耗品，在为消费者提供便利的同时，由于过量使用及回收处理不到位等原因，造成了严重的能源浪费和环境污染。减少塑料购物袋的消费成为生态保护的重要工作之一，其主要的应对措施有以下两种：

一是提高塑料购物袋的价格。借助于公共政策，在超市、商场、集贸市场等塑料购物袋使用最集中的场所，全面推行塑料购物袋有偿使用制度，增加消费者的使用成本，促使消费者减少塑料购物袋的使用量。

二是加大公益广告的宣传力度。利用广播电视、报纸杂志、互联网等各种媒体，广泛宣传"白色污染"的危害性，使居民和生产、销售企业牢固树立节约资源、保护环境意识，自觉合理减少塑料购物袋的使用。

2.2 供给

2.2.1 供给函数

(1) 供给的定义

商品的供给(Supply)是指生产者在一定时期内在各种可能的价格下愿意而且能够提供出售的该种商品的数量。如果生产者对某种商品只有提供出售的愿望，而没有提供出售的能力，则不能形成有效供给，也不能算作供给。

(2) 影响供给的主要因素

商品的供给数量取决于多种因素的影响，主要的因素包括该商品的价格、生产的成本、生产的技术水平、相关商品的价格和生产者对未来的预期。它们各自对商品供给量的影响如下：

① 商品的自身价格。一般说来，一种商品的价格越高，生产者提供的产量就越大。相反，商品的价格越低，生产者提供的产量就越小。

② 生产的成本。在商品自身价格不变的条件下，生产成本上升会减少利润，从而使得商品的供给量减少。相反，生产成本下降会增加利润，从而使得商品的供给量增加。

③ 生产的技术水平。在一般情况下，生产技术水平的提高可以降低生产成本，增加生产者的利润，生产者会提供更高的产量。

④ 相关商品的价格。在一种商品的价格不变而其他相关商品的价格发生变化时，该商品的供给量会发生变化。当两种商品互为替代品时，一种商品价格上升会导致另外一种商品的供给量下降，反之亦然；当两种商品为互补品时，一种产品价格上升会导致另外一种产品供给量上升，反之则同步下降。

⑤ 生产者对未来的预期。如果生产者对未来的预期看好，如预期商品的价格会上涨，生产者往往会扩大生产，增加供给。如果生产者对未来的预期悲观，如预期商品的价格会下降，生产者往往会缩减生产，减少供给。

(3) 供给函数

供给函数是表示一种商品的供给数量和影响该供给数量的各种因素之间相互关系的函数。也就是说，影响供给数量的各个因素是自变量，供给数量是因变量。商品的供给数量是所有影响这种商品供给数量的因素的函数。

如果假定其他因素均不发生变化，仅考虑商品的价格变化对其供给量的影响，即把一种商品的供给量看成只是这种商品价格的函数，则供给函数就可以表示为：

$$Q_s = f(P) \tag{2-3}$$

其中：P 为商品的价格；Q_s 为商品的供给量。

2.2.2 供给表和供给曲线

供给函数 $Q_S = f(P)$ 表示一种商品的供给量和该商品价格之间存在着一一对应的关系。这种函数关系可以分别用供给表和供给曲线来表示。

(1) 供给表

商品的供给表是表示某种商品的各种价格和与各种价格相对应的该商品的供给数量之间关系的数字序列表。表 2-2 是某商品的供给表。

表 2-2 某商品的供给表

价格—数量组合	*A*	*B*	*C*	*D*	*E*
价格/元	1	2	3	4	5
供给量/单位	0	200	400	600	800

表 2-2 清楚地表示了商品的价格和供给量之间的函数关系。例如，当价格为 5 元时，商品的供给量为 800 单位；当价格下降为 4 元时，商品的供给量减少为 600 单位；当价格进一步下降为 2 元时，商品的供给量减少为 200 单位。

(2) 供给曲线

供给曲线是反映某种产品的供给量与它的价格相互关系的曲线。与需求曲线一样，纵轴表示价格，横轴表示供给量。图 2-2 便是根据表 2-2 所绘制的一条供给曲线。

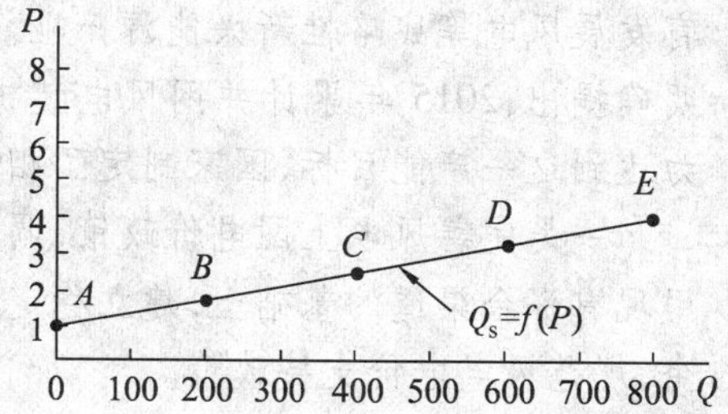

图 2-2 某商品的供给曲线

图中的横轴表示商品数量，纵轴表示商品价格。在平面坐标图上，把根据供给表中商品的价格与供给量组合所得到的相应的坐标点 *A*, *B*, *C*, *D* 和 *E* 连接起来的线，就是该商品的供给曲线 $Q_s = f(P)$。它表示在不同的价格水平下生产者愿意而且能够提供出售的商品数量。供给曲线是以几何图形表示商品的价格和供给量之间的函数关系。

和需求曲线一样，建立在商品的价格和相应的供给量的变化具有无限分割性的假设上的供给曲线也是一条光滑而连续的曲线。供给曲线可以是直线型，也可以是曲线型。如果供给函数是线性函数，则相应的供给曲线为直线型。如果供给函数是非线性函数，则相应的供给曲线就是曲线型的。直线型的供给曲线上的每点的斜率是相等的，曲线型的供给曲线上的每点的斜率则不相等。在微观经济分析中，使用较多的是线性供给函数。它的通常形式为：

$$Q_s = -\delta + \gamma P \tag{2-4}$$

其中：δ, γ 为常数，且 $\delta, \gamma > 0$。该函数所对应的供给曲线为一条直线。

供给表和供给曲线都反映了商品的价格变动和供给量变动二者之间的关系。从表 2-2 可见，商品的供给量随着商品价格的上升而增加。与之相对应的，图 2-2 中的供给曲线表现出向右上方倾斜的特征，即供给曲线的斜率为正值。它们都表示商品的供给量和价格呈同方向变动的关系，这种普遍存在的现象被称为供给规律（Law of Supply）。

2.2.3 供给量的变动与供给的变动

(1) 供给量变动的含义及其表现

供给量变动是指其他因素不变,由某种商品价格的变动引起的厂商对这种商品供给量的变动。在坐标图中,供给量的变动表现为同一条供给曲线上点的移动。

(2) 供给变动的含义及其表现

供给变动是指某种商品的价格不变,由其他因素变动引起的供给量的变动。在坐标图中,供给变动表现为供给曲线的移动:在既定的价格水平上,其他因素不变,如果商品的生产成本降低,对该商品的供给量就会增加,供给曲线向右下方移动。

资料链接

我国风电产业的市场培育

为加快转变经济发展方式,推动节能减排,促进经济长期平稳较快发展,急需培育发展风电等战略性新兴能源产业。《"十二五"国家战略性新兴产业发展规划》中明确提出,2015 年累计并网风电装机超过 1 亿千瓦,年发电量达到 1900 亿千瓦时。为达到这一产能目标,国家制定了相应的政策措施以提高风电供给。

一是完善风电上网电价政策,调整风电市场价格。在整合现有政策资源、充分利用现有资金渠道的基础上,建立稳定的财政投入增长机制,设立风电产业发展专项资金,规范风电电价支持政策。

二是加大风电产业税收、技术研发等方面的非价格支持。针对风电产业特点,落实税收支持政策;加强风电装备研发,增强大型风电机组整机和控制系统设计能力,提高发电机、齿轮箱、叶片以及轴承、变流器等关键零部件开发能力,在风电运行控制、大规模并网、储能技术方面取得重大突破。

2.3 供求均衡

需求曲线说明了消费者对某种商品在每一价格下的需求量是多少,供给曲线说明了生产者对某种商品在每一价格下的供给量是多少。但是,它们都没有说明这种商品本身的价格究竟是如何决定的。微观经济学中的商品价格是指商品的均衡价格。商品的均衡价格是在商品的市场需求和市场供给的相互作用下形成的。

2.3.1 均衡的含义

均衡的最一般的意义是指经济事物中有关的变量在一定条件下所达到的一种相对静止的状态。经济事物之所以能够处于这样一种静止状态,是由于在这样的状态中,有关该经济事物的各参与者的力量能够相互制约和相互抵消,也由于在这样的状态中,有关该经济事物的各方面的经济行为者的愿望都能得到满足。

市场均衡可以分为局部均衡和一般均衡。局部均衡是就单个市场或部分市场的供求与价格之间的关系和均衡状态进行分析。一般均衡是就一个经济社会中的所有市场的供求与价格之间的关系和均衡状态进行分析。一般均衡假定各种商品的供求和价格都是相互影响的,一个市场的均衡只有在其他所有市场都达到均衡的情况下才能实现。

2.3.2 均衡价格的决定

在西方经济学中,均衡价格(Equilibrium Price)是指供给与需求相等时的价格,或者说是买卖双方都愿意接受的市场价格。均衡价格下的交易量称为均衡数量(Equilibrium Quantity)。从几何意义上说,一种商品市场的均衡出现在该商品的市场需求曲线和市场供给曲线相交的交点上,该交点被称为均衡点。均衡点上的价格和供求量分别被称为均衡价格和均衡数量。市场上需求量和供给量相等的状态,也被称为市场出清的状态。

现在把前面图 2-1 中的需求曲线和图 2-2 中的供给曲线结合在一起,用图 2-3 说明一种商品的市场均衡价格的决定。

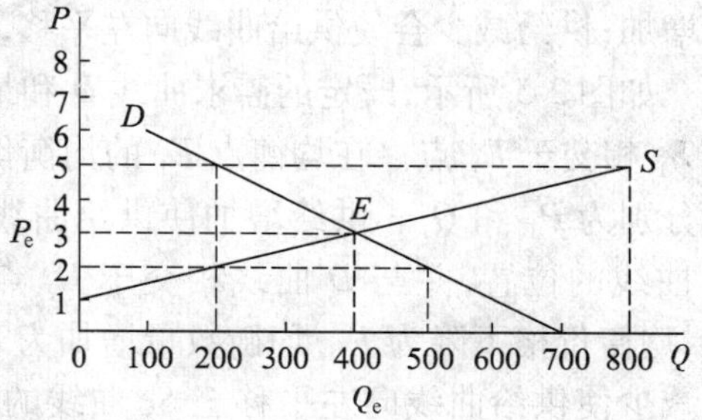

图 2-3 均衡价格的决定

在图 2-3 中,假定 D 曲线为市场的需求曲线,S 曲线为市场的供给曲线。需求曲线 D 和供给曲线 S 相交于 E 点,E 点为均衡点。此时,均衡价格 $P_e = 3$ 元,均衡数量 $Q_e = 400$。显然,在均衡价格 3 元的水平,消费者的购买量和生产者的销售量是相等的,都为 400 单位。也可以反过来说,在均衡数量 400 单位的水平,消费者愿意支付的最高价格和生产者愿意接受的最低价格是相等的,都为 3 元。这种状态就是使买卖双方都感到满意并愿意持续下去的均衡状态。

均衡价格的决定也可以用与图 2-3 相对应的表 2-3 来说明。由表 2-3 可见,商品的均衡价格为 3 元,商品的均衡数量为 400 单位。

表 2-3 某商品均衡价格的决定

价格/元	5	4	3	2	1
需求量/单位	200	300	400	500	600
供给量/单位	800	600	400	200	0

商品的均衡价格表现为商品市场上需求和供给这两种相反的力量共同作用的结果,它是在市场的供求力量的自发调节下形成的。当市场价格偏离均衡价格时,市场上会出现需求量和供给量不相等的非均衡的状态。一般说来,在市场机制的作用下,这种供求不相等的非均衡状态会逐步消失,实际的市场价格会自动地恢复到均衡价格水平。

2.3.3 均衡价格的变动

均衡价格是由该商品市场的需求曲线和供给曲线的交点所决定的。因此,需求曲线或供给曲线位置的移动都会使均衡价格水平发生变动。

(1) 需求的变动对均衡价格和均衡数量的影响

在供给不变的情况下,需求增加会使需求曲线向右平移,从而使得均衡价格和均衡数量都增加;需求减少会使需求曲线向左平移,从而使得均衡价格和均衡数量都减少。

如图 2-4 所示,既定的供给曲线 S 和最初的需求曲线 D_1 相交于 E_1 点。在均衡点 E_1,均衡价格为 P_1,均衡数量为 Q_1。需求增加使需求曲线向右平移至 D_2 曲线的位置,D_2 曲线与 S 曲线相交于 E_2 点。在均衡点 E_2,均衡价格上升为 P_2,均衡数量增加为 Q_2。相反,需求减少使需求曲线向左平移至 D_3 曲线的位置,D_3 曲线与 S 曲线相交于 E_3 点。在均衡点 E_3,均衡价格下降为 P_3,均衡数量减少为 Q_3。

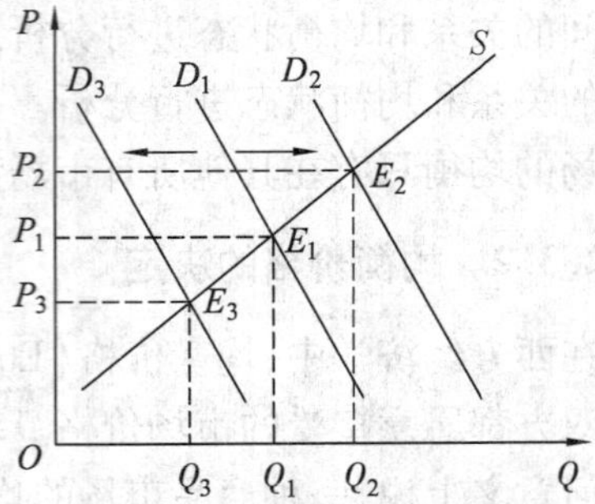

图 2-4　需求的变动和均衡价格的变动

(2) 供给的变动对均衡价格和均衡数量的影响

在需求不变的情况下,供给增加会使供给曲线向右平移,从而使得均衡价格下降,均衡数量增加;供给减少会使供给曲线向左平移,从而使得均衡价格上升,均衡数量减少。

如图 2-5 所示,既定的需求曲线 D 和最初的供给曲线 S_1 相交于 E_1 点。在均衡点 E_1 的均衡价格和均衡数量分别为 P_1 和 Q_1。供给增加使供给曲线向右平移至 S_2 曲线的位置,并与 D 曲线相交于 E_2 点。在均衡点 E_2,均衡价格下降为 P_2,均衡数量增加为 Q_2。相反,供给减少使供给曲线向左平移至 S_3 曲线的位置,且与 D 曲线相交于 E_3 点。在均衡点 E_3,均衡价格上升为 P_3,均衡数量减少为 Q_3。

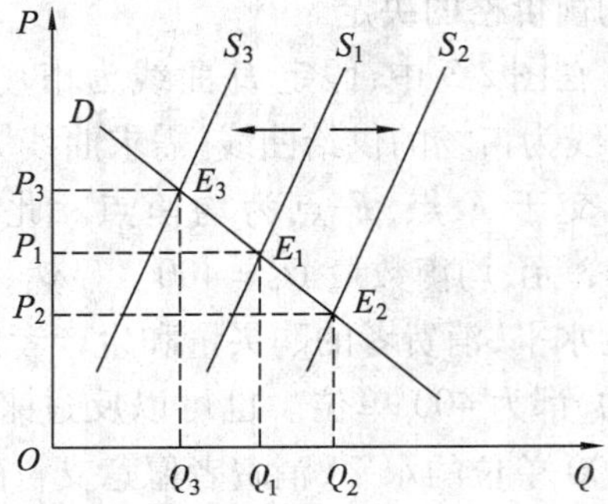

图 2-5　供给的变动和均衡价格的变动

供求定理:在其他条件不变的情况下,需求变动分别引起均衡价格和均衡数量同方向的变动;供给变动引起均衡价格反方向的变动,引起均衡数量同方向的变动。

2.3.4　政府干预与市场均衡

为了实现宏观经济目标,政府往往会对市场价格进行干预。这种干预主要包括支持价格和限制价格两种类型。

(1) 支持价格

支持价格(Support Price)是政府为了支持某一行业的发展而规定的该行业的最低价格。若政府认为由市场供求力量自发决定的某种产品的价格太低,不利于该行业的发展,政府就可以对该产品实行支持价格。支持价格总是高于市场均衡价格。因为农产品价格过低会降低农户收益,挫伤农民从事农业生产的积极性,许多国家的政府对农产品均实行支持价格,以防谷贱伤农现象的发生。

图 2-6 显示了政府对某种产品实行支持价格的结果。图中,P_e 表示由市场供求力量自发决定的均衡价格;P_1 表示政府所实行的支持价格。在支持价格下,消费者购买产品所支付的价格与生产者出售产品所获得的价格都是 P_1。生产者愿意提供的数量 Q_1,消费者愿意购买的数量 Q_0。剩下的部分(Q_1-Q_0)由政府购买。支持价格增加了政府的财政支出。

为了支持某一行业的发展,政府还可以采取其他政策,例如对农产品实行补贴政策。但产品补贴政策不同于产品支持价格政策。产品补贴政策通过降低生产者的生产成本而改变供给曲线，均衡价格仍由市场供求决定。支持价格政策则脱离了市场价格机制，由政府直接决定。

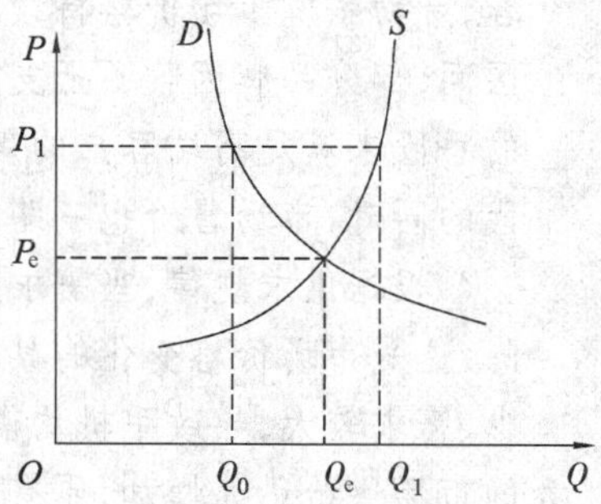

图 2-6　支持价格

（2）限制价格

限制价格（Ceiling Price）是政府为了防止物价上涨而规定的某种产品的最高价格。政府往往试图用限制价格政策应付通货膨胀。限制价格总是低于市场均衡价格，如政府为防止产成品价格的普遍上涨，往往限制原材料、燃料等的价格。

图 2-7 显示了政府对某种产品实行限制价格的情况。若政府不对竞争的市场进行干预，而由供求力量自发调节价格，则市场均衡价格为 P_e，均衡数量为 Q_e。如果政府实行限制价格，把该产品的最高限价定为 P_c，将会导致超额需求（Q_1-Q_0）。在 P_c 的价格下，消费者愿意购买的数量是 Q_1，生产者愿意提供的数量是 Q_0，超额需求是（Q_1-Q_0）。

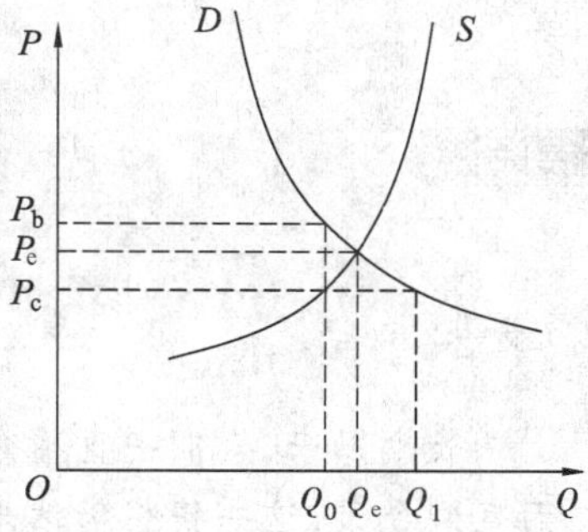

图 2-7　限制价格

限制价格会导致一系列不良后果。由于限制价格低于均衡价格，使需求大而供给小，会出现排队抢购，政府可能不得不通过发放票证的方式实行配给。限价还会导致黑市猖獗，如果政府实施限制价格政策的商品刚好是需求价格弹性较小的产品时，所产生的黑市价格会大大地高于市场均衡价格。图 2-7 中，P_b 为黑市价格。因此，除非在特殊的情况下，比如战争期间或恶性通货膨胀的情况下，否则不应对竞争性的产品实行限价政策。对竞争性的产品进行限价会加剧限价商品的短缺，从而引发更加严重的通货膨胀。对某些垄断性很强的公用事业，由于缺乏竞争的市场，政府可以采取适当的限价政策。

限价政策有时也会被政府用作限制行业发展的手段，对行业征收产品税也可以达到限制行业发展的目的，但前者以破坏市场机制为代价，后者仍靠市场机制发挥作用。

案例评析

手机市场价格的变化

20 世纪 80 年代末移动通讯开始进入中国市场，摩托罗拉 8900 作为中国第一代手机新贵，被称为“大哥大”，当时售价高达 3 万 ~4 万元。而后，摩托罗拉相继推出了一系列体积小、重量轻的产品。在 1995 年之前，摩托罗拉一直引领中国手机市场。1996 年以后，爱立信、诺基亚、飞利浦、西门子、阿尔卡特、索尼、三星、苹果等品牌相继进入中国手机市场，市场竞争日益激烈。从 1998 年开始，国产品牌陆续也登上中国手机市场竞争舞台。市场竞争越发激烈，供求关系随之改变，由原来的供小于求，逐步转变为供大于求。为了争夺市场，一方面厂家不断用降价、促销等手段来赢得顾客，带动手机市场价格持续下降，一些仅具有通讯功能的低端手机价格已经进入百元区间，部分品牌因收不抵支而退出市场；另一方面厂家不断采用技术更新、产品升级的手段来满足高端客户的需求，以 iPhone 为代表的高端智能手机在产品不断更新换代的同时，市场售价也一路平稳下降。

根据供求规律，当需求量大于供给量时，价格上升；当需求小于供给量时，价格下降，这是市场价格变化的具体规律。在中国的手机市场上，早期阶段由于市场供给较少、需求较大，导致手机均衡价格较高，市场售价过万。随着新厂商的进入，手机产品的市场供给迅速增加，原有的均衡状态被打破，供给曲线向右移动，并逐渐趋于新的均衡状态，价格随之下降。

拓展阅读

一般均衡价格与价值

长期以来，人们一直猜想，在一般均衡价格与价值之间存在某种确定的联系。然而直到今天，这一猜想仍然未能得到严格的证明。尽管自 20 世纪 50 年代起，西方经济学在一般均衡理论方面取得了一系列重要的进展，但他们的一般均衡理论始终存在一个致命的不足，即缺乏应有的价值基础。换句话说，他们所谓的一般均衡理论其实不过是关于一般均衡价格的理论。现在，西方的主流经济学家们已经不再去探寻隐藏在一般均衡价格背后的价值基础，而仅仅满足于只是对一般均衡价格本身进行表面和肤浅的讨论。其中，一些人总是有意或无意地避开价值问题，另外一些人则干脆就把一般均衡价格当成了价值。

将一般均衡价格和价值混为一谈的做法显然是不能令人满意的。实际上，这样得到的所谓"价值"理论或一般均衡理论就是"一般"的供求决定论，不可避免地带有许多无法克服的局限性。例如，根据这种理论，给定某个一般均衡价格向量，则它的任意(大于零)的倍数也是一般均衡价格向量。这是因为，在一般均衡理论中，所有的价格都是相对的，因而，当所有商品的价格同时和同等程度地上升或下降时，所有商品的供给量和需求量都不会变化，从而，它们也不会由原来的相等变为不等。换句话说，对应于同一个供求关系，存在的一般均衡价格向量却有无穷多个，尽管最后真正实现的只是其中的某一个。

根据马克思的劳动价值论，如果假定"两个总量相等"，即假定"社会总产品的价格总量等于价值总量"(或者说，不存在普遍的通货膨胀或通货紧缩)以及"平均利润总量等于剩余价值总量"，则必然有且仅有一组恰好等于相应价值的一般均衡价格，或者说，必然有且仅有一个恰好等于相应价值向量的一般均衡价格向量。这意味着，一般均衡理论完全可以建立在劳动价值论的基础之上。当然，需要说明的是，这里所说的一般均衡，主要是指产品(包括生产资料和消费资料)市场的一般均衡。

一般均衡理论价值基础的建立,一方面是对现代西方经济学一般均衡理论的发展,另一方面也是对马克思主义经济学的发展。特别是,它通过在一般均衡价格和价值之间建立起牢固的联系,打破了长期以来认为马克思主义经济学和现代西方经济学非此即彼的传统观念,为在更高水平上综合这两大经济学体系提供了可能。

(冯金华:《一般均衡理论的价值基础》,《经济研究》,2012 年第 1 期。)

复习思考

1. 影响需求变动的主要因素有哪些?
2. 影响供给变动的主要因素有哪些?
3. 什么是供求定理?
4. 运用需求曲线和供给曲线的移动说明下述事件对苹果市场的影响并画图:

(1) 科学家发现每天吃一个苹果的人很少生病;

(2) 甜橙的价格翻了一番;

(3) 干旱使苹果的收成减少一半;

(4) 数以千计的城市打工者返回乡村成为苹果采摘者;

(5) 数以千计的大学生毕业后从事苹果种植行业;

(6) 种植苹果的技术得到了进步。

5. 已知某商品的需求函数为 $Q_d = 50 - 5P$,供给函数为 $Q_s = -10 + 5P$:

(1) 求均衡价格 P_e 和均衡交易量 Q_e,并作图;

(2) 如供给函数不变,需求函数变为 $Q_d = 60 - 5P$,求 P_e 和 Q_e;

(3) 如需求函数不变,供给函数变为 $Q_s = -5 + 5P$,求 P_e 和 Q_e;

(4) 如供给函数不变,对买者征收税收 T,新的需求函数为 $Q_d = 50 - 5(P + T)$,求新的均衡,卖者得到的价格、买者支付的价格和销售量会发生什么变动?

6. 什么政策会引起产品短缺,什么政策会引起产品过剩,为什么?
7. 简要说明微观经济学的理论体系框架和核心思想。

3 弹性分析理论

经济问题

大起大落的猪肉价格

2011 年猪肉价格再次暴涨,6 月份全国猪肉价格上涨了 57.1%,影响价格总水平上涨约1.37%;7 月份猪肉上涨 56.7%,影响价格总水平上涨约 1.46%。2011 年猪肉价格的暴涨让人不禁回想起 2004 年、2007 年以及 2008 年猪肉价格的猛涨。2004 年价格上涨 12.8%,2006 年价格下跌 9.4%,2007 年价格上涨 45.9%,2008 年价格进一步推升30.8%的高位,2009 年则大跌 18.4%。2004—2009 年,中国生猪价格历经两次大涨大跌。“猪贱伤农”“肉贵伤市”,猪肉价格不稳定既不利于农民增收,也不利于城乡居民的生活,更不利于生猪市场的长期健康发展。猪价为何如此大涨大跌?政府该如何调控市场,怎样才能较好地控制猪肉价格的波动,避免这种大起大落的价格走势?

上一章的需求曲线和供给曲线告诉我们,当商品的价格发生变化时,商品的需求量和供给量都会发生相应的变化,那么当一种商品的价格上升(下降)1%时,其需求量和供给量具体会下降和上升百分之多少呢?这就需要由弹性来说明。本章将以弹性的一般含义为基础,分别考察与需求、供给相关的几个弹性的概念。

3.1 需求价格弹性

3.1.1 弹性

弹性(Elasticity)通常指自变量变动一个百分比所引起因变量变动的百分比,体现因变量对自变量反映的敏感程度。

弹性的一般公式为:

$$弹性系数=\frac{因变量的变动比例}{自变量的变动比例}$$

设两个变量之间的函数关系为 $Y=f(X)$,则具体的弹性公式为:

$$e=\frac{\Delta Y/Y}{\Delta X/X}=\frac{\Delta Y}{\Delta X}\cdot\frac{X}{Y} \tag{3-1}$$

其中：e 为弹性系数；ΔX,ΔY 分别为变量 X,Y 的变动量。

若变量的变化量趋于无穷小，即当 $\Delta X \to 0$ 且 $\Delta Y \to 0$ 时，弹性公式为：

$$e = \lim_{\Delta X \to 0} \frac{\Delta Y / Y}{\Delta X / X} = \frac{dY/Y}{dX/X} = \frac{dY}{dX} \cdot \frac{X}{Y} \tag{3-2}$$

式(3-1)和式(3-2)分别被称为弧弹性公式和点弹性公式。

由上述弹性公式可以看到，弹性是两个变量各自变化比例的一个比值，因此，它与自变量和因变量的度量单位无关。例如，某商品的销售数量增加了10%，那么该商品的销售数量无论是用克、千克、吨为单位，传达的信息都是相同的；再如商品的价格提高了20%，那么该商品的价格无论是用美元、人民币、欧元为单位，传达的信息也是一样的，有效地避免了度量单位对结果的影响。

3.1.2 需求价格弹性的含义与计算

(1) 需求价格弹性的含义

需求价格弹性又称为需求弹性，是指在一定时期内，当所有其他影响买者计划的因素都保持不变时，一种商品需求量变动对于其商品价格变动的反应程度。一般公式为：

$$\text{需求价格弹性系数} = -\frac{\text{需求量的变动率}}{\text{价格的变动率}}$$

对于一般商品，其需求量与价格是呈反向变动的，因此需求量变动率与价格变动率之比为负，这在比较弹性大小时容易出现混乱。因此，为了使需求弹性系数取正值以便于观察和比较，公式中加了一个负号。

需求的价格弹性可以分为弧弹性(Arc Elasticity)和点弹性(Point Elasticity)两种。需求价格弧弹性是指在需求曲线两点之间的需求量变动对于价格变动的反应程度；需求价格点弹性是指需求曲线某一点上需求量的变动对于价格变动的反应程度。也就是说，当考察价格上微小的变化时，一般使用点弹性，而当价格相对变化较大时，通常采用弧弹性。

(2) 需求价格弧弹性计算

假定需求函数为 $Q=f(P)$，ΔQ 和 ΔP 分别表示需求量的变动量和价格的变动量，以 e_d 表示需求价格弹性系数，在式(3-1)的基础上，需求价格弧弹性的公式为：

$$e_d = -\frac{\Delta Q / Q}{\Delta P / P} = -\frac{\Delta Q}{\Delta P} \cdot \frac{P}{Q} \tag{3-3}$$

值得注意的是，在需求曲线的同一条弧上，价格上涨和下跌时所计算的需求价格弧弹性是不相等的，因为 P 和 Q 所取的基数值不相同，所以计算结果便不同了。如果不是具体强调这种需求的价格弧弹性是作为涨价还是降价的结果，则为了避免不同的计算结果，通常使用弧弹性中点公式，即取两点价格的平均值 $\frac{P_1 + P_2}{2}$ 和两点需求量的平均值 $\frac{Q_1 + Q_2}{2}$ 作为式(3-3)中的 P 值和 Q 值，这样需求价格弧弹性的公式又可以写成：

$$e_d = -\frac{\Delta Q}{\Delta P} \cdot \frac{(P_1 + P_2)/2}{(Q_1 + Q_2)/2} \tag{3-4}$$

假设某商品的需求曲线为 $Q_d = 1\ 800 - 300P$，当该商品的价格由4元降到3元，相应的需求量由600件增加到900件，见图3-1。

那么根据公式(3-4)，需求曲线 A,B 两点之间的需求价格弧弹性为：

$$e_d=\frac{300}{1}\cdot\frac{\frac{3+4}{2}}{\frac{600+900}{2}}=1.4$$

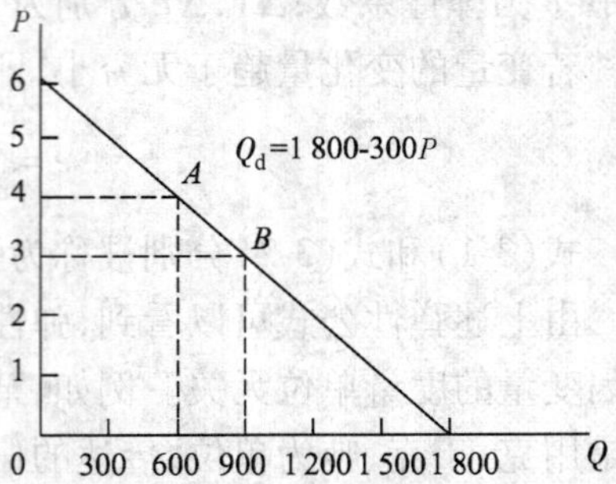

图 3-1　某商品的需求曲线

这个结果说明，该商品价格变化 1%，其销量将变化 1.4%。也就是说，需求量变化率要比价格变化率大，即 $e_d>1$，此时的需求量对于价格变动的反应是比较敏感的，通常我们称这种情况为富有弹性；相反，当 $e_d<1$，即需求量的变化率小于价格变化率，此时需求量对于价格变动的反应不够敏感，通常我们称为缺乏弹性；还有一种巧合的情况，当 $e_d=1$，即需求量的变化率恰好与价格的变化率相等，我们称这种情况为单一弹性或单位弹性。

以上这 3 种类型的需求价格弧弹性都如图 3-2 中的(a)，(b)和(c)所示。除此之外，还有两种极端的情况。图 3-2(d)中的需求曲线是一条水平线，也就是说无穷小的价格变化率却能带来无穷大的需求量的变化率，即 $e_d=\infty$，这种情况通常被称为完全弹性；图 3-2(e)则正好相反，它是一条垂直线，表示该需求曲线上的任何价格水平需求量都是固定不变的，即 $e_d=0$，这种情况被称为完全无弹性。以上这 5 种情况是需求价格弹性的基本类型。

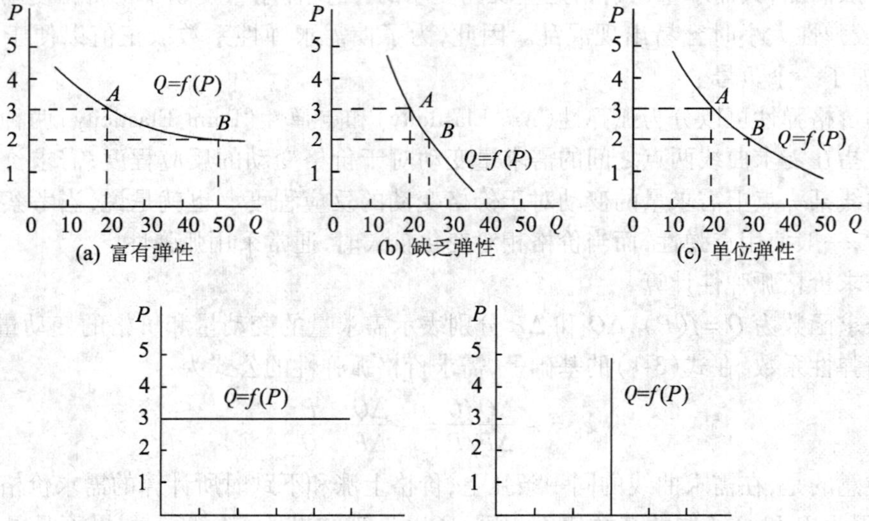

图 3-2　需求价格弧弹性的 5 种基本类型

在一定时期内，不同商品具有不同需求价格弹性。表 3-1 提供了经济学家们通过分析美国消费者消费模式的资料所得到的弹性计算结果。这些信息对于决策来说是重要的。政府可以根据已有的需求价格弹性，通过调整相关政策影响商品的价格来相应地调整销量。

表 3-1 美国部分商品需求价格弹性

产品或服务	需求价格弹性系数	产品或服务	需求价格弹性系数
报纸	0.10	汽油	0.60
电(家用)	0.13	牛奶	0.63
面包	0.15	家用电器	0.63
主要棒球队的门票	0.23	电影	0.87
电话服务	0.26	啤酒	0.90
糖	0.30	鞋	0.91
医疗	0.31	机动车辆	1.14
蛋	0.32	牛肉	1.27
法律服务	0.37	瓷器、玻璃器皿	1.54
汽车修理	0.40	餐饮	2.27
服装	0.49	羊肉	2.65

同一种商品,在不同国家的需求价格弹性也是有区别的。表 3-2 所示的是同一时期不同国家(地区)烟草的需求价格弹性。美国烟草的需求价格弹性比中国要高,也就是说同等比例价格的变动,在美国比在中国将引起更大比例的需求量的变化。

表 3-2 一些国家(地区)烟草的需求价格弹性

国家	中国	英国	美国	欧洲	澳洲	爱尔兰	巴布亚几内亚
需求价格弹性	0.54	0.5	0.7	0.4	0.5	0.4	0.71

(3) 需求价格点弹性计算

当需求曲线上两点之间的变化量趋于无穷小时,基于公式(3-2)可得需求价格点弹性为:

$$e_{\mathrm{d}} = \lim_{\Delta P \to 0} - \frac{\frac{\Delta Q}{Q}}{\frac{\Delta P}{P}} = - \frac{\mathrm{d}Q}{\mathrm{d}P} \cdot \frac{P}{Q} \tag{3-5}$$

可以应用该公式计算需求曲线上给定的某一点的弹性,这里仍然沿用图 3-1 的线性需求曲线 $Q_{\mathrm{d}} = 1800 - 300P$ 来说明需求价格点弹性。在 A 点相应的需求—价格组合为(600,4),将其代入式(3-5),即可得:

$$e_{\mathrm{d}} = - \frac{\mathrm{d}Q}{\mathrm{d}P} \cdot \frac{P}{Q} = -(-300) \cdot \frac{4}{600} = 2$$

即图 3-1 需求曲线上 A 点的需求价格点弹性值为 2。同理,B 点相应的需求—价格组合为(900,3),其需求价格弹性:

$$e_{\mathrm{d}} = - \frac{\mathrm{d}Q}{\mathrm{d}P} \cdot \frac{P}{Q} = -(-300) \cdot \frac{3}{900} = 1$$

对于微小的价格变化,还有一个便捷方法来表达需求价格点弹性,请注意,$\frac{\mathrm{d}Q}{\mathrm{d}P}$正好是需求曲线斜率的倒数,因此,需求价格点弹性可以通过把这一点的斜率的倒数同$\frac{P}{Q}$相乘而得到,用数学的形式表示,设斜率为 k,需求价格的点弹性为:

$$e_d = -\frac{1}{k} \cdot \frac{P}{Q} \tag{3-6}$$

由此可见,线性需求曲线上的每一点的弹性都是不相等的,且表现出一个明显的特征:在线性需求曲线上的点的位置越高,相应的点弹性系数值就越大;相反,位置越低,相应的点弹性系数值就越小。在图3-3 中,B 点的需求价格弹性为 1,在 B 点以下部分的任意一点的需求价格弹性均小于 1,而在 B 点以上部分的任意一点的需求价格弹性均大于 1,而在线性需求曲线的两个端点 D 点和 E 点,则表现为两种极端的情况,D 点的需求价格弹性为 ∞,即任何微小的价格变动都会使得需求量发生无穷大的变化,E 点正好相反,其需求价格弹性为 0,即无论价格如何变动,其需求量都不会发生任何变化。因此,我们发现点弹性与弧弹性一样也存在 5 种基本类型。

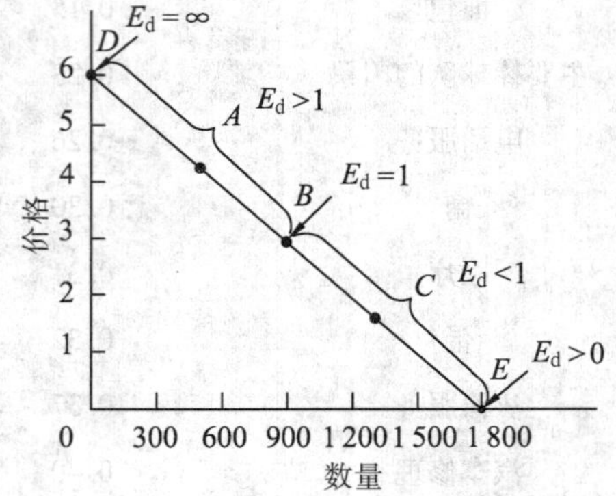

图 3-3 线性需求曲线点弹性的类型

对于非线性需求函数,曲线的不同形状和曲线上的点位置不同都会影响需求价格点弹性值的大小。若掌握了具体的函数形式,就可直接用公式求解,若无具体的函数形式,而只能得到它的曲线,则可以通过几何方法求解(见图 3-4)。

具体来讲,为了计算 A'点的点弹性,先过该点做切线,该点的斜率为$\frac{A'C}{CD}$,根据公式(3-6)可知 A'点弹性:

$$e_d = -\frac{1}{k} \cdot \frac{P}{Q} = \frac{CD}{A'C} \cdot \frac{OB}{OC} = \frac{CD}{OB} \cdot \frac{OB}{OC} = \frac{CD}{OC} \tag{3-7}$$

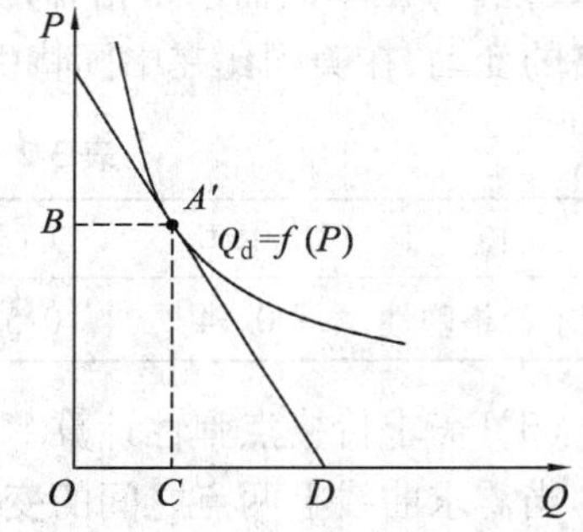

图 3-4 非线性需求曲线点弹性

3.1.3 需求价格弹性与销售收入

销售收入是商品的价格与其销售量的乘积。一般来说,如果某商品的价格上升,则该商品的销售量就会下降,但是销售收入有可能增加,也有可能减少,也可能保持不变,具体为哪种情况,取决于需求对价格变动的敏感程度。如果价格上升时需求大幅下降,则销售收入就会减少,如果价格上升时需求下降有限,则销售收入就会增加,这说明销售收入的变动方向与需求价格弹性有关。下面我们来说明这种关系。

假定销售收入的定义为:

$$R = PQ \tag{3-8}$$

如果价格变为 $P + \Delta P$,需求量相应变为 $Q + \Delta Q$,则新的销售收入为:

$$\begin{aligned} R' &= (P + \Delta P)(Q + \Delta Q) \\ &= PQ + Q\Delta P + P\Delta Q + \Delta P\Delta Q \end{aligned} \tag{3-9}$$

R'减去 R 可得:

$$\Delta R = Q\Delta P + P\Delta Q + \Delta P\Delta Q \tag{3-10}$$

如果 ΔP 和 ΔQ 很小,则式(3-10)右端中的最后一项 $\Delta P\Delta Q$ 可以忽略不计,这样得到:

$$\Delta R = Q\Delta P + P\Delta Q \tag{3-11}$$

式(3-11)表明,销售收入的变动,大致等于原来需求量乘以价格变动再加上原来的价格与需求量变动之积。如果我们想要知道价格变动 1% 时销售收入的变动率,只要将式(3-11)除以 ΔP 即可,从而得到下式:

$$\frac{\Delta R}{\Delta P} = Q + P\frac{\Delta Q}{\Delta P} \tag{3-12}$$

因此要使 $\frac{\Delta R}{\Delta P} > 0$,即 $Q + P\frac{\Delta Q}{\Delta P} > 0$ 整理可得:

$$\frac{P}{Q}\cdot\frac{\Delta Q}{\Delta P} > -1, \text{即} -\frac{P}{Q}\cdot\frac{\Delta Q}{\Delta P} < 1 \tag{3-13}$$

可见,如果需求价格弹性小于1,也就是缺乏弹性时,价格上升很大幅度才可能使需求小幅下降,此时价格上升会使销售收入上升。类似的,如果需求价格弹性大于1,即价格稍微上升将会使需求大幅下降,此时价格上升会使销售收入下降。在上述两种情形的分界线是需求价格弹性等于1,此时价格上升1%,需求会下降1%,因此销售收入不会变动。再考虑两种极端的情况,当需求价格弹性为0时,销售量不随价格的变动而变动,因此价格的上升将使销售收入同比例上升;当需求价格弹性为无穷大时,价格的微小变动将引起销售量无穷大的变化,因此,价格上升将造成销售收入变为0。

3.1.4 影响需求价格弹性的因素

一种商品的需求价格弹性是多种影响因素综合作用的结果,我们在分析某一商品的需求价格弹性大小时,需要从商品的本身性质、可替代性、用途广泛程度、消费支出大小、调整需求量的时间等多方面进行综合考量。

(1) 商品本身的性质。一般而言,生活必需品的需求弹性较小,奢侈品需求弹性较大。例如食盐、大米、肥皂的需求价格弹性是较小的,而香水、汽车的需求价格弹性则较大。一般而言,商品的耐用程度越高,其需求价格弹性也相对较大;耐用程度越低,其需求价格弹性就越小。例如,汽车和空调的弹性往往大于报刊这类印刷品的需求价格弹性。

(2) 商品可替代程度。一种商品的可替代品越多,则越容易被替代,其需求价格弹性就越大,反之,则越小。例如,当可口可乐的价格上升时,消费者就会减少对可口可乐的需求量,增加对相近替代品百事可乐的购买,因此,可口可乐的需求弹性就较大。而对于自来水,现实生活中,并没有很好的替代品,因此其需求价格弹性是极小的。另外,确切地定义某种商品可对它的价格弹性产生重要的影响。对鞋子的需求是无弹性的,因为人们出门都需要鞋子,但是对耐克这一特殊品牌的需求就是有弹性的,因为消费者可以用另一个公司的产品替代该产品,因此,对一种商品所下的定义越明确越狭窄,其需求价格弹性也就越大。

(3) 商品用途的广泛性。如果一种商品的用途很广泛,当商品的价格提高之后,消费者在各种用途上可以适当地减少需求量,只购买较少的数量用于他认为最重要的用途上,因此其需求价格弹性是较大的,反之,商品的用途越狭窄,其需求价格弹性就越小。

(4) 商品消费支出在消费者预算支出中所占的比重。当一种商品在消费者预算支出中占很小的部分时,消费者并不太注意其价格的变化,如人们可能不太会注意一包口香糖价格的变动。所以,支出比重越小的商品,其需求价格弹性就越小,反之,需求价格弹性就越大。

(5) 消费者调整需求的时间,也与需求弹性有关。一般而言,消费者调整需求的时间越短,需求的价格弹性越小;调整时间越长,需求的价格弹性越大。如天然气的价格上升,短期内不会影响其需求量,但一段时间后,人们可能寻找到替代品,从而对需求量产生重大影响。

拓展阅读

弹性在航空运输中的运用

对于美国航空公司来说,弄清乘客的需求弹性相当于每年可带来数十亿美元的利益。在理想的情况下,航空公司希望向商务人士要求尽可能高的票价,而向闲暇游客提供足够低的票价以填补飞机上的空座。这是航空公司为增加总收益,追求利益最大化所希望采取的措施。

但是,航空公司要想对缺乏价格弹性的商务人员和富有价格弹性的闲暇游客收取不同的票价必须解决一个大难题——识别两种不同类型的乘客。它们如何避免缺乏弹性的商务人员购买为闲暇游客准备的便宜机票?又如何避免富有弹性的闲暇乘客占用了商务人员本来愿意付费的高价座位?

航空公司通过对不同的乘客采用“价格歧视”的措施解决了上述问题。价格歧视(Price Discrimination)是指同一种服务对于不同的顾客收取不同的费用的策略行为。航空公司通常会对有计划并希望选择低价位的游客提供折扣。同时,航空公司也许会要求该乘客等到周六晚上之后才能拿到打折的机票,这条规定会使回家度周末的商务人员望而却步。另外,最后的时刻通常不提供折扣,因为许多商务往来事先并没有计划,而是为了处理意外的事件——这是另外一种缺乏弹性的情况。航空公司已经设计出极其复杂的计算机程序来管理机票的销售,从而确保缺乏弹性的乘客无法从折扣中获益。因此,尽管用有预算约束的旅客填补空位,航空公司仍然有利可图。

(http://zhidao.baidu.com/question/272758003.html)

3.2 供给价格弹性

3.2.1 供给价格弹性的含义与计算

厂商的商品供给数量与商品价格之间也存在一定的关联关系,供给价格弹性(Price Elasticity of Supply)是在某商品的价格发生变化,且影响销售计划的所有其他因素均保持不变的情况下,对该商品供给量变化程度的一种度量。它的一般公式如下:

$$\text{供给价格弹性} = \frac{\text{供给量的变化率}}{\text{价格的变化率}}$$

假设供给函数为 $Q = f(P)$，Q 表示商品供给数量，P 表示商品价格，则供给价格弧弹性可以表示为：

$$e_s = \frac{\frac{\Delta Q}{Q}}{\frac{\Delta P}{P}} = \frac{\Delta Q}{\Delta P} \cdot \frac{P}{Q} \tag{3-14}$$

与需求价格弧弹性类似，为了便于计算，供给价格弧弹性也可以采用中点公式：

$$e_s = \frac{\frac{\Delta Q}{Q}}{\frac{\Delta P}{P}} = \frac{\Delta Q}{\Delta P} \cdot \frac{\frac{P_1 + P_2}{2}}{\frac{Q_1 + Q_2}{2}} \tag{3-15}$$

供给价格的点弹性为：

$$e_s = \lim_{\Delta P \to 0} \frac{\frac{dQ}{Q}}{\frac{dP}{P}} = \frac{dQ}{dP} \cdot \frac{P}{Q} \tag{3-16}$$

以上公式都是适合线性供给曲线的，如果是非线性的供给曲线，则可根据弹性测定点的切线是否通过原点和通过原点的右边还是左边来判定该点弹性的大小，其计算方法同线性供给曲线。

3.2.2 供给价格弹性的类型

在一般情况下，由于商品的供给量和价格是同方向变动的，因此，通常情况下供给价格弹性系数值 e_s 为正值。根据系数值大小，供给价格弹性也可以分为 5 类。$e_s > 1$ 表示富有弹性，见图 3-5(f)，$e_s < 1$ 表示缺乏弹性，见图 3-5(g)，现实经济生活中，这两种情况最为多见。从图 3-5(f) 和 3-5(g) 中可得这样的规律，若供给曲线的延长线与坐标轴相交的交点位于坐标原点的左边，那么该供给曲线上所有的点弹性都大于 1，相应的，若交点位于坐标原点的右边，则该供给曲线上所有的点弹性都小于 1。

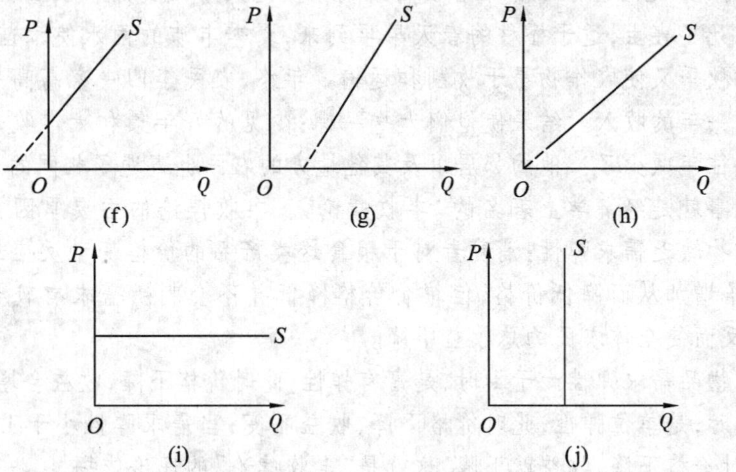

图 3-5 线性供给价格弹性的 5 种类型

还有3种在现实生活中不多见的情况：$e_s=1$，供给曲线延长线与坐标轴的交点恰好是坐标原点，则该供给曲线上的所有点弹性都等于1，通常称为单位弹性，见图3-5(h)；$e_s=\infty$表示完全弹性，见图3-5(i)，从图上看其供给曲线是一条与X轴平行的水平线，即价格的微小变化会使供给量出现无穷大的变化，这也是一种极端的情况，一般在某种商品出现严重过剩时会出现这种情况；$e_s=0$表示完全无弹性，见图3-5(j)，从图上看是一条垂直于X轴而平行于Y轴的直线，一般极其稀缺珍贵、无法复制的商品，如：土地、文物等商品的需求量并不会随价格的变动而变动，因此其供给价格弹性为0。

3.2.3 影响供给价格弹性的因素

与需求价格弹性一样，供给价格弹性在很大程度上取决于供给函数，决定供给弹性的因素有很多，主要包括两个方面：

(1) 供给时间的长短。当商品的价格发生变化时，厂商对产量的调整需要一定的时间，在很短的时间内，厂商如果要根据商品的涨价及时地增加产量，或者根据商品的降价及时地缩减产量，都存在不同程度的困难，因此从短期来看，供给价格弹性是比较小的。但是在长期内，生产规模的扩大与缩小，甚至转产，都是可以实现的，供给量可以对价格变动做出较充分的反应，供给价格弹性也就大了。

(2) 调整产量的难易程度。厂商调整产量越难，则供给价格弹性越小，反之亦然。影响厂商调整产量的因素包括生产的难易程度、生产规模和规模变化的难易程度、成本的变化、生产周期长短等。

案例评析

丰收悖论

“丰收悖论”是经济学中非常著名的案例。设想某年大自然对农业格外恩惠，寒冷的冬季冻死了害虫，适于播种的春天早早到来，夏季丰沛的雨水使禾苗茁壮成长，阳光灿烂的秋季又使农作物易于收割和运输。年终，农民李四一家高高兴兴围坐在火炉旁计算一年的收入。结果使他们大吃一惊：少见的好年景和大丰收却使这个农家的收入比往年减少了！他的邻居以及其他地方的农民也遭遇了相同的命运。

这个故事就是经济学上著名的“丰收悖论”。丰收悖论的主要原因在于小麦等基本粮食作物缺乏需求弹性：消费者对于粮食这类产品的价格变动反应迟钝。粮食收成好，供给增加从而降低价格，但粮食价格降低并不会刺激需求有较大增加。于是，收成好反而使全体农民的总收益下降。

当一种物品需求弹性大于1时，是富有弹性，此时价格下降，收益会增加；当需求弹性等于1时，是单位弹性，此时价格下降，收益不变；当需求弹性小于1时，就是缺乏弹性，此时价格下降，收益就下降，这就是“丰收悖论”的理论依据。

3.3 其他需求弹性

3.3.1 需求收入弹性

需求收入弹性(Income Elasticity of Demand)是建立在消费者的收入量和商品的需求量之间关系上的一个弹性概念。它表示在一定时期内,消费者对某种商品的需求量的变动对于消费者收入量变动的反应程度。衡量需求收入弹性的一般公式为:

$$需求收入弹性 = \frac{需求量的变动率}{收入的变动率}$$

假定一种商品的需求量 Q 是消费者收入水平 M 的函数,即 $Q=f(M)$,则用代数形式表示的需求收入的弧弹性为:

$$e_M = \frac{\frac{\Delta Q}{Q}}{\frac{\Delta M}{M}} = \frac{\Delta Q}{\Delta M} \cdot \frac{M}{Q} \tag{3-17}$$

相应的,需求收入的点弹性为:

$$e_M = \lim_{\Delta M \to 0} \frac{\Delta Q}{\Delta M} \cdot \frac{M}{Q} = \frac{\mathrm{d}Q}{\mathrm{d}M} \cdot \frac{M}{Q} \tag{3-18}$$

根据需求收入弹性的定义可知,正常商品和劣等商品的需求收入弹性不同。正常商品是指消费者收入增加时需求量也增加的商品,正常商品的需求收入弹性为正。劣等商品是指消费者收入增加时需求量下降的商品,劣等商品的需求收入弹性为负。经济学家有时还使用奢侈商品的概念。奢侈品是指需求收入弹性大于 1 的商品,即收入增加 1%,奢侈品需求的增加幅度大于 1%。

表 3-3 是经济学家们计算的美国部分商品的需求收入弹性。从结果中可以发现,家具的需求收入弹性为 2. 6,也就是说当收入增加 10% 时,家具的需求量增加了 26%,因此它可以被认为是一种奢侈品;而含酒精的饮料的需求收入弹性仅为 0. 29,即收入增加 10%,只能使得需求量提高 2. 9%。

表 3-3 美国部分商品的需求收入弹性

商品	含酒精的饮料	饭馆用餐量	电影	书籍和地图	牙医	家具	葬礼	修车	出租汽车	玩具
弹性	0. 29	1. 61	0. 81	1. 67	0. 38	2. 60	0. 48	1. 03	1. 14	0. 59

(http://wenku. baidu. com/view/05acc36e58fafab069dc02b7. html)

了解需求收入弹性的原理对个人消费、企业决策和国家制定政策都有一定的意义。如果消费者的即期收入很高而且预期稳定、收入不断增加,他就应该追求高质量的生活消费;企业决策者应该随着居民收入的不断增加,不断生产出高品质的商品满足消费者的需求。作为国家的决策,应根据居民收入的不断增加,适时地调整产业布局。需求收入弹性大的部门,由于需求量增长要快于国民收入增长,因此发展应该快些;需求收入弹性小的部门,发展速度应当慢些。

3.3.2 需求交叉价格弹性

某种商品需求量的变化不仅受到自身价格的影响,还受到与其相关的其他商品价格变化的影响,要研究两种商品之间价格与需求量的相互影响,就需要用到需求交叉价格弹性(Cross Price Elasticity of Demand)。需求交叉价格弹性表示在一定时期内,某种商品的需求量的变动对于另一种与它相关商品的价格变动的反应程度,它的一般公式表示如下:

$$\text{需求交叉价格弹性}=\frac{\text{X 商品需求的变化率}}{\text{Y 商品价格的变化率}}$$

假定商品 X 的需求量 Q_X 是它的相关商品 Y 的价格 P_Y 的函数,即 $Q_X=f(P_Y)$,则商品 X 的需求交叉价格的弧弹性公式为:

$$e_{XY}=\frac{\frac{\Delta Q_X}{Q_X}}{\frac{\Delta P_Y}{P_Y}}=\frac{\Delta Q_X}{\Delta P_Y}\cdot\frac{P_Y}{Q_X} \tag{3-19}$$

相应的,当 X 商品的需求量的变化量和相关商品 Y 的价格变化量都趋于无穷小时,其需求交叉价格的点弹性为:

$$e_{XY}=\lim_{\Delta P\to 0}\frac{\frac{\Delta Q_X}{Q_X}}{\frac{\Delta P_Y}{P_Y}}=\frac{dQ_X}{dP_Y}\cdot\frac{P_Y}{Q_X} \tag{3-20}$$

值得一提的是,需求交叉价格弹性没有负号,这是因为商品 X 和商品 Y 的不同关系会直接影响需求交叉价格弹性的符号,因此,该弹性既可以是正的也可以是负的。假如,X 和 Y 是替代品,那么当 Y 的价格提高时,X 的消费量就会增加,此时需求交叉价格弹性为正;如果 X 和 Y 是互补品,那么当 Y 的价格提高时,X 的消费量会也相应地增加,此时需求交叉价格弹性为负;如果 X 和 Y 是两种互不相关的商品,那么 Y 的价格升高不会对 X 的需求量产生任何影响,此时需求交叉价格弹性为零。

表 3-4 列举了国外部分公共交通工具之间的需求交叉价格弹性。从表中可以看到各交通工具属于替代品,因此其需求交叉价格弹性的符号均为正。公共汽车对地铁的需求交叉价格弹性为 0.897,也就是说在其他因素保持不变的情况下,公共汽车的乘坐价格提高 1%,人们对乘坐地铁的需求量就会提高 89.7%,同理,地铁对于市郊铁路的需求交叉价格弹性为 0.211,也就是说,当地铁的乘坐价格提高 1%,则乘坐市郊铁路的需求量就会提高 21.1%。

表 3-4 国外部分公共交通的需求交叉价格弹性

公共交通工具	公共汽车	地铁	市郊铁路
公共汽车		0.897	0.193
地铁	0.356		0.211
市郊铁路	0.523	0.264	

3.4 蛛网理论

本章前几节对需求和供给变动对于价格变动的反应程度的论述用的都是静态分析方法，本节将引进时间变化的因素，通过考察不同时期的需求量、供给量和价格之间的相互作用，用动态分析方法论述那些生产周期较长的商品的本期价格波动对下期产量的影响以及趋向均衡的过程。这一理论是1930年由美国的舒尔茨、荷兰的丁伯根和意大利的里奇各自独立提出的，由于价格和产量的连续变动用图形表示犹如蛛网，因而称为蛛网理论(Cobweb Theorem)。

古典经济学认为，如果供给量和价格的均衡被打破，经过竞争，均衡状态会自动回复，但是蛛网理论却认为当价格背离均衡点要向均衡点靠拢的规律并不是绝对的，原因在于供给和需求曲线的弹性。要研究蛛网理论首先要明确该理论是基于以下基本假设：第一，生产周期较长(例如农业)，且生产的商品不是耐用品；第二，本期产量决定本期价格；第三，本期价格决定下期产量。

蛛网理论的模型如图3-6～图3-8所示。图中P,Q,D和S分别是价格、产量、需求函数和供给函数。根据上述假设，第一时期的价格P_1由供给量Q_1来决定；生产者按这个价格来决定他们在第二时期的产量Q_2。Q_2又决定了第二时期的价格P_2。第三时期的产量Q_3，由第二时期的价格P_2来决定，依此类推。由于需求弹性、供给弹性不同，价格和供给量的变化可分3种情况：

(1) 当供给弹性小于需求弹性(即价格变动对供给量的影响小于对需求量的影响)时，价格和产量的波动将逐渐减弱，经济状态趋于均衡，如图3-6所示。供给弹性小于需求弹性为“蛛网稳定条件”，蛛网向内收缩，称收敛型蛛网。

(2) 当供给弹性大于需求弹性(即价格对供给量的影响大于对需求量的影响)时，波动逐步加剧，越来越远离均衡点，无法恢复均衡，如图3-7所示。供给弹性大于需求弹性为“蛛网不稳定条件”，称发散型蛛网。

(3) 当供给弹性等于需求弹性时，波动将一直循环下去，既不会远离均衡点，也不会恢复均衡，如图3-8所示。供给弹性与需求弹性相等为“蛛网中立条件”，称封闭型蛛网。

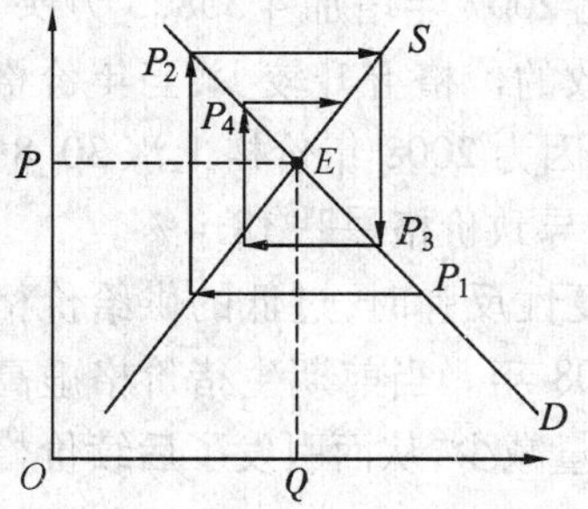

图3-6 收敛型蛛网

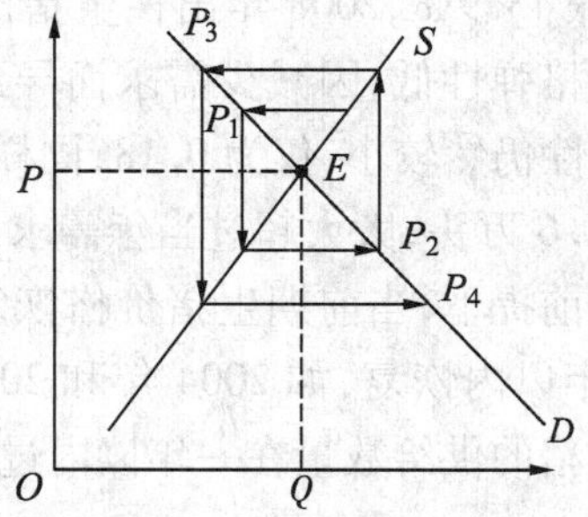

图3-7 发散型蛛网

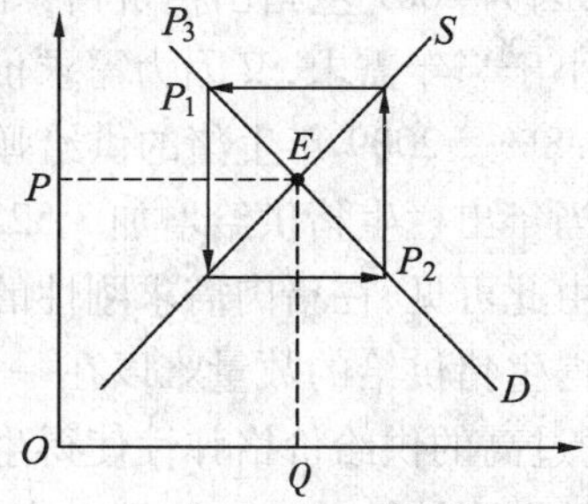

图3-8 封闭型蛛网

西方经济学家认为，蛛网模型解释了某些生产周期较长的商品的产量和价格的波动情况，是一个有意义的动态分析模型，但是这个模型还是有缺陷的。因为该模型认为，造成产量和价格波动的主要原因是生产者根据上一期的价格来决定下一期的产量，这样上一期的价格同时也是下一期的预期价格。但是事实上,生产者只能按照本期的市场价格来出售由预期价格来决定的产量。这种实际价格和预期价格的不吻合造成了产量和价格的波动。但是,生产者会根据市场的实际情况和自己的经验来逐步修正自己的预期价格,使预期价格接近实际价格,从而使实际产量接近市场的实际需求量。

在中国,猪肉作为生活必需品,具有一定的需求刚性,按照国家统计局统计,2004—2009年城镇居民家庭人均每年购买的猪肉在18.21~20.4元/公斤之间,人均猪肉消费量波动最大仅为12%。其需求价格弹性较小,要增加消费者的猪肉消费,肉价需要下降很多。表3-5为2004—2009年生猪价格指数。2004年到2009年生猪供给价格弹性也比较大,如表3-6所示。

表3-5　2004—2009年生猪价格指数

年份	2004	2005	2006	2007	2008	2009
指数	112.8	97.6	90.6	145.9	130.8	81.6

(注:生猪价格指数为毛重价格指数,上年价格=100。数据来源:历年《中国统计年鉴》。)

表3-6　2004—2009年生猪供给价格弹性变化

年份	2003	2004	2005	2006	2007	2008	2009
生猪供给价格弹性		0.98	0.42	-0.58	0.82	0.17	0.19
生猪毛重价格指数	102.9	112.8	97.6	90.6	145.9	130.8	81.6
生猪出栏/头	55 701.8	57 278.5	60 367.4	61 207.3	56 508.3	61 016.6	64 538.6

从弹性角度对2004—2006年和2007—2009年两个阶段的生猪价格波动进行解释。2004年生猪价格供给弹性为0.98,比2003年生猪价格上涨了2.5%,当年出栏生猪比2003年增长了约1 500万头,但仍然供不应求,导致当年生猪价格指数上涨12.8%。2005年,生猪价格供给弹性降低到0.42,当年增产3 088.9万头,生猪价格整体平稳,略比2004年低2.4个百分点。2005年的绝对价格较高导致了2006年生猪数量继续稳步上升,供给过于充裕,导致市场价格跌幅巨大,生猪价格指数下跌9.4%。2007年,生猪供给价格弹性较高。由于2006年生猪价格跌幅较大,导致2007年生猪出栏减产约4 500万头。2008年的生猪供给弹性小,仅为0.17,因为2007生猪出栏价格暴涨45.9%,2008年出栏生猪比2007年增加4 508.3万头,总量略小于当年需求,又因为需求价格弹性低,因减少需求而导致的价格上升较少,当年价格上涨30.8%。2009年生猪的供给弹性仍然较小,仅为0.18,同样因为2008年价格上涨30.8%,导致当年出栏生猪供给增加3 522.6万头,大大超过当年需求,导致价格暴跌18.4%。

由此可见,在猪肉需求刚性的前提下,当前期生猪价格恢复性反弹时,过低的供给价格弹性使得生猪供给的数量难以在一年以内恢复,如2004年和2008年。当前期生猪价格虚高回落时,过高的供给价格弹性使得生猪的供给数量在一年以内过量减少,从而引发了后续价格和数量的剧烈波动。

生猪供给弹性变动的原因主要包括以下几方面:

(1) 前期价格的绝对水平和变动趋势的影响。前期价格水平稳定且变动趋势明显,则后期生猪的供给价格弹性相对较高,反之亦然。因为当前生猪生产数量取决于前期养殖户的养殖意愿,而前期养猪意愿取决于前期生猪价格的变动趋势和绝对水平。

（2）假设国内生猪供给的价格弹性变动也受生猪养殖的规模化水平影响。散养户和小规模猪场的市场信息不完全，在猪肉涨价时，受自身实力限制，难以迅速扩充生猪数量，跌价时，却依然维持一定的养殖数量，自身的供给弹性小，所以生猪养殖结构中，规模养殖户的比重越高则生猪供给价格弹性越高。

（3）生猪供给价格弹性变动还受生猪养殖行业的产业化水平直接影响。如果生猪养殖行业产业化水平高，则散养户和各种类型的养殖场均可与肉食公司签订销售合同，按照订单组织生产，然后向金融机构融入资金促进生产，保证饲养数量的稳定。从而，生猪的生产和销售形成完整的产业链，则消费者固定的需求可顺畅传导给生猪养殖户，可避免生猪生产数量的大幅波动。

复习思考

1. 需求曲线上弹性与斜率的区别？

2. 需求函数 $Q=\dfrac{500}{P}$ 的几何图形是一条直角双曲线，求曲线上 A 点和 B 点的点弹性，并观察该需求曲线上各点点弹性的特点。

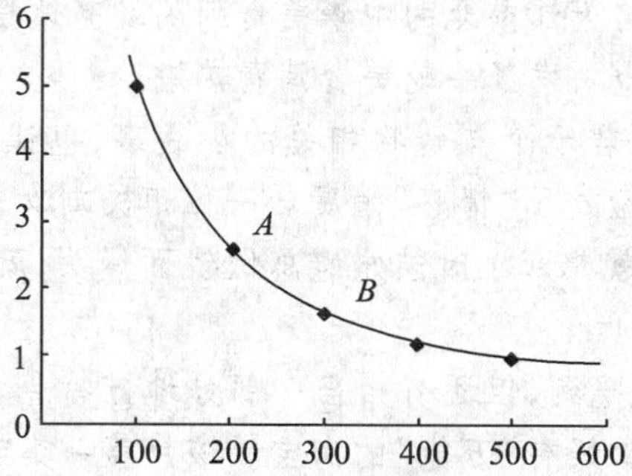

3. X 公司和 Y 公司是机床行业的两个竞争者，这两家公司的主要产品的需求曲线分别为：$P_X=1\,000-5Q_X$，$P_Y=1\,000-5Q_Y$。公司 X，Y 现在的销售量分别为 100 个单位和 250 个单位。

（1）X 和 Y 当前的价格弹性是多少？

（2）假定 Y 降价后，使 Q_Y 增加到 300 个单位，同时导致 X 的销售量 Q_X 下降到 75 个单位，试问 X 公司产品的交叉价格弹性是多少？

（3）假定 Y 公司目标是谋求销售收入极大，你认为它降价是否合理？

4. A 电脑公司出售电脑游戏程序，单价 60 元。1992 年每月出售 10 000 个游戏程序。1993 年 1 月，一个竞争者将类似产品的价格由 65 元降到 55 元，2 月份 A 公司只出售了 8 000 个游戏程序。

（1）计算 A 公司产品与竞争公司产品的需求交叉价格弹性（假定 A 公司的产品价格保持不变）；

（2）假设 A 公司产品的需求价格弹性为 2.0，又假设竞争者将产品价格保持在 55 元的水平，A 公司要使销售量恢复到月销售 10 000 个的水平，价格要降低多少？

4 效用理论

经济问题

《舌尖上的中国》带起消费潮

民以食为天，吃从来就是古今中外第一话题。2012 年 5 月，一部关于吃的电视纪录片撩拨起人们的食欲和情感，以美食为主题的纪录片《舌尖上的中国》在央视一套晚 22 时 30 分播出，风头力压众多热播的电视连续剧，成为网络上最火爆的话题。该片以精巧细腻的镜头，将大江南北的中华美食闪闪发亮地摆到观众面前，一下子刺激了消费者的胃和神经，也引发了一轮美食消费热潮。

这部纪录片中讲述的若干个与食物相关的小故事，也让一些市民产生了"才下舌尖、又上心间"的情怀，激发了"情感"消费。一位市民刘女士说："那天晚上我看第二集'主食的味道'，突然就想起小时候姥姥总做戗面馒头，就立即去买了几个吃，回忆一下小时候的味道。"

有些美食可以在本地吃到，但还有相当一部分地方特色小吃，想要吃上正宗的，恐怕得穿越大半个中国，幸好有"万能"的淘宝。该片第一集"自然的馈赠"中提到的松茸、冬笋、诺邓火腿，第三集"转化的灵感"中提到的奶豆腐，第四集"时间的味道"中提到的辣白菜、打糕等，都成了"吃货"在淘宝上搜索的焦点。淘宝数据显示，自 5 月 14 日该记录片开播至 5 月 18 日的 5 天时间里，仅仅在辽宁一地共有 22 548 人在淘宝上下单购买特色食品，交易笔数达到 57 893 笔。

商品的需求来源于消费者，他们被假定以理性经济行为追逐自身利益。理性消费者的经济行为表现为，在外部环境既定的条件下，根据自身目标和有限资源作出最优选择。这一过程中，消费者会受到两种相反力量的激励和制约：一方面，为了自身满足，尽可能多地消费或拥有商品；另一方面，经济物品的获得都要支付一定的价格和成本，而消费者的收入或者获取收入的手段是有限的。因此消费者同样面临某种预算（收入、时间）约束条件，必须把有限的收入合理地用于不同数量、种类商品的购买，以从商品的消费和使用中获取最大的利益。一切经济活动都直接或间接围绕着人类的需求展开，"生产什么""如何生产"和"为谁生产"这些经济学的基本问题，最终都归结到如何用稀缺性的物品尽可能地满足人类不断发展变化的需求。正如《舌尖上的中国》所引发的消费热潮所呈现的，面对大千世界的万千美食诱惑，到底是什么在吸引人们去选择、去消费、去享受。本章将重点揭示需求规律背后隐藏的消费者选择行为准则和心理规律。

4.1 效用理论概述

在经济学中，效用(Utility)是指商品满足人的欲望的能力，或者说，效用是指消费者在消费商品时所感受到的满足程度。在对这种"满足程度"的度量上，分出了基数效用和序数效用两大派别。

4.1.1 效用基本概念

效用是经济学中最常用的概念之一。一般而言，效用是指对于消费者通过商品消费或者享受闲暇等手段使自己的需求、欲望得到满足的一个度量。经济学家用它来解释有理性的消费者如何把他们有限的资源分配在能给他们带来最大满足的商品上。

幸福源自比较，在这一点上经济学与心理学不谋而合。美国诺贝尔经济学奖第一人保罗·萨缪尔森提出过一个幸福公式：幸福＝效用/欲望。这个公式告诉我们，幸福感实际上是现实的生活状态与心理期望状态的一种比较，富人可以通过扩大分子提升幸福，穷人也可以通过控制分母而感到幸福，因此并不能简单去问某个人幸福或者不幸福。

资料链接

央视新闻调查引起争论

2012年国庆长假期间，中央电视台以"你幸福吗"为主题在全国各地街头采访普通百姓，在《新闻联播》中播出后成为热门话题，但也遭遇褒贬两极评价。面对央视记者"你幸福吗"的贸然提问，被访者面对镜头反应各异。在9月29日播出的节目中，山西太原的一位中年男子面对提问先是推托："我是外地打工的，不要问我。"记者追问："你幸福吗?"中年男子回答："我姓曾。"这段有点"黑色幽默"的问答播出后迅速走红网络。节目主创人员以"CCTV新闻值班室"的微博账号开设微访谈与网友互动释疑，回答了很多犀利问题，并表示受访者中的九成人称自己"幸福"。但很多网友却认为幸福是一个很复杂的问题，这样的提问太简单生硬，被访者即使回答"幸福"也无法反映真实情况。其实幸福是一个敏感而严肃的话题，生活中认为自己真幸福的不多，房价高昂、交通堵塞、人际关系冷漠……在这样的社会环境中，"你幸福吗"变得非常难以简单回答，"是与不是"都显得过于草率。所以当央视表示九成人称自己"幸福"时，很多人觉得难以置信，引起争议在所难免。

(http://bjwb.bjd.com.cn)

4.1.2 效用理论分类

效用理论(Utility Theory)也叫消费者行为理论(Theory of Consumer Behavior)，是研究消费

者如何在各种商品和劳务之间分配他们的收入,以达到满足程度的最大化。这一理论也可以将要解释为什么需求曲线向右下方倾斜。考察消费者行为,可以采用两种分析工具或分析方法:一种是以基数效用论为基础的边际效用分析;一种是以序数效用论为基础的无差异曲线分析。现代西方经济学界比较流行的是无差异曲线分析。

基数效用是指按1,2,3,…等基数来衡量效用的大小,这是一种按绝对数衡量效用的方法。例如,我们的早餐由一个面包、一个煮鸡蛋和一杯牛奶构成,假设面包的效用是10个单位U(utility的简写,作为效用计量单位),鸡蛋的效用是20个单位U,牛奶为50个单位U,则这一顿早餐的总满足程度为3种食物满足感的累加(10+20+50)80个单位U。效用的计量受消费者个体因素的影响较大,因此饱受争议。

序数效用是指按第一,第二,第三等序数来反映效用的序数或等级,这是一种按偏好程度进行排列顺序的方法。比如同样的早餐,我们只要根据牛奶的效用大于鸡蛋,鸡蛋的效用大于面包,将3种商品的满足程度大致排序即可,避免了因效用计量单位所产生的争议。

4.2 边际效用分析

边际效用指在一定时间内消费者增加一个单位商品或服务所带来的新增效用,也就是总效用的增量。在边际效用中,自变量是某物品的消费量,而因变量则是从该物品消费中所获得的满足程度或效用。消费量变动所引起的效用的变动即为边际效用。

4.2.1 效用函数

效用函数是表示消费者在消费中所获得的效用与所消费的商品组合之间数量关系的函数。它被用以衡量消费者从消费既定的商品组合中所获得满足的程度。其表达式是:$U=U(x,y,z,\cdots)$,其中x,y,z分别代表消费者所拥有或消费的各种商品的数量,U为消费者从一定种类和数量商品消费中所获得的总的满足程度。

按照基数效用论的理解,总效用(Total Utility)是指消费者在一定时期内,消费一种或几种商品所获得的效用总和,简写为TU。边际效用(Marginal Utility)是指消费者在一定时间内增加单位商品所引起的总效用的增加量,简写为MU。假定消费者对一种商品的消费数量为Q,则总效用函数为:

$$TU=f(Q) \tag{4-1}$$

相应的边际效用函数为:

$$MU=\frac{\Delta TU}{\Delta Q} \tag{4-2}$$

当商品的增加量趋于无穷小,即$\Delta Q\to 0$时有:

$$MU=\frac{\lim\limits_{\Delta Q\to 0}\Delta TU}{\Delta Q}=\frac{\mathrm{d}TU(Q)}{\mathrm{d}Q} \tag{4-3}$$

在西方经济学中,边际分析方法是最基本的研究方法之一,“边际”概念则是非常重要的一个基本概念。边际量的一般含义是表示一单位的自变量变化所引起的因变量的变化量。

抽象的边际量的定义公式为:

$$边际量 = \frac{因变量的变化量}{自变量的变化量}$$

假设表 4-1 中的 Q 表示某人早餐吃面包的数量，MU 和 TU 分别表示吃面包所产生的边际效用和总效用，P 表示每单位面包的价格。

表 4-1　早餐吃面包的效用表

数量 Q	总效用 $TU(Q)$	边际效用 $MU(Q)$	价格 P
0	0		
1	10	10	5
2	18	8	4
3	24	6	3
4	28	4	2
5	30	2	1
6	30	0	0
7	28	−2	

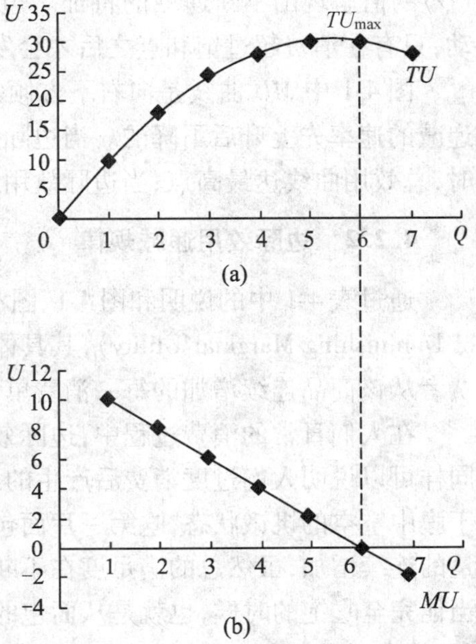

图 4-1　面包的效用曲线

我们可以结合表 4-1 的数据，进一步理解总效用和边际效用之间的关系。通常我们经过一夜休息，早餐时处于完全的饥饿状态，吃第一片面包时，对第一片面包的效用评价为 10，即 $MU(1)=10$，这时的总效用也是 10，$TU(1)=10$。当他吃第二片面包时，因为饥饿感减弱，他对第二片面包的效用评价下降为 8，$MU(2)=8$，此时两片面包的总效用是每一片面包边际效用的累加，即：

$$TU(2)=MU(1)+MU(2)=10+8=18$$

随着饥饿感的慢慢消除，第三片面包的边际效用进一步下降为 $MU(3)=6$，前 3 片面包所产生的总效用 $TU(3)=10+8+6=24$；以此类推，直至他吃第六片面包时，$MU(6)=0$，$TU(6)$ 为 30，TU 达到最大值；而如果继续吃第七片面包，他可能会因吃的过饱而边际效用为负，$MU(7)=-2$，总效用 $TU(7)=TU(6)+MU(7)=28$。我们把表 4-1 的数据通过描点绘图的方法，可以得到图 4-1。图中横轴表示 Q 商品的数量，纵轴表示消费该商品所产生的效用水平，TU 和 MU 分别表示总效用曲线和边际效用曲线。由于边际效用被定义为消费品一单位变化量所带来的总效用的变化量，又由于图中的商品消费量是离散的，MU 曲线上的每一个值都记在相应的消费数量上。

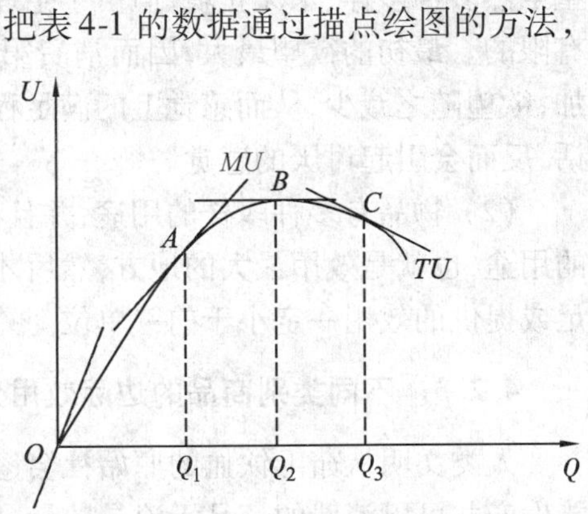

图 4-2　MU 与 TU 数值的数学含义

根据公式(4-3)的数学含义，总效用是边际效用的积分，即 $TU(Q)=\int_0^Q MU(Q)\,dQ$。如果效用曲线是连续的，则每一消费量上的边际效用值就是总效用曲线上相应点的斜率。如 4-2 所示，当消费数量为 Q_1 时，总

效用曲线 TU 对应的 A 点切线的斜率 $K_A=MU(Q_1)$。消费数量为 Q_2 时，此时 TU 值最大，过 B 点的切线完全水平，其斜率 $K_B=MU(Q_2)=0$，B 点也称为消费饱和点。而当消费量为 Q_3 时，其切线斜率为负值，因此 $MU(Q_3)=K_C<0$，而当消费数量很小几乎为零时，我们可以发现经过原点的切线的斜率，即 $MU(0)$ 是所有边际效用值中最大的。可见，随着消费量 Q 的增加，$MU(Q)$ 的值呈现出不断递减的特征。边际效用的大小通常与商品消费数量的多少呈反方向变动，只有在消费超过饱和点之后才会发生边际效用与商品消费数量呈同方向变动。

图 4-1 中 MU 曲线是向右下方倾斜的，它反映了边际效用递减规律，相应的，TU 曲线是以递减的速率先上升后下降的。当边际效用为正值时，总效用呈上升趋势；当边际效用递减为零时，总效用曲线达最高点；当边际效用继续递减为负值时，总效用曲线呈下降趋势。

4.2.2 边际效用递减规律

通过表 4-1 中的说明和图 4-1、图 4-2 的图形推演，我们得到了边际效用递减规律（The Law of Diminishing Marginal Utility），其具体内容是：在其他条件不变的情况下，随消费量的增加，消费者从该商品连续增加的每一消费单位中所得到的效用增量即边际效用是不断减少的。

在人们日常的消费过程中，边际效用递减现象普遍存在并随时发生着，所谓“过犹不及”同样可以说明人们过度消费后产生的总效用不增反减的现象。例如，通常人们早晨起床后处于腹中空空的饥饿状态，吃第一片面包给他带来的效用是最大的。但随着这个人所吃面包数量的连续增加，虽然总的满足度在不断增加，但每一片面包给他带来的效用增量却是递减的。当他完全吃饱的时候，也就是从面包的消费中产生的总效用最大，但如果他还继续吃更多的面包，就会因过量食用而产生不适，使自己从面包中获得的边际效用为负值。又如在一些服务类产品消费时同样会产生显著的边际效用递减，即使某人非常喜欢唱歌，让他连续不断地在 KTV 里唱上几个小时，通常也是无法忍受的。因此，适度消费，把我们的消费总效用水平控制在消费饱和点之前，才是符合理性的消费行为。

为什么人们在消费过程中会呈现边际效用递减规律呢？从人们的心理和生理原因出发，我们可以获得多种解释，比较集中于以下两点：

（1）消费某种商品所产生的边际效用的大小与人们对该商品欲望的强弱成正比。人的欲望虽然多种多样、永无止境，但由于生理、心理等因素的限制，就每个具体的欲望满足来说则是有限的。最初的欲望最大，因而消费第一单位商品时得到的满足也最大，随着商品消费的增加，欲望随之减少，从而感觉上的满足程度递减，以致当满足的欲望消失时还继续增加消费的话，反而会引起讨厌的感觉。

（2）物品有多种多样的用途，并且各种用途的重要程度不同，人们总会把它先用于最重要的用途，也就是效用最大的地方，然后才是次要的用途，故后一单位的物品给消费者带来的满足或提供的效用一定小于前一单位。

4.2.3 不同类别商品的边际效用分析

人类文明从茹毛饮血的原始社会逐渐演化到技术发达、经济繁荣的现代商业文明，人们所能生产并可以消费的商品无论是数量、质量还是品种都得到了极大的丰富和拓展，人类的消费方式和行为也经历了从简单到复杂，从低级到高级的发展过程，那么是不是所有类别的商品消费都严格符合边际效用递减规律，不同类别商品边际效用递减的程度和方式有是否大致相似呢？下面我们对这类问题做一些探讨。

（1）简单商品和复杂商品的边际效用分析

简单商品主要指那些功能单一，生产技术简单的商品和服务，如简单的餐饮消费、日常的个人消费等，此类商品边际效用递减较为明显，但由于是生活必需品，在其没有得到满足时需求欲望非常强烈，消费选择的弹性较小。而复杂商品由于其功能复合，生产技术也较为复杂，如智能手机、移动通讯等虽然必需程度不及食物、水、盐等维系生命的商品，但此类享受型的消费，往往边际效用递减的程度不及生活必需品。图 4-3 说明了两类商品边际效用变化的规律，图中纵轴表示效用水平 U，横轴表示消费数量 Q。MU_A 表示简单商品，其边际效用递减速度较快，人们对此类商品一般消费的强度（数量、时间、花费）相对较低；MU_B 表示复杂商品，其边际效用递减速度较慢，人们对此类商品的消费强度往往较大。以手机的发展为例，智能手机因其复合了移动通讯、数码拍摄、数据存储、GPS 等诸多功能，成为现代人们生活必不可少的重要工具。乔布斯和苹果的成功正源于苹果手机成功地实现了对诸多单一功能数码产品的替代，使人们能够更长时间地被此类产品吸引，而其消费所产生的边际效用递减很缓慢，甚至出现一些因过于依赖和喜爱而消费成瘾的“果粉”。当然，如果把复杂商品所包含每一种功能都单独提取出来，其消费还是严格符合边际效用递减规律的。

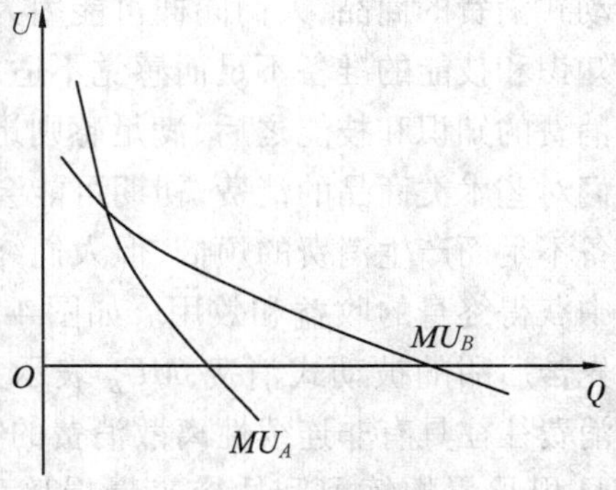

图 4-3　简单商品与复杂商品的边际效用变化

（2）不同消费类型商品的边际效用分析

人类的消费行为自身也是非常复杂的，长期以来，经济学家们热衷于通过高度简化和抽象的理论模型来揭示经济变量之间的本质联系，但高度抽象使我们忽略了对于人类消费过程的丰富性的研究。人们在进行消费时的满足感可以来自不同的感官系统，并最后汇聚于大脑神经网络——世界上最复杂的多任务计算处理终端。人类在消费中完全可以实现一心多用，而且消费方式的特点也会对所消费商品和服务的边际效用递减的方式和程度产生影响。

人类的消费可分为被动式消费与主动式消费两种类型。

第一，被动式消费往往产生于人类因饥饿、寒冷、疼痛等生理刺激而被动引发的适应型消费，以条件反射的方式发生，如吃饭、穿衣、吃药等，此类消费同样具有消费弹性小、边际效用递减快速的特点。而主动式消费往往是人类在对商品的服务信息以及知识的学习、探索、积累等过程中产生的消费类型。比如人们对文学、音乐等艺术类商品和服务的消费，往往呈现出持续性的特点，其边际效用递减较为缓慢。

第二，被动式消费往往较为短暂，表现出一定的随机和不稳定性，而主动式消费表现出一定的计划性和高度稳定性。这两类消费类型对商品边际效用递减的影响可以用图 4-3 来说明。MU_A 表示被动式消费，其边际效用递减速度较快；MU_B 表示主动式消费，其边际效用递减速度较慢。

第三，被动式消费与主动式消费在现实生活中还人会呈现出一些特殊的边际效用变化。对于某些被动式消费的商品，人们初次消费时因生理和心理上的不适应性往往产生负效用和较低的满足度,而当生理和心理上逐渐适应之后,其边际效用则呈现出先递增后递减的现象。比如榴莲、芥末等食品,很多人第一次吃的时候感到很难接受,但适应后越来越喜欢。对于某些主动式消费的商品,人们同样可能因为初期对于消费的知识和技能的准备不足而感觉不适应,而当熟练掌握消费的知识和技能之后,满足感则迅速提升。比如人们对艺术类商品的消费,初期可能会因技能等方面准备不足而产生消费的烦恼,但人们终将从艺术的熏陶中获得终身的收益和效用。如图 4-4 所示,MU_A 表示先苦后甜的被动式消费,MU_B 表示主动式消费,此类消费往往具有非连续性离散消费的特征,甚至要通过日积月累的练习和适应来慢慢培育,甚至是感悟,而且在主动式消费中往往可以孕育超越原有最大效用体验的“创造型消费”。

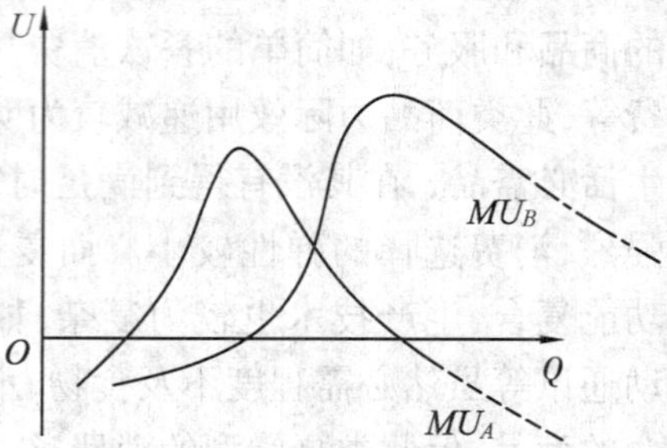

图 4-4　被动式消费与主动式消费的边际效用分析

案例分析

网络游戏与毒瘾型消费

随着信息技术的发展和游戏终端的普及,游戏对青少年的学习和生活产生了重要的影响。部分青少年学生沉湎于网络游戏的虚拟世界中不能自拔,发生了不少个体和社会的悲剧,此类消费的边际效用变化与毒品吸食的过程相似,我们把这类消费称为毒瘾型消费,是介乎适应型消费和学习型消费之间的一种特殊消费类型。

一些青少年足不出户,整天沉迷于网络游戏,将全部精力投在了虚拟世界中,完全脱离了正常人的生活状态,破坏了他们与社会群体之间的正常关系。下面将着重以事实举例来阐明沉迷网络游戏的严重危害性。

(1) 危害身体健康。痴迷网络游戏的孩子因为生活没规律,大多生物钟紊乱,健康状况很不乐观。一名学习烹饪技艺的“网迷”,由于夜里上网玩游戏,白天昏昏沉沉、心不在焉,一刀下去把左手中指和食指切掉,结果造成终身残疾!

(2) 危害人际关系。网络中的“虚拟自我”与“现实自我”的巨大反差,使网瘾者在现实生活中对周围的人表现得越来越冷漠,不愿沟通,自我封闭;现实生活中糟糕的人际关系,又使他们进一步陷入焦虑痛苦之中。贵州毕节城区一名少年长期沉溺于网络游戏,导致性格变得任性而偏执,处理人际关系方式僵硬、毫无理智。一次与邻居吵架之后,竟持刀将邻居捅死。

(3) 危害道德伦理。很多网络游戏都打出“侠客”“英雄”以及“拯救世界”的字眼做幌子来吸引青少年。在网络中做“英雄”比通过学业获得尊重来得容易,又有乐趣,很容易上瘾,他们误认为这种通过伤害他人而达到目的的方式是合理的,涉世未深的青少年的人生观、价值观、道德观在这里很容易被扭曲。慕尼黑警方曾及时逮捕了一名 21 岁的男子,该男子痴迷于名叫“杀人”的网络游戏。他被解雇后在网上发誓要杀掉他的老板,并声称“对整个世界都充满仇恨”。警方确信他并非戏言,而是确有杀人心理,在他电脑中存有详细的杀人计划。

(4) 危害学业前途。网络游戏吸引的主要是学生群体,很多学生几乎把所有的课余时间都耗费在网络游戏上,导致这些学生玩物丧志、荒废学业。据一份调查报告显示,每天玩游戏所花时间为 3 ~ 6 小时的学生占了学生总数的 28. 17%。这对于学生群体而言,影响颇大。上课时间和效率不能保证,浪费了温习功课的黄金时间。

网络游戏通过人们在现实生活中无法满足的荣誉和成就感,让人欲罢不能,深深被其吸引,处于心智成长期的青少年尤其容易身陷其中。我们通过图 4-5 来说明毒瘾型消费的边际效用的变化特征:这类消费往往包含迅速上升的成瘾期,成瘾后持续高亢期,以及最终的效用跌落期,当然往往还会出现一些反复成瘾的现象。

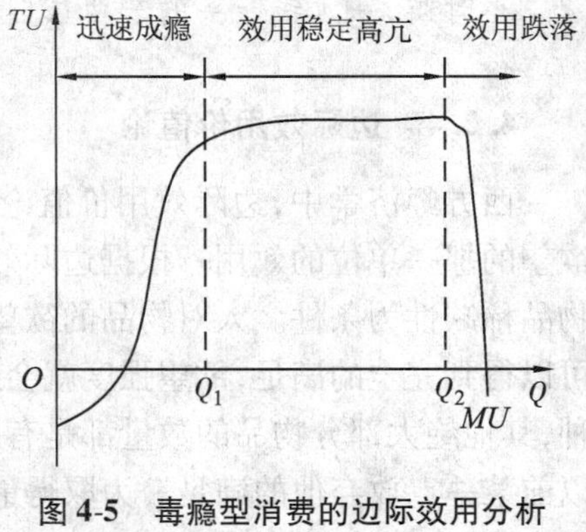

图 4-5 毒瘾型消费的边际效用分析

(3) 特殊商品——货币的边际效用分析

市场中,消费者消费商品获得效用的前提是必须通过货币媒介来购买商品。消费者购买商品时愿意支付的价格取决于商品的边际效用,货币作为一种特殊的商品,其自身的使用过程中也具有一定的效用。货币的边际效用的特点:对于收入水平不同的人来说每单位货币的边际效用不同,就同一个人来说每单位货币的边际效用相同。

基数效用论者的解释是,在一般情况下,消费者的收入是既定的,而且单位商品的价格只占消费者总货币收入量中很小的部分。所以,当消费者对某种商品的购买量发生很小的变化时,所支出的货币的边际效用的变化是非常小的。对于这种微小的货币的边际效用的变化,可以忽略不计。这样,货币的边际效用便是一个不变的常数,我们通常用 MU_m 来表示单位货币所代表的效用水平,或者可以理解为一元钱所能给人们带来的满足程度。货币作为一种特殊的商品,它的边际效用实际是由它所能购买的商品的数量多少和种类的选择范围所构成的,而且会随着生产技术的进步和人们生活观念的改变以及收入水平的提高而发生改变。本书在讨论货币的边际效用价值时通常不考虑这些技术和制度因素的变化,将 MU_m 视为在一定时期内保持固定不变。

资料链接

网上有这样一个帖子引起很多网友的兴趣:一元钱能买什么?探索目前货币最低当量的价值几何。网友的回答五花八门,以吃的居多,包括:“一只肉包子”“一个煮鸡蛋”“一根雪糕”“一杯豆浆”“一份报纸”“两串麻辣烫”“一个棒棒糖”“一根绿色心情”。也有的网友提及许多日常生活的服务和商品,如“坐一次公交”“买一张站台票”“两度电,0. 3 吨的水,2 斤废铁”“一包餐巾纸”。与手机通讯相关的如“发 10

条短消息""上半个小时网""两分钟长途电话""下载一条手机铃声"。也有些比较特别的回答,诸如" 上两次厕所,在旅游区只能上一次!"或者"买1个Q币,换10 000欢乐豆",等等。许多网友们在回答之余也在感叹,东西越来越贵,比起自己小时候,一元钱能买的东西虽然越来越丰富,但能买的数量却越来越少。

4.2.4 边际效用价值论

西方经济学中,边际效用价值论(主观价值论)的价值尺度是指满足人的最后的也即最小欲望的那一单位的效用。根据边际效用价值论,价值是一种主观心理现象,起源于效用,又以物品稀缺性为条件。人对物品的欲望会随欲望的不断满足而递减。如果物品数量无限,欲望可以得到完全的满足,欲望强度就会递减到零。但数量无限的物品只限于空气、阳光等少数几种,其他绝大部分物品的数量都是有限的。在供给有限的条件下,人们不得不在欲望达到饱和以前某一点放弃他的满足。为取得最大限度的满足,应把数量有限的物品在各种欲望间进行适当分配,使各种欲望被满足的程度相等,这样,各种欲望都要在达到完全满足之前的某一点停止下来。这个停止点上的欲望必然是一系列递减的欲望中最后被满足的最不重要的欲望,处于被满足与不被满足的边沿上,这就是边际欲望;物品满足边际欲望的能力就是物品的边际效用。由于这个边际效用最能显示物品价值量的变动,即随物品数量增减而发生相反方向的价值变动,所以,边际效用可以作为价值尺度。用公式表示:

$$MU_x / MU_m = P \tag{4-4}$$

公式(4-4)表明,任何一种商品价格的形成基础是消费者从一单位该商品中获得的满足程度(MU_x)与一单位货币所包含的消费满足程度(MU_m)之间的比值,比值越大说明该商品能够给人们带来的满足程度越大,其市场价值(价格)也相对较高。比如市场上苹果手机的价格远远超过市场上其他品牌的手机,其原因就在于其不仅功能强大,还在于其充满时尚和艺术感的设计,能够给使用者带来最大限度的满足感,人们也愿意为这样的产品慷慨解囊。

边际效用价值论可以用来解释多种经济规律。

(1) 边际效用价值论可以解释经济学中著名的"价值悖论"。价值悖论(Paradox of Value)又称价值之谜,指有些东西效用很大,但价格很低(如水),有些东西效用很小,但价格却很高(如钻石)。这种价值的悖论是亚当·斯密在200多年前提出的,直至边际效用理论提出后人们才找到一个令人满意的答案。解释这一问题的关键是区分总效用和边际效用。

水给我们带来的总效用是巨大的,没有水,我们无法生存。但我们对某种物品消费越多,其最后一个单位的边际效用也就愈小。我们用的水是很多的,因此最后一单位水所带来的边际效用就微不足道了。相反,相对于水而言,钻石的总效用并不大,但由于我们购买的钻石极少,所以,它的边际效用就大了。根据边际效用理论,消费者分配收入的方式是使一切物品的每元支出的边际效用相等。人们也是根据这一原则把收入分配于水和钻石上的。钻石的边际效用高,水的边际效用低,只有用钻石的高价格除以其高边际效用,用水的低价格除以其低边际效用,这样用于钻石和水的每元支出的边际效用才能相等。所以,钻石价格高,水的价格低是合理的。或者说,人们愿为边际效用高的钻石支付高价格,为边际效用低的水支付低价格是一种理性的行为。"物以稀为贵"的道理正在于数量"稀"少的物品边际效用高。根据公式4-4,在市场经济的条件下,货币作为一般等价物可以和成千上万种商品和服务进行交换和比价,水和钻石也不例外,尽管它们的价格差异很大,钻石的价格通常是水价格的上万倍。

$$\frac{MU_{水}}{P_{水}}=\frac{MU_{钻石}}{P_{钻石}}=MU_{m}$$

(2) 边际效用价值论可以用来解释需求定理,即需求量和价格呈反方向变化。因为消费者购买商品是为了取得效用,对边际效用大的商品,消费者就愿意支付较高价格,即消费者购买商品支付价格以边际效用为标准。按边际效用递减规律:购买商品越多,边际效用越小,商品价格越低;反之,购买商品越少,边际效用越大,商品价格越高。因此,商品需求量与价格成反方向变化,这就是需求定理。如图4-6 所示。

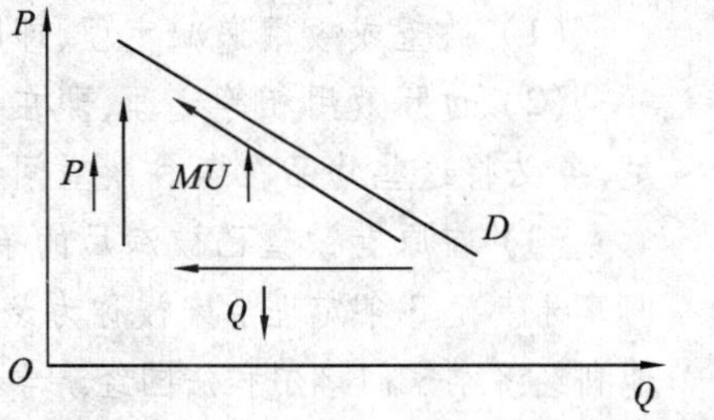

图4-6 需求曲线与边际效用之间的联系

(3) 边际效用价值论可以用来衡量消费者福利水平的高低

从上述边际效用价值论的内容我们还可以进一步得到消费者剩余定义:消费者剩余(Consumer Surplus, CS)是消费者为消费某种商品而愿意付出的总价值与他购买商品时实际支出的差额。消费者剩余通常用以衡量消费者的福利水平的高低。消费者剩余表示方法:几何图形表示法。可用消费者需求曲线以下、市场价格线之上的面积表示。如右图4-7 表示:令反需求函数 $P_{d}=f(Q)$,价格为 P_0 时的消费者需求量为 Q_0,则消费者剩余为需求函数 $P_{d}=f(Q)$ 在0至 Q_0 区间的定积分减去 P_0 与 Q_0 的乘积。在理解这一概念时要注意:费者剩余并不是实际收入的增加,只是一种心理感觉。消费者消费的数量越大,市场价格越低,消费者剩余越多,消费者也就越幸福!

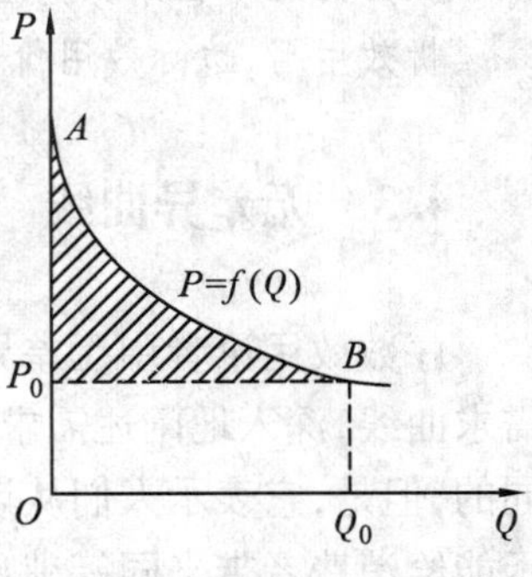

图4-7 消费者剩余

$$CS=\int_{0}^{Q_0}f(Q)\,\mathrm{d}Q-P_0Q_0 \tag{4-6}$$

资料链接

效用价值论与边际革命

17—18 世纪上半期,效用价值论在一些西方经济学著作中已有明确表述。英国经济学家巴本曾用物品的效用来说明物品的价值。意大利经济学家加利亚尼明确指出,价值是物品同人的需求的比率,价值取决于交换当事人对商品效用的估价,或者说,由效用和物品的稀少性决定。18 世纪下半期和 19 世纪初,劳动价值理论得到发展,效用价值论处于踏步不前的状况。19 世纪 30 年代以后,边际效用价值论逐渐发展。英国经济学家劳埃德在 1833 年提出,商品价值只表示人对商品的心理享受,取决于人的欲望和人对物品的估价,人的欲望和估价会随物品数量的变动而变动,并在被满足和不被满足的欲望之间的边际上表现出来,从而实际上区分了总效用和边际效用。爱尔兰经济学家朗菲尔德也认为,物品市场价格总是由能够引起实际购买的

最低程度需求强度来调节的。1854 年,德国经济学家戈森提出人类满足需求的 3 条定理:

(1) 欲望或效用递减定理,即随着物品量的增加,人的欲望或物品的效用递减。

(2) 边际效用相等定理,即在物品有限条件下,为使人的欲望得到最大限度的满足,务必将这些物品在各种欲望间作适当分配,使人的各种欲望被满足的程度相等。

(3) 在原有欲望已被满足的条件下,要取得更多享乐量,只有发现新享乐或扩充旧享乐。这 3 条定理后来被称为戈森定理。19 世纪 70 年代,英国经济学家杰文斯、奥地利经济学家门格尔和法国经济学家瓦尔拉斯各自独立提出比较完整的边际效用价值论,成为边际效用价值论的创始人。19 世纪 80—90 年代,边际效用价值论发展为两个支流,一支是以奥地利的门格尔及其学生维塞尔和柏姆—巴维克为代表的心理学派,另一支为瓦尔拉斯及其继承者帕雷托为代表的数理学派。在帕雷托等人用无差异曲线分析效用后,边际效用价值论又分为基数效用论和序数效用论。

4.3 无差异曲线

序数效用论者用无差异曲线分析方法来考察消费者行为,并在此基础上推导出消费者的需求曲线,深入地阐述需求曲线的经济含义。无差异曲线上的每一点所表示的商品组合是不同的,但是,它表示人们从该商品组合中得到的满足程度却是相同的。因此无差异曲线就是表示能给消费者带来同等满足程度的两种商品数量组合的点的轨迹。

4.3.1 关于偏好的假定

序数效用论者认为,商品给消费者带来的效用大小应该用顺序或等级来表示。为此,序数效用论者提出了消费者偏好的概念,所谓偏好就是爱好或喜欢的意思。序数效用论者认为,对于各种不同商品组合,消费者的偏好程度是有差别的,正是这种偏好程度的差别,反映了消费者对这些不同商品组合的效用水平的评价。具体地讲,给定 A、B 两个商品组合,如果某消费者对 A 商品组合的偏好程度大于 B 商品组合,那也就是说,A 组合给该消费者带来的满足程度大于 B 组合。

序数效用论者提出了关于消费者偏好的 3 个基本的假定:

第一个假定是偏好的完全性。偏好的完全性指消费者可以对任意量两组商品组合 A 和 B 的效用进行明确的比较和判定,只有 $A>B$,$A<B$ 和 $A=B$ 这 3 种关系。偏好的完全性的假定保证消费者对于偏好的表达方式是完备的,消费者总是可以把自己的偏好评价准确地表达出来。

第二个假定是偏好的可传递性。可传递性指对于任何 3 个商品组合 A,B 和 C,如果消费者对于商品的偏好排序是:$A>B$,$B>C$;则一定可以得到 $A>C$ 的结论。偏好的可传递性假定保证了消费者偏好的一致性, 因而也是理性的。

第三个假定是偏好的非饱和性。该假定是说消费者对每一种商品的消费都没有达到饱和点,或者说在没有达到总效用最大之前,对于任何一种商品,消费者会认为数量多比数量少好。

4.3.2 无差异曲线及其特点

为了简化分析，假定消费者只消费两种商品。这样，我们就可以直接在两维平面图上讨论无差异曲线。无差异曲线是用来表示消费者偏好相同的两种商品的所有组合的点的轨迹。或者说，它能够表示给消费者带来相同的效用水平或满足程度的两种商品的所有组合。下面用表4-2具体说明无差异曲线的构建。

表4-2　某消费者的无差异表

商品组合	表a		表b		表c	
	商品1数量	数量2数量	商品1数量	商品2数量	商品1数量	商品2数量
A	20	130	30	120	50	120
B	30	60	40	80	55	90
C	40	45	50	63	60	83
D	50	35	60	50	70	70
E	60	30	70	44	80	60
F	70	27	80	40	90	54

表4-2列出了某消费者关于商品1和商品2各种不同的组合。该表由3个子表即表a、表b和表c组成，每一个子表中都包含6个商品组合，且假定6个商品组合的效用水平是相等的。以表a为例：表a中有*A*,*B*,*C*,*D*,*E*和*F*这6个商品组合。在*A*组合中，商品1和商品2的数量各为20和130；在*B*组合中，商品1和商品2的数量各为30和60，如此等等。而且，假定消费者对这6个组合的偏好程度是无差异的。同样地，假定消费者对表b、表c中的所有6个商品组合的偏好程度也都是相同的。

但需要注意的是，表a、表b和表c三者各自所代表的效用水平的大小是不一样的。只要对表中的商品组合进行仔细观察和分析，就可以发现，根据偏好的非饱和性假设，或者说，根据商品数量“多比少好”的原则，可以得出结论：表a所代表的效用水平低于表b，表b又低于表c。

根据表4-2绘制的无差异曲线如图4-8所示。图中的横轴 x_1 和纵轴 x_2 分别表示商品1的数量和商品2的数量，曲线 I_1，I_2，I_3 顺次代表与表a、表b和表c相对应的3条无差异曲线。这3条无差异曲线是这样得到的：以无差异曲线 I_1 为例，先根据表a描绘出相应的6个商品组合点*A*,*B*,*C*,*D*,*E*和*F*，然后用曲线把这6个点连接起来（在假定商品数量可以无限细分的假定下），便形成了光滑的无差异曲线 I_1。用相同的方法，可以根据表b和表c，分别绘制出无差异曲线 I_2 和 I_3。需要指出，在表4-2中我们只列出了3个子表，相应的，在图4-8中我们只得到了3条无差异曲线，实际上，我们可以假定消费者的偏好程度可以无限多，也就是说，我们可以有无穷个无差异子表，从而得到无数条无差异曲线，表4-2和图4-8只不过是一种分

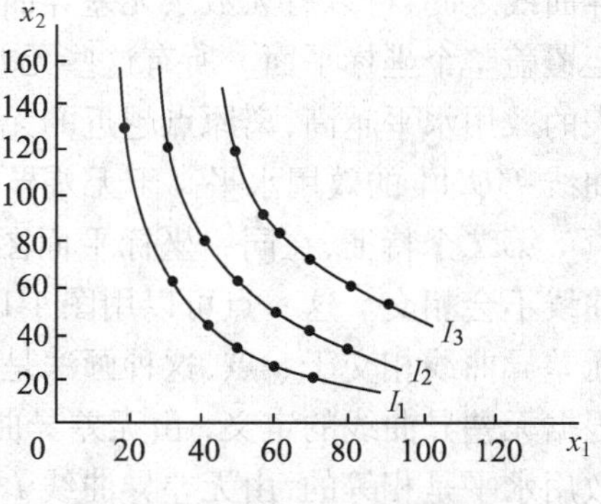

图4-8　某消费者的无差异曲线

析的简化而已。

除以上的方法之外，无差异曲线也可以从三维空间的几何图形中得到说明，如图 4-9。在图 4-9 中，水平面的两个坐标轴 Ox_1 和 Ox_2 分别表示商品 1 和商品 2 的数量，高度坐标轴表示效用水平。在图中水平面上的任何一点都表示两种商品的一个组合，与每一商品组合相对应的效用水平都可以在效用曲面 $OAZB$ 上找到。例如，在水平面的 p' 点上，相应的商品组合商品 1 和商品 2 的数量分别为 x_{11} 和 x_{21}，由 p' 出发垂直向上可以在效用曲面上找到与该商品组合相对应的效用水平为 pp'。如果由商品组合 P' 点出发，在保持效用水平不变的前提下，用商品 1 去替代商品 2，或者用商品 2 去替代商品 1，就会在水平面上得到一条曲线 $R'P'S'$。显然，该曲线上所有的商品组合的效用水平均相同，即在图中有 $RR' = PP' = SS'$。所以，水平面上的 $R'P'S'$ 曲线就是一条无差异曲线。在图中，我们还画出了另一条无差异曲线 $T'Q'V'$，它的效用水平高于无差异曲线 $R'P'S'$。

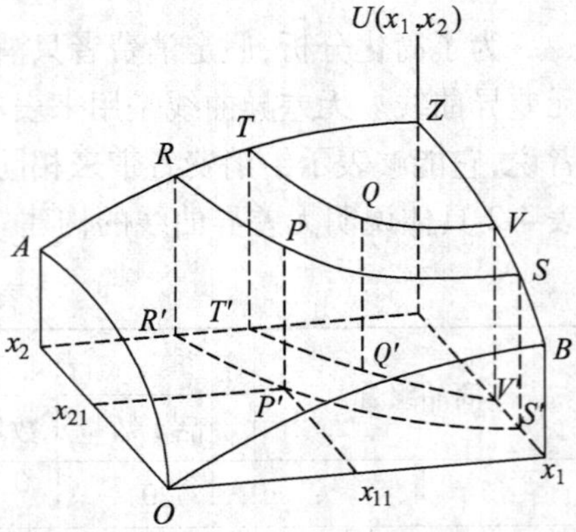

图 4-9　效用曲面和无差异曲线

在此，我们再进一步引入效用函数的概念。效用函数表示某一商品组合给消费者所带来的效用水平。假定消费者只消费两种商品，则效用函数为：

$$U = f(x_1, x_2) \tag{4-7}$$

其中：x_1 和 x_2 分别为两种商品的数量；U 为效用水平。在此基础上，与无差异曲线相对应的效用函数为：

$$U = f(x_1, x_2) = U^0 \tag{4-8}$$

其中，U^0 为一个常数，表示一个不变的效用水平。该效用函数有时也被称为等效用函数。用效用函数来理解图 4-9 是很方便的：式(4-7)对应的是图中的效用曲面；式(4-8)对应的是图中的无差异曲线。

无差异曲线具有以下 3 个基本特征：

第一个特征，由于通常假定效用函数是连续的，所以，在同一坐标平面上的任何两条无差异曲线之间，可以有无数条无差异曲线。可以这样想象：我们可以画出无数条无差异曲线，以至覆盖整个坐标平面。所有这些无差异曲线之间的相互关系是：离原点越远的无差异曲线代表的效用水平越高，离原点越近的无差异曲线代表的效用水平越低。如同在图 4-9 中，无差异曲线 $T'Q'V'$ 的效用水平高于无差异曲线 $R'P'S'$。

第二个特征，在同一坐标平面图上的任何两条无差异曲线不会相交。这一点可以用图 4-10 来说明。图中，两条无差异曲线相交于 a 点，这种画法是错误的。其理由在于：根据无差异曲线的定义，由无差异曲线 I_1 可得 a，b 两点的效用水平是相等的，由无差异曲线 I_2 可得 a，c 两点的效用水平是相等的。于是，根据偏好可传递性的假定，必定有 b 和 c 这两点的效用水平是相等的。但是，观察和比较图中 b 和 c 这两点的商品组合，可以发现 c 组合中的每一种

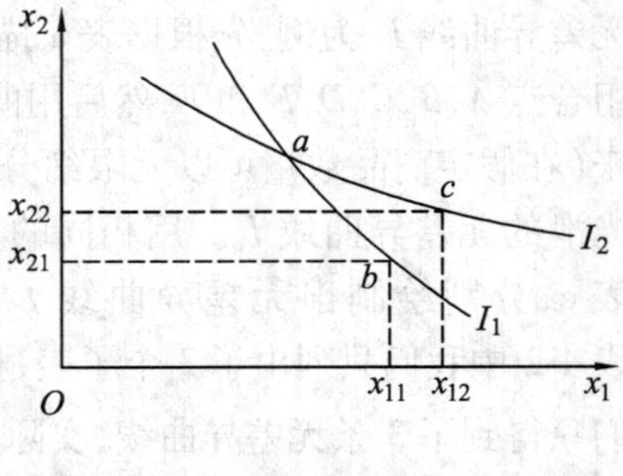

图 4-10　违反偏好假定的无差异曲线

商品的数量都多于 b 组合，于是，根据偏好的非饱和性假定，必定有 c 点的效用水平大于 b 点的效用水平。这样一来，矛盾产生了：该消费者在认为 b 点和 c 点无差异的同时，又认为 c 点要优于 b 点，这就违背了偏好的完全性假定，由此证明：对于任何一个消费者来说，两条无差异曲线相交的画法是错误的。

第三个特征，无差异曲线是凸向原点的。这就是说，无差异曲线不仅向右下方倾斜，即无差异曲线的斜率为负值，而且，无差异曲线是以凸向原点的形状向右下方倾斜的，即无差异曲线的斜率的绝对值是递减的。这一特征在图 4-8 和图 4-9 中都表现得很明显。为什么无差异曲线具有凸向原点的特征呢？这取决于商品的边际替代率递减规律。关于这一点，将在下一个问题中作详细的说明。

4.3.3 商品的边际替代率

(1) 商品的边际替代率

可以设想一下，当一个消费者沿着一条既定的无差异曲线上进行消费决策的时候，两种商品的数量组合会不断地发生变化，而效用水平却保持不变，这就说明，在维持效用水平不变的前提条件下，消费者在增加一种商品的消费数量的同时，必然会放弃另一种商品的一部分消费数量，即两种商品的消费数量之间存在着替代关系。由此，经济学家建立了商品的边际替代率（*MRS*）的概念。在维持效用水平不变的前提下，消费者增加一单位某种商品的消费数量时所需要的放弃的另一种商品的消费数量，被称为商品的边际替代率。商品 1 对商品 2 的边际替代率的定义公式为：

$$MRS_{12} = -\frac{\Delta x_2}{\Delta x_1} \tag{4-9}$$

其中，Δx_1 和 Δx_2 分别为商品 1 和商品 2 的变化量。由于 Δx_1 是增加量，Δx_2 是减少量，两者的符号肯定是相反的，所以，为了使 MRS_{12} 的计算结果是正值更便于比较，就在公式中加了一个负号。

当商品数量的变化趋于无穷小时，则商品的边际替代率公式为：

$$MRS_{12} = \lim_{\Delta x_1 \to 0} -\frac{\Delta x_2}{\Delta x_1} = -\frac{dx_2}{dx_1} \tag{4-10}$$

显然，无差异曲线上某一点的边际替代率就是无差异曲线在该点的斜率的绝对值。

(2) 商品的边际替代率递减规律

西方经济学家指出，在两种商品的替代过程中，普遍存在商品的边际替代率递减规律。具体地说，商品的边际替代率递减规律是指：在维持效用水平不变的前提下，随着一种商品消费数量的连续增加，消费者为得到每一单位的这种商品所需要放弃的另一种商品的消费数量是递减的。之所以会普遍发生商品的边际替代率递减的现象，其原因在于：随着一种商品的消费数量的逐步增加，消费者想要获得更多的这种商品的愿望就会递减，从而，他为了多获得一单位的这种商品而愿意放弃的另一种商品的数量就会越来越少。从几何意义上讲，由于商品的边际替代率就是无差异曲线的斜率的绝对值，所以，边际替代率递减规律决定了无差异曲线的斜率的绝对值是递减的，即无差异曲线是凸向原点的。

商品的边际替代率递减规律和无差异曲线形状之间的关系可以用图 4-11 来做具体的说明。在图中，当消费者沿着既定的无差异曲线由 a 点运动到 b 点时，商品 1 的增加量为 Δx_1，相应的商品 2 的减少量为 Δx_2，这两个变量的比值的绝对值即 $-\frac{\Delta x_2}{\Delta x_1}$，就是 MRS_{12}。在图中，由于无差异曲线是凸向原点的，这就保证了当商品 1 的数量一单位一单位地逐步增加时，即由 a 点经 b，c，d 点运动到 e 点的过程中，每增加一单位的商品 1，所需放弃的商品 2 的数量是递减的。

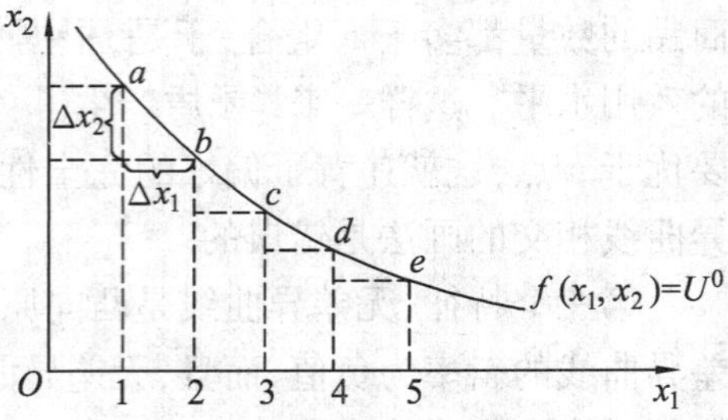

图 4-11　商品的边际替代率递减规律和无差异曲线的形状

无差异曲线的形状表明，在维持效用水平不变的前提下一种商品对另一种商品的替代程度。由边际替代率递减规律决定的无差异曲线的形状是凸向原点的，这是无差异曲线的一般形状。下面，考虑两种极端的情况，相应的无差异曲线有着特殊的形状。

① 完全替代品的情况。在这一情况下，两种商品之间的替代比例是固定不变的，因此，两种商品之间的边际替代率 MRS_{12} 就是一个常数，相应的无差异曲线是一条斜率不变的直线。例如，在某消费者看来，一杯牛奶和一杯咖啡之间是无差异的，两者总是可以以 1∶1 的比例相互替代，相应的无差异曲线如图 4-12（a）所示。假定某消费者只消费两种商品，而且这两种商品之间是完全替代的关系，则相应的效用函数的通常形式为：

$$U(x_1,\ x_2) = ax_1 + bx_2 \tag{4-11}$$

其中：x_1，x_2 分别表示两种商品的数量，常数 a，$b>0$。该效用函数也被称为线性效用函数，与其相对应的无差异曲线是一条直线。而且，在任何一条无差异曲线上，两种商品的边际替代率保持不变，即均有 $MRS_{12}=a/b$。

② 完全互补品的情况。在这一情况下，两种商品必须按固定不变的比例同时被使用，因此，相应的无差异曲线为直角形状。例如，一副眼镜架必须和两片眼镜片同时配合，才能构成一副可使用的眼镜，则相应的无差异曲线如图 4-12（b）所示。图中水平部分的无差异曲线部分表示：对于一副眼镜架而言，只需要两片眼镜片即可，任何超量的眼镜片都是多余的。换言之，消费者不会放弃任何一副眼镜架去换取额外的眼镜片，所以，相应的 $MRS_{12}=0$。图中垂直部分的无差异曲线表示：对于两片眼镜片而言，只需要一副眼镜架即可，任何超量的眼镜架都是多余的。换言之，消费者会放弃所有超量的眼镜架，只保留一副眼镜架与两片眼镜片相匹配，所以，相应的 $MRS_{12}=\infty$。

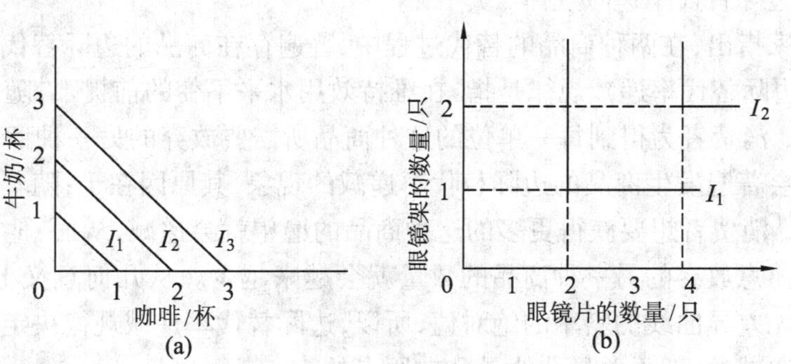

图 4-12　完全替代品和完全互补品的无差异曲线

假定某消费者只消费两种商品，而且这两种商品之间是完全互补的关系，则相应的效用函数数的通常形式为：

$$U(x_1, x_2) = \min\{ax_1, bx_2\} \tag{4-12}$$

其中，x_1，x_2 分别表示两种商品的数量，常数 $a, b > 0$，符号 min 表示效用水平由括号中最小的一项决定。只有在无差异曲线的直角点上，两种互补商品刚好按固定比例被消费，所以，在任何一条关于完全互补品的无差异曲线的直角点上，都有 $U = ax_1 = bx_2$，且直角点上两种商品的边际替代率为常数，即均有 $MRS_{12} = a/b$。

4.4 预算线

无差异曲线描述了消费者对不同的商品组合的偏好，它仅仅表示了消费者的消费愿望。这种愿望构成分析消费者行为的一个方面。另一方面，消费者在购买商品时，必然会受到自己的收入水平和市场上商品价格的限制，这就是预算约束。预算约束可以用预算线来说明。

4.4.1 预算线的含义

预算线又称为预算约束线、消费可能线和价格线。预算线表示在消费者的收入和商品价格给定的条件下，消费者的全部收入所能购买到的两种商品的各种组合。

假定某消费者的一笔收入为 120 元，全部用来购买商品 1 和商品 2。其中，商品 1 的价格 $P_1 = 4$ 元，商品 2 的价格 $P_2 = 3$ 元，那么，全部收入都用来购买商品 1 可得 30 单位，全部收入都用来购买商品 2 可得 40 单位。由此作出的预算线为图 4-13 中的线段 AB。

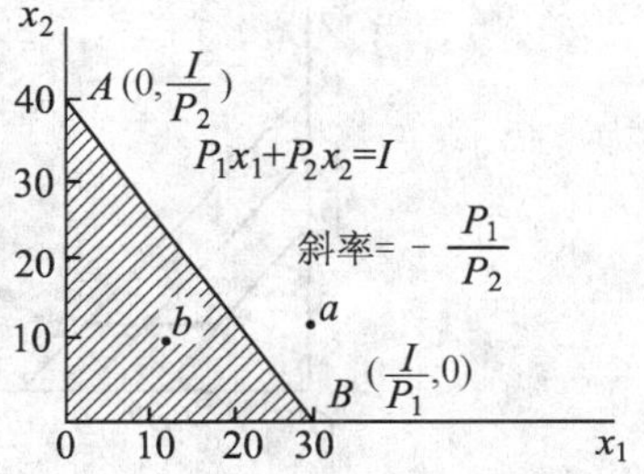

图 4-13 预算线

图中预算线的横截距 OB 和纵截距 OA 分别表示全部收入用来购买商品 1 和商品 2 的数量。预算线的斜率是两商品的价格之比的相反数即 $-P_1/P_2$，因为，预算线的斜率可以写为：

$$-\frac{OA}{OB} = -\frac{\frac{120}{P_2}}{\frac{120}{P_1}} = -\frac{P_1}{P_2} \tag{4-13}$$

下面，我们从以上的具体例子转向对预算线的一般分析。

假定以 I 表示消费者的既定收入，以 P_1 和 P_2 分别表示商品 1 和商品 2 的价格，以 x_1 和 x_2 分别表示商品 1 和商品 2 的数量，那么，相应的预算等式为：

$$I = P_1x_1 + P_2x_2 \tag{4-14}$$

该式表示：消费者的全部收入等于他购买商品 1 和商品 2 的总支出。而且，可以用 I/P_1 和 I/P_2 分别表示全部收入仅购买商品 1 或商品 2 的数量，它们分别表示预算绒的横截距和纵截距。

式(4-14)的预算线方程告诉我们，预算线的斜率为 $-P_1/P_2$，纵截距为 I/P_2。如图 4-13 所示，预算线 AB 把平面坐标图分为 3 个区域：预算线 AB 以外的区域中的任何一点，如 a 点，是消费者利用全部收入都不可能实现的商品购买的组合点，预算线 AB 以内的区域中的任何一点，如 b 点，表示消费者的全部收入在购买该点的商品组合以后还有剩余。唯有预算线 AB 上的任何一点，才是消费者的全部收入刚好花完所能购买到的商品组合点。图中的阴影部分的区域(包括直角三角形的3条边),被称为消费者的预算可行集或预算空间,消费者的全部收入购买该点的商品组合以后还有剩余。

4.4.2 预算线的变动

从以上分析可知,只要给定消费者的收入 I 和两商品的价格 P_1 和 P_2,则相应的预算线的位置和形状也就决定了。因为,预算线的横、纵截距分别为 I/P_1 和 I/P_2,预算线的斜率为 P_1/P_2。由此自然可以推断,在消费者的收入 I、商品1的价格 P_1、商品2的价格 P_2 这3个量之中,只要有一个量发生变化,原有的预算线就会发生变动。

预算线的变动可以归纳为以下4种情况。

第一种情况:两种商品的价格 P_1 和 P_2 不变,消费者的收入 I 发生变化。这时,相应的预算线的位置会发生平移。其理由是 P_1 和 P_2 不变,意味着预算线的斜率 $-P_1/P_2$ 保持不变。于是,I 的变化只能使得预算线的横、纵截距 I/P_1 和 I/P_2 发生变化。如图4-14(a)的所示:

假定原有的预算线为 AB,消费者收入 I 增加,使预算线由 AB 向右平移至 $A'B'$。消费者收入 I 减少,使预算线 AB 向左平移至 $A''B''$。前者表示消费者的全部收入用来购买任何一种商品的数量都因收入的增加而增加,后者表示消费者的全部收入用来购买任何一种商品的数量都因收入的减少而减少。

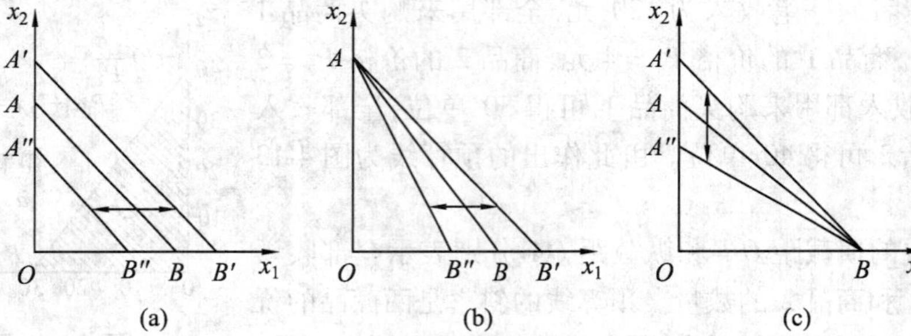

图4-14 预算线的变动

第二种情况:消费者的收入 I 不变,两种商品的价格 P_1 和 P_2 同比例同方向发生变化。这时,相应的预算线的位置也会发生平移。其理由是,P_1 和 P_2 同比例同方向的变化,并不影响预算线的斜率 $-P_1/P_2$,而只能使预算线的横、纵截距 I/P_1 和 I/P_2 发生变化。仍如图4-14(a)所示:P_1 和 P_2 的同比例上升,使预算线 AB 向左平移至 $A''B''$;相反,P_1 和 P_2 的同比例下降,却使得预算线 AB 向右平移至 $A'B'$。前者表示消费者的全部收入用来购买其中任何一种商品的数量都同比例于价格的上升而减少,而后者则同比例于价格的下降而增加。

第三种情况:当消费者的收入 I 不变,商品1的价格 P_1 发生变化而商品2的价格 P_2 保持不变。这时,预算线的斜线 $-P_1/P_2$ 会发生变化,预算线的横截距 I/P_1 也会发生变化,但是,预算线的纵截距 I/P_2 保持不变。如图4-14(b)所示:P_1 下降,使得预算线由 AB 移至 AB'。它表示消费者的全部收入用来购买商品1的数量因 P_1 的下降而增加,但全部收入用来购买商品2的数量并未受到影响。相反,P_1 上升,使得预算线由 AB 移至 AB''。它表示消费者的全部收入用来购买商品1的数量因 P_1 的上升而减少,但全部收入用来购买商品2的数量并未受到影响。同样道理,在图4-14(c)中,仅由商品2价格 P_2 的下降与提高,分别引起预算线由 AB 移至 $A'B$ 和 $A''B$。

第四种情况：消费者的收入 I 与两种商品的价格 P_1 和 P_2 都同比例同方向发生变化，这时预算线不发生变化。其理由是，此时预算线的斜率 $-P_1/P_2$ 以及预算线的横、纵截距 I/P_1 和 I/P_2 都不会发生变化。

4.5 消费者选择

消费者均衡（Equilibrium of the Consumer）研究的是单个消费者在既定收入条件下实现效用最大化的均衡条件。消费者均衡是指在既定收入和各种商品价格的限制下选购一定数量的各种商品，以达到最满意的程度，称为消费者均衡。消费者均衡是消费者行为理论的核心。

4.5.1 消费者均衡实现的假设条件

（1）消费者的偏好既定

这是指消费者对各种物品效用的评价是既定的，不会发生变动。也就是消费者在购买物品时，对各种物品购买因需要程度不同，排列的顺序是固定不变的。比如一个消费者到商店中去买盐、电池和点心，在去商店之前，对商品购买的排列顺序是盐、电池、点心，这一排列顺序到商店后也不会发生改变。这就是说先花第一元钱购买商品时，买盐在消费者心目中的边际效用最大，电池次之，点心排在最后。

（2）消费者的收入既定

由于货币收入是有限的，货币可以购买一切物品，所以货币的边际效用不存在递减问题。因为收入有限，需要用货币购买的物品很多，但不可能全部都买，只能买自己认为最重要的几种。因为每一元钱的效用水平都是一样的，在购买各种商品时最后所花的每一元钱都应该为自己增加同样的满足程度，否则消费者就会放弃不符合这一条件的购买量组合，而选择自己认为更合适的购买量组合。

（3）物品的价格既定

由于物品价格既定，消费者就要考虑如何把有限的收入分配于各种物品的购买与消费上，以获得最大效用。由于收入固定，物品价格相对不变，消费者用有限的收入能够购买的商品所带来的最大的满足程度也是可以计量的。因为满足程度可以比较，所以对于商品的不同购买量组合所带来的总效用可以进行主观上的分析评价。

4.5.2 消费者均衡的实现

无差异曲线代表的是消费者对不同商品组合的主观态度，而预算线约束则显示了消费者有支付能力的商品消费的客观条件，将两者放在一起，就能决定消费者的最后选择如图 4-15 所示。图中横轴、纵轴分别表示 X、Y 商品的数量。把无差异曲线与预算线合在一个图上，那么，预算线必定与无差异曲线中的一条切于一点，在这个切点上就实现了消费者均衡。为什么只有在这个切点时才能实现消费者均衡呢？E 点所在的无差异曲线 I_2 所代表的效用水平明显低于无差异曲线 I_3，但预算线 AB 同 I_3 既不相交又不相切，这说明达到 I_3 效用水平

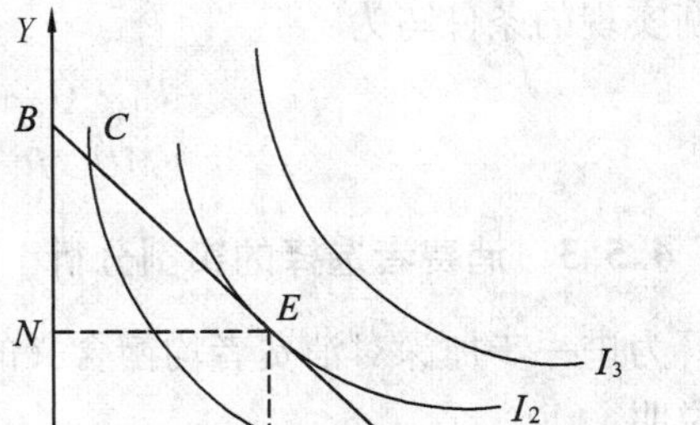

图 4-15 消费者均衡曲线图

的 X 商品与 Y 商品的数量组合在收入与价格既定的条件下是无法实现的。而在比 I_2 离原点近的无差异曲线 I_1，虽然 AB 线同 I_1 有两个交点 C 和 D，说明在 C 和 D 点上所购买的 X 商品与 Y 商品的数量也是收入与价格既定的条件下最大的组合。C 和 D 时 X 商品与 Y 商品的组合并不能达到最大的效用。因此只有当预算线 AB 与无差异曲线 I_2 相切时才能实现消费者在既定的预算约束下，通过把资金合理安排在 X，Y 两种商品的购买上，实现最大化的效用。如图 4-15 的 E 点，(M,N) 为最优的消费数量组合，此时最大效用水平为 I_2。I_3 所代表的效用水平虽然远高于 E 点所在的 I_2，但在消费者当前的收入预算下，想购买无差异曲线 I_3 上的任一点所代表的商品组合都是"空中楼阁"，无法实现。比如别墅、豪华游艇这样的奢侈商品组合不是中等收入家庭能够消费的商品组合。

根据以上无差异曲线与预算线的图形分析结果，我们可以进一步得到消费者均衡的条件公式及其文字表达：

（1）两种商品消费均衡的文字表述

消费者均衡实现的限制条件是：消费者用全部收入所购买的各种物品所带来的边际效用，与为购买这些物品所支付的价格的比例相等，或者说每单位货币所得到的边际效用都相等。

（2）两种商品消费均衡数学公式

假设消费者的收入为 M，消费者购买并消费 X 与 Y 两种物品，X 与 Y 的价格为 P_x 与 P_y，所购买的 X 与 Y 的数量分别为 Q_x 与 Q_y，X 与 Y 所带来的边际效用为 MU_x 与 MU_y，每 1 单位货币的边际效用为 MU_m，这样，消费者均衡的条件可写为：

$$P_x \cdot Q_x + P_y \cdot Q_y = M \tag{4-15}$$

$$\frac{MU_x}{P_x} = \frac{MU_y}{P_y} = MU_m \tag{4-16}$$

式(4-15)是消费者均衡的收入约束条件，说明收入是既定的，购买 X 与 Y 物品的支出不能超过收入总额 M，也不能小于收入总额 M。超过收入的购买是无法实现的，而小于收入的购买也达不到既定收入时的效用最大化。式(4-16)是消费者均衡实现的评价条件，即所购买的 X 与 Y 物品带来的边际效用与其价格之比相等，也就是说，每一单位货币不论用来购买 X 还是 Y 物品，所得到的边际效用都相等。

（3）多种商品消费均衡数学公式

如果消费者所消费的不是两种物品，而是多种物品，设各种物品的价格为 $P_1, P_2, P_3, \cdots, P_n$，购买量为 $Q_1, Q_2, Q_3, \cdots, Q_n$，各种物品的边际效用为 $MU_1, MU_2, \cdots, MU_n$，则可以把消费者均衡实现的条件写为：

$$P_1 \cdot Q_1 + P_2 \cdot Q + \cdots + P_n \cdot Q_n = M \tag{4-17}$$

$$MU_1/P_1 = MU_2/P_2 = \cdots = MU_n/P_n \tag{4-18}$$

4.5.3 消费者选择的实例分析

为进一步加深对消费者均衡含义的理解，下面我们通过一些具体的消费者选择的案例加以说明。

表 4-3 商品 X 和 Y 的边际效用表

Q	1	2	3	4	5	6	7	8	9	10
MU_X	5	4	3	2	1	0	−1	−2	−3	−4
MU_Y	6	5	4	3	2	1	0	−1	−2	−3

（1）例题：假设某个消费者准备购买 X 与 Y 两种商品，已知两种商品的价格分别为 $P_X=10$，$P_Y=20$ 元，该消费者的收入为 100 元，并将其全部用于购买 X 和 Y 两种商品。两种商品的边际效用 MU_X 和 MU_Y 如表，此消费者应该购买多少 X，多少 Y 才能使得总效用最大？

（2）分析过程

表 4-4 X 商品和 Y 商品单位货币边际效用表

Q	1	2	3	4	5	6	7	8	9	10
MU_X/P_X	5/10	4/10	3/10	2/10	1/10	0	−1/10	−2/10	−3/10	−4/10
MU_Y/P_Y	6/20	5/20	4/20	3/20	2/20	1/20	0	−1/20	−2/20	−3/20

根据收入约束条件：$10X+20Y=100$，该消费者能够购买的 X 和 Y 这两种商品的所有整数的组合是有限的。依据给定的条件，该消费者购买这两种商品不同数量的组合，及相应的 $\frac{MU_X}{P_X}$ 与 $\frac{MU_Y}{P_Y}$ 和总效用，如表 4-4 所示。根据表 4-4 所列出的资料，运用实现消费均衡的限制条件，就可以确定该消费者实现效用最大化的两种商品的购买量组合比例。

表 4-5 消费者购买 X 和 Y 商品数量组合表

组合方式	MU_X 与 MU_Y	总效用
$X=10,Y=0$	$-1/4\neq 0/20$	5
$X=8,Y=1$	$-2/10\neq 6/20$	18
$X=6,Y=2$	$0/10\neq 5/20$	26
$X=4,Y=3$	$2/10\equiv 4/20$	29
$X=2,Y=4$	$4/10\neq 3/20$	27
$X\equiv 0,Y\equiv 5$	$0/10\neq 2/20$	20

由表 4-5 可以看出：只有在 $Q_X=4$，$Q_Y=3$ 的购买量组合时，才既符合收入条件的限制，又符合 $MU_X/P_X=MU_Y/P_Y$ 的要求。此时，该消费者购买 X 商品所带来的总效用为 14，购买 Y 商品所带来的总效用为 15，购买 X 商品与 Y 商品所带来的总效用为 14+15=29。也就是实现了消费均衡。

4.5.4 消费者均衡理论的运用

（1）收入—消费曲线

收入—消费曲线（Income Consumption Curve，ICC）是指在两种商品的价格水平之比为常数的情况下，每一收入水平所对应的两种商品最佳购买组合点组成的轨迹。两种商品的价格水平之比为常数，意味着消费可能线的斜率一定。随着人们收入水平的变动，消费可能线会发生平行移动。每一条消费可能线均会与一条无差异曲线相切，其切点就是消费者的最佳消费点，也就是两种商品的最佳购买组合点，把这些点连接起来就形成商品的收入消费曲线。如图 4-16 所示，随着预算线 AB 是初与无差异曲线 I_1 相切于 E_1 点，随着消费者预算增加到 $A'B'$，$A''B''$，新的均衡点变为 E_2，E_3，连结每个消费均衡点得到 ICC。

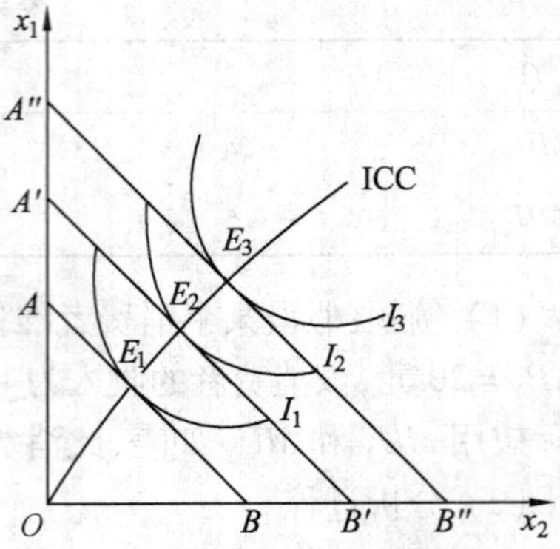

图 4-16　收入—消费曲线

收入—消费曲线可以用于推导恩格尔曲线。恩格尔曲线反映的是所购买的一种商品的均衡数量与消费者收入水平之间的关系。它是以 19 世纪德国的统计学家恩格尔的名字命名的。恩格尔是德国 19 世纪后期著名的统计学家。他一直致力于研究家庭收入和各项支出之间的关系。在 1857 年，他提出了著名的恩格尔定律：随着收入的上升，食品在总支出中的比重是下降的。从统计结果来看，世界各地小至家庭、大至国家基本上都遵循这一定律。

$$\text{恩格尔系数} = \frac{\text{食品等必需的开支}}{\text{居民家庭总支出} } \tag{4-19}$$

因此我们常常将恩格尔系数，即食品在总支出中的比重作为衡量经济发展水平的一个指标。通常认为，恩格尔系数超过 50% 的经济尚处于维持温饱的生计经济，而小于 30% 的则是富裕经济。当然，这一指标并不是绝对的，个别经济在一定时期内可能会出现经济发展与恩格尔系数相背离的情况。恩格尔还发现，随着收入提高，衣着、住房在总开支中的比重基本维持不变，如图 4-17(a)所示；奢侈品、教育、娱乐、储蓄等比重在上升，如图 4-17(b)所示；而垃圾食品，假冒伪劣商品将逐渐被社会所摒弃，如图 4-17(c)所示。

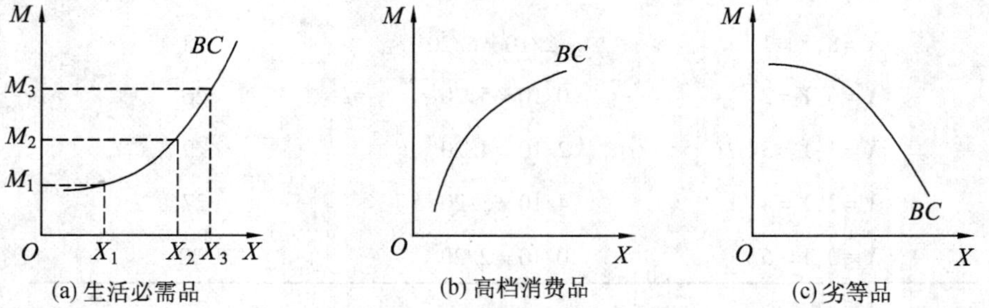

图 4-17　三种恩格尔曲线

(2) 价格—消费曲线

价格—消费曲线(Price Consumption Curve，PCC)是指在一种商品的价格水平和消费者收入水平为常数的情况下，由另一种商品价格变动所对应的两种商品最佳购买组合点组成的轨迹。

如图 4-18 所示，Y 商品价格保持不变，随着物品 X 的价格下降，消费者对物品 X 其需求量上升，图中预算线由 AB' 到 AB''、AB''' 的变化反应了 X 商品价格不断降低。3 条预算线分别与 3 条无差异曲线 I_1，I_2，I_3 相切于 A，B，C 这 3 个消费均衡点，把 A、B、C 三点连接起来我们可以得到图 4-10 中的 PCC 曲线的变化轨迹。如果把 A,B,C 这 3 点所包含的关于 X 商品价格和数量变化的信息抽取出来,我们可以得到图 4-18 下图中的 3 点 a,b,c,连结 a,b,c 可以得到向右下方倾斜的 X 商品的需求曲线 D_x。这表示出一条向下倾斜(符合需求定律)的需求曲线。

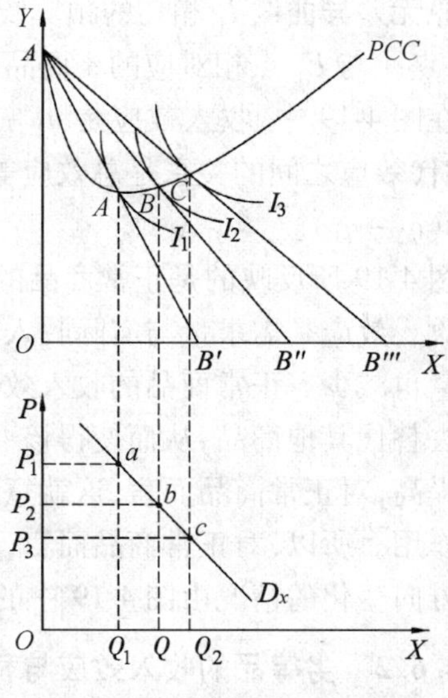

图 4-18 价格消费曲线推导需求曲线

4.6 收入效应与替代效应

一种商品的名义价格(Nominal Price)发生变化后,将同时对商品的需求量发生两种影响:一种是因该种商品名义价格变化,而导致的消费者所购买的商品组合中,该商品与其他商品之间的替代,称为替代效应(Substitution Effect)。另一种是因该商品实际价格降低,而使消费者购买力上升所产生的收入效应。收入效应指因商品的价格变动引起实际收入水平变动,进而所引起的商品需求量的变动。它表示消费者货币收入的效用水平发生变化。具体来说,就是当人们在购买一种商品时,该种商品的价格下降了,对于购买者来说,其名义货币收入是固定不变的,但是价格下降,购买者的实际购买力增强了,就可以买到更多的该种商品。这种实际货币收入的提高,会改变消费者对商品的购买量,从而达到更高的效用水平,这就是收入效应。

4.6.1 正常商品的收入效应与替代效应

我们通常把同时满足随着商品价格下降、消费者购买减少,以及消费者收入提高、商品购买量增加这两种条件的商品称为正常商品。图 4-19 描述了当其他商品(用 y 轴表示)价格不变,x 商品降价(预算线斜率改变)后的总效应、替代效应和收入效应。

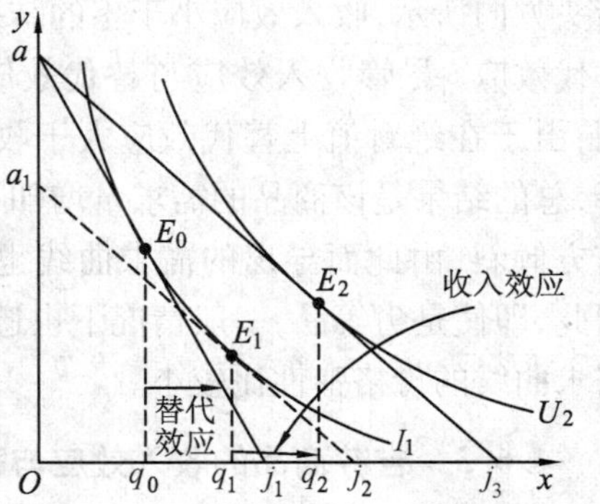

图 4-19 正常商品收入效应与替代效应

x 商品降价前,x 与 y 两商品的价格比率由预算线 aj_1 表示,消费者达到效用最大化的均衡点在 E_0 点,在该点预算线 aj_1 与无差异曲线 I_1 相切。与该切点相对应的 x 商品的购买量为 q_0,x 商品降价后,预算线由 aj_1 变为 aj_3,这条新的预算线表示 x,y 两商品的新的价格比率。新预算线与较高的无差异曲线相切,切点为 E_2 点。E_2 点是降价后消费者达到效用最大化的均衡点。与该点相对应的 x 商品的购买量为 q_2。可见,x 商品降价后,其需求量由 q_0 变到 q_2。根据这一变化,我们可以用不同条件下该商品需求量的变动,来定义总效应、替代效应与收入效应。

在图 4-19 中,总效应是 $q_2 - q_0$,替代效应是 $q_1 - q_0$,这里所说的实际收入不变是指消费者维持在原来的效用水平上,但又要用新的价格比率(由预算线 aj_3 的斜率表示)来度量这一不变的效用水平。降价后,为了使消费者效用水平不变,就必须画一条与预算线 aj_3 相平行、但

是与原无差异曲线 I_1 相切的预算线，在图 4-19 中，这条预算线是 a_1j_2。a_1j_2 与无差异曲线相切于 E_1 点。与 E_1 点相对应的 x 商品的购买量是 q_1。

在图 4-19 中，收入效应是 q_2-q_1，这纯粹是由实际收入的变化引起的。总效应与收入效应、替代效应之间的关系是总效应等于收入效应加替代效应。就图 4-19 而言，$q_2-q_0=(q_1-q_0)+(q_2-q_1)$。

图 4-19 所反映的是正常商品的情况。由于正常商品的需求收入弹性大于零，因而正常商品的收入效应是需求量与实际收入同方向变化，即实际收入增加，需求量增加；实际收入减少，需求量也减少。正常商品的收入效应强化了替代效应。一种商品的价格降低，消费者会用该商品去替代其他商品，从而使得该商品需求量增加。但商品价格的下降同时也意味着实际收入的提高，对正常商品而言，这就意味着需求量的增加。由于收入效应与替代效应在同一方向上起作用。所以，对正常商品而言，其需求量与价格反方向变化。正常商品收入效应与替代效应同方向变化的情况由图 4-19 中的箭头来表示。

4.6.2 劣等品的收入效应与替代效应

劣等品的情况不同于正常商品。由于劣等品的需求收入弹性小于零，因而其收入效应是需求量与实际收入反方向变化，即实际收入增加，需求量减少；实际收入减少，需求量增加。若某种商品是劣等品，其价格变化后，收入效应与替代效应在相反的方向起作用。因此，收入效应使得替代效应减弱。图 4-20 描述了劣等品收入效应与替代效应的情况。

图 4-20 中，总效应是 q_2-q_0，替代效应是 q_1-q_0，收入效应等于总效应减替代效应，即收入效应 $=(q_2-q_0)-(q_1-q_0)=q_2-q_1$。

图 4-20 表明 q_2 小于 q_1，所以收入效应是负值，说明收入替代效应在相反的方向起作用，如图 4-20 中收入效应箭头方向所示，收入效应小于零的结果是使得总效应小于替代效应。尽管收入效应与替代效应在相反的方向起作用，由于在绝对值上替代效应大于收入效应，所以价格下降，总的结果是该商品的需求量增加了。价格消费线仍向右方倾斜，由此而导出的需求曲线也是向右下方倾斜的。因此，即使是劣等品，一般情况下也遵循需求法则，只不过需求曲线的价格弹性比较小。

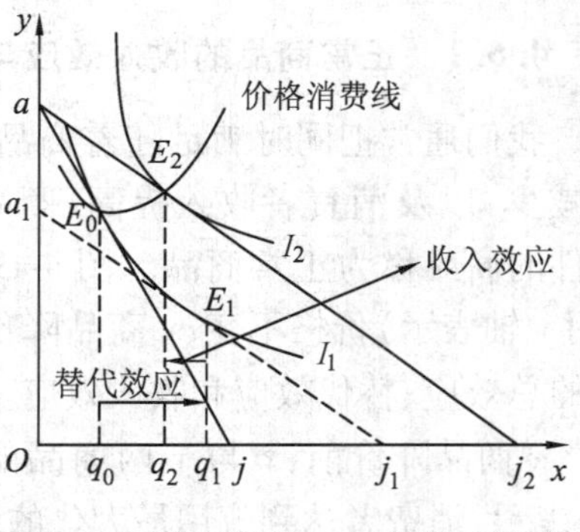

图 4-20　劣等品收入效应与替代效应

4.6.3 吉芬商品的收入效应与替代效应

如果为负的收入效应的绝对值大于替代效应，使得需求量随价格上升而上升，则该商品为吉芬商品。吉芬商品价格变动的替代效应为正，收入效应为负，并且收入效应大于替代效应，使得需求量随价格上升而上升。

若收入效应与替代效应在相反的方向起作用，而且从绝对值上讲收入效应大于替代效应，则该商品是一种特殊的劣等品。图 4-21 显示了吉芬商品的收入效应与替代效应。其中，总效应为 q_2-q_0，由于 q_2 小于 q_0，所以 x 商品降价后的总效应是负值，替代效应为 q_1-q_0，收入效应为 $(q_2-q_0)-(q_1-q_0)=q_2-q_1$。

由于 q_2 小于 q_1，所以收入效应为负值。又由于在绝对值上收入效应大于替代效应，所以，商品降价后总效应是负的值，即需求量下降了。价格消费线向左方而不是向右方倾斜。

我们将商品降价后所产生的各种效应的变化归结如下。不管商品是正常品，还是劣等品，或是吉芬商品，商品降价后的替代效应总是正值，这表明，只要该商品降价，消费者就会用该商品去替代其他商品。对于正常品而言，收入效应与替代效应在同一方向上起作用，表明在商品降价后，收入效应与替代效应都是正值。总效应必然大于零，表示商品降价后需求量增加。对于劣等品而言，虽然收入效应与替代效应在相反的方向起作用，但是在绝对值上，替代效应仍然大于收入效应。商品降价后，正值的替代效应在绝对值上大于负值的收入效应，总效应仍然大于零，表示商品降价后需求量也是增加的。只有吉芬商品在降价后，不仅收入效应与替代效应在相反的方向起作用，而且在绝对值上收入效应大于替代效应，导致商品降价后总效应小于零。这表明商品降价后，吉芬商品需求量不仅没有增加，反而减少了。

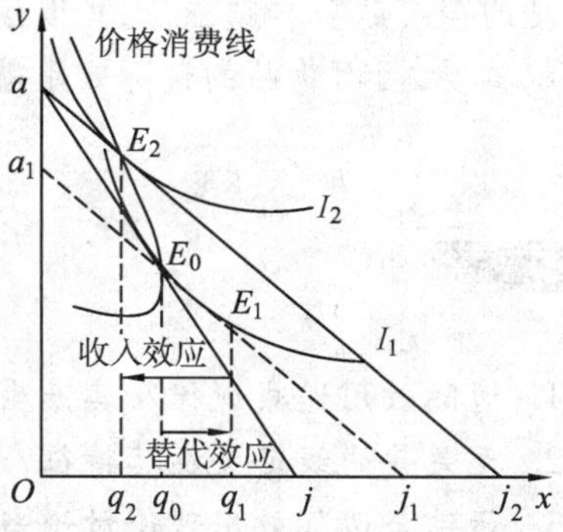

图 4-21　吉芬商品收入效应与替代效应

应该注意的是，不要混淆吉芬商品与劣等品。劣等品是从需求与收入的关系定义的，即需求的收入弹性小于零的商品是劣等品。而吉芬商品是从需求量与价格的关系定义的，即需求量与价格同方向变化的商品是吉芬商品，只不过在讨论吉芬商品时用到了收入效应的概念。

拓展阅读

所谓边际效用，是指该物品在具体合理使用时可能产生的最小效用。在实际生活中，人们正是按照这一经济规律活动的。对于这一点，19 世纪 80 年代著名的奥地利经济学家庞巴维克在其于 1888 年出版的《资本实证论》中以一个十分通俗的例子做了论证。

一个农民在原始森林中建了一座小木屋，独自在那里劳动和生活。他收获了 5 袋谷物，这些谷物要用到来年秋天，但不必留有剩余。他是一个善于精打细算的人，因而安排了一个在一年内使用这些谷物的计划。

第一袋谷物是他维持生存所必需的。第二袋是在维持生存之外来增强体力和精力的。此外，他希望有些肉可吃，所以留第三袋谷物来饲养鸡、鸭等家禽。他爱喝酒，于是他将第四袋谷物用于酿酒。对于第五袋谷物，他觉得最好用它来养几只他喜欢的鹦鹉，这样可以解闷儿。显然，这 5 袋谷物的用途不同，其重要性也是不同的。假如以数字来表示，维持生存的那袋谷物的重要性可以确定为 12，其余的依次确定为 10，8，6，4。现在的问题是：如果一袋谷物被小偷偷走了，那么农民将失去多少效用？假如损失了一袋谷物，这位农民面前只有一条惟一合理的道路，即用剩下的 4 袋谷物供应最迫切的 4 种需要，而放弃最不重要的需要，或者说是放弃边际效用。边际效用由谁来决定呢？庞巴维克发现，边际效用量取决于需要和供应之间的关系。要求满足的需要越多和越强烈，可以满足这些需要的物品量越少，那么得不到满足的需要就越重要，因而物品的边际效用就越高。反之，边际效用和价值就越低。

复习思考

1. 边际效用递减规律及其产生原因？
2. 无差异曲线定义及其特征？
3. 请结合边际效用理论讨论当前社会离婚率增高的经济学原因。
4. 请结合图形分析如何实现既定收入下的消费均衡。
5. 请结合图形分析如何实现既定效用下的消费均衡。
6. 已知某消费者收入 M 为 540 元，两种商品 X，Y 的价格分别为：$P_X = 20$，$P_Y = 30$，消费函数 $U = 3XY^2$，求消费均衡时，商品 X，Y 的数量，以及总效用水平 U。

5 生产理论

经济问题

土地的高投入一定会带来高产出吗?

我国人均耕地面积远远低于世界水平,但人口还将继续增长,需要土地生产出更多的粮食。在这种情况下,对土地增加投入、实行集约利用势在必行。对土地实行集约利用就需要增加投入,准确地说是要增加对单位土地面积的投入。但是人们担心,土地的高投入是不是一定能带来高产出。在长期的土地利用中,土地所提供的实物报酬和经济收益会有什么样的变化,有没有一定的规律性呢?

本章和第6、第7章将分析供给曲线背后的生产者行为,并从对生产者行为的分析中推导出供给曲线,然后将供给曲线和第4章从消费者行为分析中推导出的需求曲线结合在一起,分析商品市场的均衡问题。

5.1 厂商及其经济问题

在西方经济学中,生产者亦称厂商或企业,是指能够作出统一的生产决策的单个经济单位。

5.1.1 厂商的基本概念

在实际经济生活中,厂商主要表现为3种组织形式:个人企业、合伙制企业和公司制企业。个人企业指单个人独资经营的厂商组织,个人企业家既是企业的所有者,也是企业的经营者。相对个人企业而言,合伙制企业的资金较多,规模较大,分工和专业化得到加强,比较易于管理。公司制企业指按公司法建立和经营的具有法人资格的厂商组织,它是一种重要的现代企业组织形式。公司所有权和管理权分离,公司归股东所有,管理权则由在董事会监督下的总经理控制。

5.1.2 厂商的目标

在微观经济学中,通常假定厂商的目标是追求最大的利润。这一基本假定是理性经济人的假定在生产理论中的具体化。但是,在现实经济生活中,厂商有时并不一定选择实现最大利润的决策。

在信息不完全的条件下，厂商对市场需求可能是不确定的，也有可能对产量变化所引起的生产成本的变化情况缺乏准确的了解，因此，厂商长期生存的经验做法也许就是实现销售收入最大化或市场销售份额最大化，以此取代利润最大化的决策。

资料链接

企业的本质

"企业本身的性质是什么？"在传统经济学家眼中，这是一个被忽视的问题。他们把厂商的生产过程看成一个"黑匣子"，即企业被抽象成一个由投入到产出的追求利润最大化的"黑匣子"。1937年，美国经济学家科斯发表了《企业的本质》一文，被认为是对这一问题进行探讨的开端。一部分西方经济学家主要是从科斯所强调的交易成本的角度来分析企业性质的。

何谓交易成本呢？如果把任何交易都看成是交易双方所达成的一项契约，那么交易成本就是围绕交易契约所产生的成本。根据科斯等人的观点，一类交易成本产生于签约时交易双方面临的偶然因素所带来的损失。这些偶然因素或者是由于事先不可能被预见到而未写进契约，或者虽然能被预见到，但由于因素太多而无法写进契约。另一类交易成本是签订契约，以及监督和执行契约所花费的成本。

而企业作为生产的一种组织形式，在一定程度上实际是对市场的一种替代。同一笔交易，既可以通过市场的组织形式来进行，也可以通过企业的组织形式来进行。一种情况是每一种生产都由一个单独的个人来完成的，那么这个人为完成生产就要和很多中间产品的供应商进行交易，同时，还要和自己的产品的需求者进行交易。在这种情况下，所有的交易都通过市场在很多个人之间进行。这时往往会产生较高的交易成本，这主要是由于信息的不完全性造成的。契约的任何一方都会努力去设法收集和获取自己所未掌握的信息，去监督对方的行为，并设法在事先约束和在事后惩罚对方的违约行为，等等。所有这些做法，都会产生交易成本。特别是在信息不对称的条件下，在市场交易过程中，以上这些做法所导致的交易成本往往是很高的。在另一种情况下，经济中所有的生产都在一个庞大的企业内部进行，如完整的汽车在这个企业内部被生产出来，不需要通过市场进行任何中间产品的交易。通过企业这一组织形式，可以使一部分市场交易内部化，从而消除或降低一部分市场交易所产生的高的交易成本。首先，厂商通过在企业内部自己生产一部分中间产品，就可以消除或降低一部分企业在寻找合适的供应商、签订合同及监督合同执行等方面所产生的交易成本。其次，如果某厂商所需要的是某一特殊类型的专门化设备，而供应商一般不会愿意在只有一个买主的产品上进行专有化的投资和生产，因为这种专有化投资的风险比较大。因此，需要该专门化设备的厂商就只能在企业内部解决设备的问题。最后，厂商雇佣一些具有专门技能的雇员，如专门的产品设计、成本管理和质量控制等人员，并与他们建立长期的契约关系。这种办法要比从其他厂商那里购买相应的服务更为有利,也消除或降低了相应的交易成本。

所以说,企业和市场的并存是由于它们各自有着不可替代的优势。谈过企业的优势,再来看看市场的优势,这主要体现在通过市场购买中间产品,由于大量的厂商一般都从少数几个供应商那里买货,这就有利于这几个供应商实现生产上的规模经济和降低成本。而且,中间产品供应者之间的市场竞争压力,也迫使供应商努力降低生产成本。此外,当少数几个供应商面对众多的中间产品的需求者时,这几个供应商可以避免由于销路有限而造成的需求不稳定所可能带来的损失,从而在总体上保持一个稳定的销售额。

值得注意的是尽管企业的内部交易会消除或降低一部分市场交易成本,但是,与此同时也带来了企业内部所特有的交易成本。导致企业这一缺陷的主要原因也同样在于信息的不完全性。企业内部同样存在着各种契约关系,其中包括企业与劳动者的契约关系、企业与管理者的契约关系等。企业要对其所雇佣的工人、产品推销员,直至经理等各类人员的工作进行监督,同时还要诱导他们为企业努力工作。所以,企业在签订契约以及监督和激励方面要花费成本。而且当企业规模扩大时,企业的隶属层次会不断增多,这就使得企业的信息在从下到上和从上到下的传递过程中出现信息的缺失甚至是扭曲,这些都将导致企业效率的损失。由此可见,企业的扩张是有限制的。根据科斯的理论,企业的规模应该扩张到这样一点,即在这一点上再多增加一次内部交易所花费的成本与通过市场进行交易所花费的成本相等。

5.2 生产函数

5.2.1 生产函数的概念

所谓生产就是将投入生产要素转变为产出的过程。而所谓的投入就是指企业生产过程中所使用的各种生产要素。在西方经济学中,生产要素一般被划分为劳动、土地、资本和企业家才能这4种类型。劳动是指人类在生产过程中提供的体力和智力的总和。土地不仅指土地本身,还包括地上和地下的一切自然资源,如森林、江河湖泊、海洋和矿藏等。资本可以表现为实物形态或货币形态。资本的实物形态又称为资本品或投资品,如厂房、机器设备、动力燃料、原材料等。资本的货币形态通常称为货币资本。企业家才能指企业家组织建立和经营管理企业的才能。而产出则是企业通过对生产要素的运用,向社会提供各种实物产品(如房屋、食品、机器、日用品等),以及各种无形产品即劳务(如理发、医疗、金融服务、旅游服务等)。这是企业获得收入的主要基础。

生产过程中生产要素的投入量和产品的产出量之间的关系,可以用生产函数来表示。生产函数表示在一定时期内,在既定的技术知识水平下,生产中所使用的各种生产要素投入的数量与所能生产的最大产量之间的关系。它可以用一个数量模型、图表或图形来表示。简单地说,就是一定技术条件下投入和产出之间的关系。任何生产函数都以一定时期内的生产技术水平作为前提条件,一旦生产技术水平发生变化,原有的生产函数就会发生变化,从而形成新的生产函数。新的生产函数可能是以相同的生产要素投入量生产出更多或更少的产量,也可能是以变化了的生产要素的投入量进行生产。

假定 $X_1, X_2, \cdots, X_n$ 顺次表示某产品生产过程中所使用的 n 种生产要素的投入数量，Q 表示所能生产的最大产量，则生产函数可以写成以下形式：

$$Q = f(X_1, X_2, \cdots, X_n) \tag{5-1}$$

该生产函数表示在一定时期内，在既定的生产技术水平下的生产要素组合（$X_1, X_2, \cdots, X_n$）所能生产的最大产量为 Q。

为了简化分析，我们会假定生产中只使用劳动和资本这两种生产要素。若以 L 表示劳动投入数量，以 K 表示资本投入数量，则生产函数写为：

$$Q = f(L, K) \tag{5-2}$$

生产函数表示生产中的投入量和产出量之间的依存关系，这种关系普遍存在于各种生产过程之中。它既可以用于描述某个企业或行业的生产特征，也可以作为总生产函数应用于整个经济生活。估算和研究生产函数，对于经济理论研究和生产实践都具有一定意义。这也是很多经济学家和统计学家对生产函数感兴趣的原因。

5.2.2 生产函数的种类

生产函数的种类有很多，下面介绍西方经济学文献中比较常见的生产函数的 3 种具体类型。

(1) 固定替代比例的生产函数（也被称为线性生产函数）

固定替代比例的生产函数表示在每一产量水平上任何两种生产要素之间的替代比例都是固定的。假定生产过程中只使用劳动和资本两种要素，则固定替代比例的生产函数的通常形式为：

$$Q = aL + bK \tag{5-3}$$

其中：Q 为产量，L 和 K 分别表示劳动和资本的投入量，常数 $a, b > 0$。可以看出该线性生产函数相对应的等产量曲线是一条直线。假定劳动和资本之间的固定替代比例为 2 : 1，则相应的等产量曲线如图 5-1 所示。

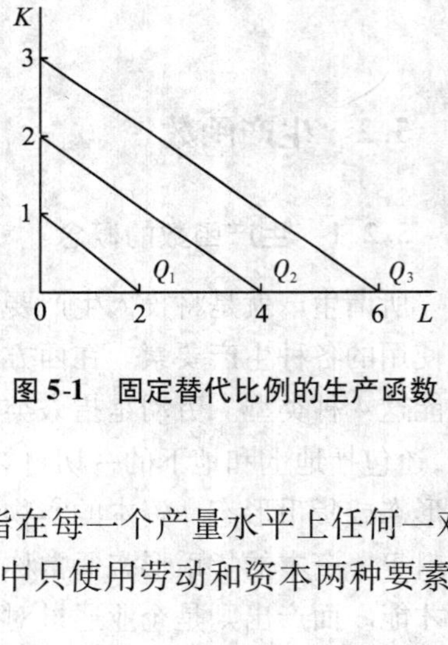

图 5-1 固定替代比例的生产函数

(2) 固定投入比例的生产函数

固定投入比例的生产函数又称为里昂惕夫生产函数，是指在每一个产量水平上任何一对要素投入量之间的比例都是固定的生产函数。假定生产过程中只使用劳动和资本两种要素，则固定投入比例生产函数的通常形式为：

$$Q = \min\left\{\frac{L}{u}, \frac{K}{v}\right\} \tag{5-4}$$

其中：Q 表示一种产品的产量，L 和 K 分别表示劳动和资本的投入量，u 和 v 分别表示固定的劳动和资本的生产技术系数，它们分别表示生产一单位产品所需要的固定的劳动投入量和资本投入量。该生产函数表示产量 Q 取决于两个比值 L/u 和 K/v 中较小的那一个，即使其中的一个比例数值较大，也不会提高产量。在这里，Q 的生产被假定为必须按照 L 和 K 之间的固定比例，当一种生产要素的数量不能变动时，另一种生产要素的数量再多，也不能增加产量。需要指出的是，在该生产函数中，一般通常假定生产要素投入量 L, K 都满足最小的要素投入组合

的要求,所以有:

$$Q=\frac{L}{u}=\frac{K}{v}\text{即}\frac{K}{L}=\frac{v}{u} \tag{5-5}$$

式(5-5)清楚地体现了该生产函数的固定投入比例的性质,在这里,它等于两种要素的固定的生产技术系数之比。对于一个固定投入比例生产函数来说,当产量发生变化时,各要素的投入量以相同的比例发生变化,所以,各要素的投入量之间的比例维持不变。关于固定投入比例生产函数的这一性质,可以用图 5-2 来加以说明。

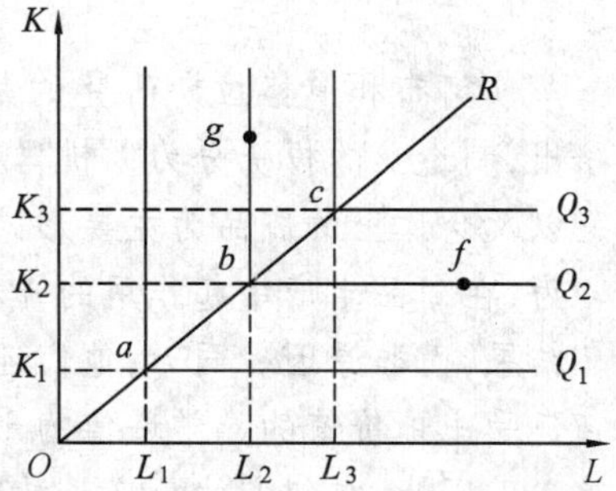

图 5-2　固定投入比例的生产函数

在图 5-2 中,横轴和纵轴分别表示劳动和资本的投入数量,各自以 a,b 和 c 为顶点的 3 条含有直角的实线,顺次表示生产既定的产量 Q_1,Q_2 和 Q_3 的各种要素组合。以生产 Q_2 的产量来说,b 点的要素组合(K_2,L_2)是生产产量 Q_2 的最小的要素投入量组合。以 b 点为顶点的两条直角边上的任何一点(不包括 b 点),都不是生产 Q_2 产量的最小的要素投入量组合,例如,g 点表示资本投入量过多,f 点表示劳动投入量过多。如果产量由 Q_2 增加为 Q_3,或由 Q_2 减少为 Q_1 时,则最小要素投入组合相应的会由 b 点移至 c 点,或由 b 点移至 a 点。此时,两要素投入量以相同的比例增减,两要素投入比例保持不变,即:

$$\frac{K_1}{L_1}=\frac{K_2}{L_2}=\frac{K_3}{L_3}=\frac{v}{u} \tag{5-6}$$

因此,从原点出发经过 a,b 和 c 点的射线 OR 表示了这一固定投入比例生产函数的所有产量水平的最小要素投入量的组合。

(3) 柯布—道格拉斯生产函数

柯布—道格拉斯生产函数最初是由美国数学家柯布和经济学家保罗 · 道格拉斯共同探讨投入和产出的关系时创造的一种经济数学模型。他们对生产函数的一般形式作出改进,引入了技术资源这一因素,用来预测国家和地区的工业系统或大企业的生产和分析发展生产的途径。柯布—道格拉斯函数是经济学中使用最广泛的一种生产函数形式,它在数理经济学与经济计量学的研究与应用中都具有重要的地位。

柯布—道格拉斯生产函数的公式如下:

$$Q=AL^{\alpha}K^{\beta} \tag{5-7}$$

其中:Q 代表产量,L 代表劳动投入量,K 代表资本投入量,A 为正常数,$0<\alpha,\beta<1$。

根据 α 和 β 的组合情况,它有 3 种类型:

① $\alpha+\beta>1$, 称为递增报酬型,表明按现有技术用扩大生产规模来增加产出是有利的。

② $\alpha+\beta<1$, 称为递减报酬型,表明按现有技术用扩大生产规模来增加产出是得不偿失的。

③ $\alpha+\beta=1$, 称为不变报酬型,表明生产效率并不会随着生产规模的扩大而提高,只有提高技术水平,才会提高经济效益。

柯布和道格拉斯根据美国 1899—1922 年的有关经济资料进行分析和估算,α 值约为 0.75,β 值约为 0.25。这说明,在此期间的总产量中,劳动所得的相对贡献为 75%,资本所得的相对贡献是25%。

资料链接

柯布和道格拉斯研究的是1899年至1922年美国制造业的生产函数。他们指出,制造业的投资分为以机器和建筑物为主要形式的固定资本投资和以原料、半成品以及仓库里的成品为主要形式的流动资本投资,同时还包括对土地的投资。他们认为,在商品生产中起作用的资本,是不包括流动资本的。因为,资本属于制造过程的结果,而非原因。同时,他们还排除了对土地的投资。这是因为,他们认为,这部分投资受土地价值的异常增值的影响较大。

因此,在他们的生产函数中,资本这一要素只包括对机器、工具、设备和工厂建筑的投资。而对劳动这一要素的度量,他们选用的是制造业的雇佣工人数。

但不幸的是,由于当时对这些生产要素的统计工作既不是每年连续的,也不是恰好按他们的分析需要来分类统计的。因而,他们不得不尽可能地利用其他数据来估计出他们打算使用的数据的数值。比如,用生铁、钢材、木材、焦炭、水泥、砖和铜等用于生产机器和建筑物的原料的数量变化来估计机器和建筑物的数量的变化;用美国一两个州的雇佣工人数的变化来代表整个美国的雇佣工人数的变化等。

经过一番处理,他们得到了1899年至1922年间产出量Q、资本C和劳动L的相对变化的数据(以1899年为基准)。令人佩服的是,在没有计算机的年代里,他们从这些数据中,得到了如下的生产函数公式:

$$Q=1.01L^{3/4}C^{1/4}$$

这一结果虽然与现代计算机统计软件的计算结果不同,但两者无本质上的差别。用严格的统计学术语来说,就是在5%的显著性水平上,不能拒绝这两者相同的原假设。

从这一结果出发,他们计算出资本的边际产出,即产出Q对资本C的导数,为$\frac{Q}{4C}$;劳动的边际产出,即产出Q对劳动L的导数,为$\frac{3Q}{4L}$。然后,将这些边际产出乘以相应的生产要素量,得到资本的总产出为$\frac{1}{4}Q$,劳动的总产出为$\frac{3}{4}Q$。

他们显然被自己的结论吓坏了。当然,吓坏他们的,决不是因为他们发现资本也能"创造"价值,而是因为他们发现产出的大部分,即$\frac{3}{4}$的产出都应归属于劳动。

继柯布和道格拉斯之后,其他西方经济学者也对所谓的生产函数进行了实证研究,如霍奇等。霍奇还根据其研究的结果,计算了所谓的最优生产要素配置。根据这一配置,要大大降低劳动要素的投入,增加资本要素的投入,好像无限扩大厂房面积,就能够大大增加产出似的。

5.3 短期生产函数

微观经济学的生产理论可以分为短期生产理论和长期生产理论。如何区分短期生产和长期生产呢？根据生产者在一定时期内是否能改变全部的生产要素投入，可以将生产时期划分为短期和长期。短期指生产者来不及调整全部生产要素的数量，至少有一种生产要素的数量是固定不变的时间周期。长期指生产者可以调整全部生产要素的数量的时间周期。相应地，在短期内，生产要素投入可以区分为不变投入和可变投入：生产者在短期内无法进行数量调整的那部分要素投入是不变要素投入，如机器设备、厂房等。生产者在短期内可以进行数量调整的那部分要素投入是可变要素投入，如劳动、原材料、燃料等。在长期中，生产者可以调整全部的要素投入。例如，生产者根据企业的经营状况，可以缩小或扩大生产规模，甚至还可以加入或退出一个行业的生产。由于在长期所有的要素投入量都是可变的，因而也就不存在可变要素投入和不变要素投入的区分。对于不同的产品生产，短期和长期的界限规定是不相同的。譬如，变动一个大型发电厂的规模可能需要3年的时间，而变动一个面包作坊的规模可能仅需要1个月的时间。即前者的短期和长期的划分界线为3年，而后者仅为1个月。

5.3.1 一种可变生产要素的生产函数

由生产函数出发，我们假定短期中资本投入量是固定的，用 K 表示，劳动投入量是可变的，用 L 表示，则生产函数可以写成：

$$Q = f(L,K) = f(L) \tag{5-8}$$

这就是通常采用的一种可变生产要素的生产函数的形式，它也被称为短期生产函数。

5.3.2 总产量、平均产量和边际产量

总产量(Total Product)是指厂商在一定时期内，在技术条件不变的情况下，在某种特定的生产规模下，以一定的投入(如劳动)所生产出来的，用实物单位衡量的产出总量，它的定义公式为：

$$TP = f(L,K) \tag{5-9}$$

短期内，随着可变要素投入的逐渐增加，总产量增加的幅度不同，最初以递增的增长率上升，然后以递减的增长率上升，当总产量达到最大值后，随着可变投入的增加，总产量下降。

平均产量(Average Product)指平均每一单位可变要素劳动的投入量所生产的产量，等于总产量与总投入的比值。假设短期内只有一个可变要素投入 L，则劳动的平均产量定义公式为：

$$AP_L = TP/L \tag{5-10}$$

短期内，随着劳动的不断增加，平均产量开始时增加，达到最大值以后，转而减少。

边际产量(Marginal Product)指技术条件和其他投入要素不变的情况下，增加一单位可变要素劳动投入量所增加的总产量。在短期内，如果在生产中只有劳动L是可变要素，则劳动的边际产量可以表示为：

$$MP_L = \frac{\Delta TP}{\Delta L} \text{或者} \quad MP_L = \frac{\Delta TP_L(L,K)}{\Delta L} = \frac{\mathrm{d}TP_L(L,K)}{\mathrm{d}L} \tag{5-11}$$

短期内,随着可变要素投入的逐渐增加,最初边际产量会递增,达到最大值后,开始减少。边际产量为负值,表示每增加一单位的投入,总产量没有增加反而减少。

根据以上定义公式,我们编制一张关于可变要素生产函数的总产量、平均产量和边际产量的表格,即表 5-1,表中 $TP_L = f(L,K) = f(L)$。

表 5-1　总产量、平均产量和边际产量

劳动投入量 L	劳动的总产量 TP_L	劳动的平均产量 AP_L	劳动的边际产量 MP_L
0	0	0	
1	3	3	3
2	8	4	5
3	12	4	4
4	15	3.75	3
5	17	3.4	2
6	17	2.8	0
7	16	2.3	−1
8	13	1.6	−3

根据上表可以绘制出产量曲线图 5-3。图中横轴表示基本要素劳动的投入量 L,纵轴表示产量 Q,TP_L,AP_L 和 MP_L 这 3 条曲线分别表示劳动的总产量曲线、平均产量曲线和边际产量曲线。这 3 条曲线均呈现先上升至最高点后再下降的趋势。

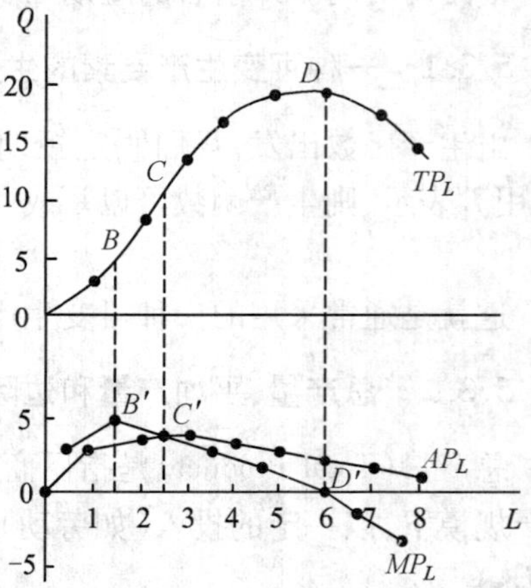

图 5-3　一种可变生产要素的生产函数的产量曲线

接下来我们利用图 5-3 从以下 3 个方面来分析总产量、平均产量和边际产量相互之间的关系。

第一,关于边际产量和总产量之间的关系。根据边际产量的定义公式:$MP_L = \frac{dTP_L(L,K)}{dL}$可以推知,过 TP_L 曲线任何一点的切线的斜率就是相应 MP_L 值。也就是说边际产量曲线是总产量曲线上任意一点切线的斜率值曲线。所以,在图中 MP_L 曲线和 TP_L 曲线之间存在着这样的对应关系:在劳动投入量小于 6 的时候,MP_L 均为正值,则相应的 TP_L 曲线的斜率为正,即 TP_L 曲线是上升的;在劳动投入量大于 6 的区域,MP_L 均为负值,则相应的 TP_L 曲线的斜率为负,即 TP_L 曲线是下降的。当劳动投入量恰好为 6 时,MP_L 为零值,则相应的 TP_L 曲线的斜率为零,即 TP_L 曲线达极大值点。也就是说,MP_L 曲线的零值点 D' 和 TP_L 曲线的最大值点 D 是相互对应的。以上这种关系可以简单地表述为:只要边际产量是正的,总产量总是增加的;只要边际产量是负的,总产量总是减少的;当边际产量为零时,总产量达最大值点。进一步地,边际产量 MP_L 曲线先上升,在 B' 点达到最大值,然后再下降,所以,相应的总产量 TP_L 曲线的斜率先是递增的,在 B 点为拐点,然后再是递减的。也就是说,MP_L 曲线的最大值点 B' 和 TP_L 曲线的拐点 B 是相互对应的。

第二,关于平均产量和总产量之间的关系。根据平均产量的定义公式 $AP_L = TP_L/L$ 可以推知,连接 TP_L 曲线上任何一点和坐标原点的线段的斜率,就是相应的 AP_L 值。表现在图中,

当 AP_L 曲线在 C' 点达最大值时，TP_L 曲线必然有一条从原点出发的最陡的切线，其切点为 C 点。

第三，关于边际产量和平均产量之间的关系。在图中，我们可以看到 MP_L 曲线和 AP_L 曲线之间存在着这样的关系：两条曲线相交于 AP_L 曲线的最高点 C'。在 C' 点以前，MP_L 曲线高于 AP_L 曲线，MP_L 曲线将 AP_L 曲线拉上；在 C' 点以后，MP_L 曲线低于 AP_L 曲线，MP_L 曲线将 AP_L 曲线拉下。不管是上升还是下降，MP_L 曲线的变动都快于 AP_L 曲线的变动。就平均产量 AP_L 和边际产量 MP_L 来说，当 $MP_L > AP_L$ 时，AP_L 曲线是上升的；当 $MP_L < AP_L$ 时，AP_L 曲线是下降的；当 $MP_L = AP_L$ 时，AP_L 曲线达极大值。又由于边际报酬递减规律作用下的 MP_L 曲线是先升后降的，所以，当 MP_L 曲线和 AP_L 曲线相交时，AP_L 曲线必达最大值。此外，由于在可变要素劳动投入量的变化过程中，边际产量的变动相对平均产量的变动而言要更敏感一些，所以，不管是增加还是减少，边际产量的变动都快于平均产量的变动。

5.3.3 边际报酬递减规律

对一种可变生产要素的生产函数来说，边际产量表现出先上升而最终下降的特征，这一特征被称为边际报酬递减规律，也被称为边际产量递减规律或边际收益递减规律。

西方经济学家指出，在生产中普遍存在这样一种现象：在技术水平不变的条件下，在连续等量地把某一种可变生产要素增加到其他一种或几种数量不变的生产要素上去的过程中，当这种可变生产要素的投入量小于某一特定值时，增加该要素投入所带来的边际产量是递增的；当这种可变要素的投入量连续增加并超过这个特定值时，增加该要素投入所带来的边际产量是递减的。这就是边际报酬递减规律，是短期生产的一条基本规律。例如，对于 10 公顷麦田来说，在技术水平和其他投入不变的前提下，如果只使用一公斤化肥，这一公斤化肥所带来的总产量的增加量即边际产量是微乎其微的。但随着化肥使用量的增加，其边际产量会逐步提高，直至达到最佳的效果即最大的边际产量。但必须看到，在超过化肥的最佳使用量后，还继续增加化肥使用量，就会对小麦生长带来不利影响，边际产量就会下降。过多的化肥甚至会烧坏庄稼，导致负的边际产量。

从理论上讲，边际报酬递减规律成立的原因在于：对于任何产品的短期生产来说，可变要素投入和固定要素投入之间都存在着一个最佳的数量组合比例。在开始时，由于不变要素投入量给定，而可变要素投入量为零，因此，生产要素的投入量远远没有达到最佳的组合比例。随着可变要素投入量的逐渐增加，生产要素的投入量逐步接近最佳的组合比例，相应的可变要素的边际产量呈现出递增的趋势。一旦生产要素的投入量达到最佳的组合比例时，可变要素的边际产量就达到最大值。在这一点之后，随着可变要素投入量的继续增加，生产要素的投入量越来越偏离最佳的组合比例，相应的可变要素的边际产量便呈现出递减的趋势了。边际报酬递减规律强调的是：在任何一种产品的短期生产中，随着一种可变要素投入量的增加，边际产量最终必然会呈现出递减的特征。或者说，该规律提醒人们要看到在边际产量递增阶段后必然会出现的边际产量递减阶段。

5.3.4 短期生产的 3 个阶段

根据短期生产的总产量曲线、平均产量曲线和边际产量曲线之间的关系将短期生产划分为 3 个阶段，如图 5-4 所示。

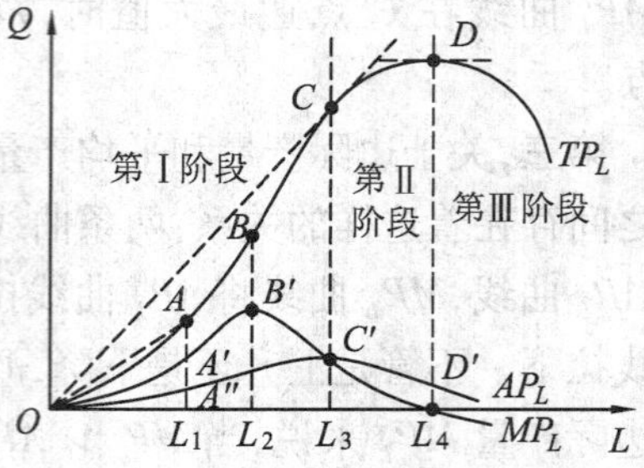

图 5-4 短期生产的 3 个阶段

在第Ⅰ阶段,产量曲线的特征为:劳动的平均产量始终是上升的,且达到最大值;劳动的边际产量上升达最大值,然后开始下降,且劳动的边际产量始终大于劳动的平均产量;劳动的总产量始终是增加的。这说明:在这一阶段,不变要素资本的投入量相对过多,生产者增加可变要素劳动的投入量是有利的。或者说,生产者只要增加可变要素劳动的投入量,就可以较大幅度地增加总产量。因此,任何理性的生产者都不会在这一阶段停止生产,而是连续增加可变要素劳动的投入量,以增加总产量,并将生产扩大到第Ⅱ阶段。

在第Ⅲ阶段,产量曲线的特征为:劳动的平均产量继续下降,劳动的边际产量降为负值,劳动的总产量也呈现下降趋势。这说明:在这一阶段,可变要素劳动的投入量相对过多,生产者减少可变要素劳动的投入量是有利的。因此,这时即使劳动要素是免费供给的,理性的生产者也不会增加劳动投入量,而是通过减少劳动投入量来增加总产量,以摆脱劳动的边际产量为负值和总产量下降的局面,并退回到第Ⅱ阶段。

由此可见,任何理性的生产者既不会将生产停留在第Ⅰ阶段,也不会将生产扩张到第Ⅲ阶段,所以生产只能在第Ⅱ阶段进行。在生产的第Ⅱ阶段,生产者可以得到由第Ⅰ阶段增加可变要素投入所带来的全部好处,又可以避免将可变要素投入增加到第Ⅲ阶段而带来的不利影响。因此,第Ⅱ阶段是生产者进行短期生产的决策区间。在第Ⅱ阶段的起点处,劳动的平均产量曲线和劳动的边际产量曲线相交,即劳动的平均产量达最高点。在第Ⅱ阶段的终点处,劳动的边际产量曲线与水平轴相交,即劳动的边际产量等于零。至于在生产的第Ⅱ阶段,生产者所应选择的利润最大化的最佳投入数量究竟在哪一点,这一问题还有待于以后结合成本、收益和利润进行深入的分析。

5.4 长期生产函数

上节介绍了只有一个可变要素时的生产函数,本节将介绍使用两种可变投入要素并且两种要素存在替代关系时的情况,也就是长期生产理论。

5.4.1 两种可变生产要素的生产函数

在长期内,所有的生产要素的投入量都是可变的,多种可变生产要素的长期生产函数可以写为:

$$Q=f(X_1,\ X_2,\cdots,X_n)$$

其中:Q 为产量;$X_i(i=1,2,\cdots,n)$为第 n 种可变生产要素的投入数量。该生产函数表示:长期内在技术水平不变的条件下,由 n 种可变生产要素投入量的一定组合所能生产的最大产量。

在生产理论中,为了简化分析,假定生产者使用劳动和资本两种可变生产要素来生产一种产品,其他生产要素的数量均保持不变,总产量也保持不变,则两种可变生产要素的长期生产函数可以写为:

$$Q=f(L,\ K)$$

其中:L 为可变要素劳动的投入量;K 为可变要素资本的投入数量;Q 为产量。

5.4.2 等产量曲线

在长期生产函数中,K 和 L 两种生产要素具有一定程度的互相替代关系,即增加对 K 的使用量同时减少 L 的使用量,可以使总产量不变。下面我们以表 5-2 加以说明。

表 5-2 劳动和资本组合表

组合	*A*	*B*	*C*	*D*	*E*	*F*	*G*	*H*
劳动	2	1	2	3	4	5	6	7
资本	11	8	5	3	2.3	1.8	1.6	1.8

表中我们可以看出,在总产量不变的前提下,劳动和资本可以有各种不同的组合,根据这些组合,做出相应的图形,如图 5-5。

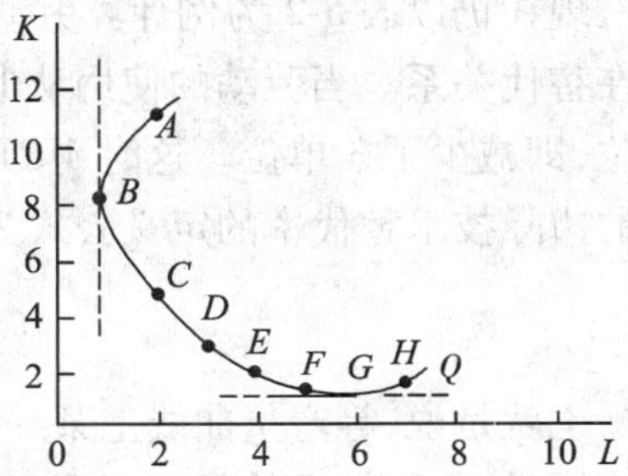

图 5-5 等产量曲线图

图 5-5 中的曲线即为等产量曲线,等产量曲线是在技术水平不变的条件下生产同一产量的两种生产要素投入量的所有不同组合的轨迹。以常数 Q_0 表示既定的产量水平,则与等产量曲线相对应的生产函数为:

$$Q = f(L, K) = Q_0$$

生产理论中的等产量曲线和效用理论中的无差异曲线很相似,其基本特征也很近似。等产量线的特征为:

(1) 等产量曲线向右下方倾斜,斜率为负。因为实现同样产量,增加一种要素的同时必须减少另一种要素。

(2) 由于边际收益递减规律的作用,等产量曲线凸向原点。

(3) 同一平面上有无数条等产量曲线,离原点越近的等产量曲线代表的产量水平越低,离原点越远的等产量曲线代表的产量水平越高。

(4) 同一平面坐标上的任意两条等产量曲线不会相交。

等产量曲线的求法和原理与无差异曲线的求法和原理相类似。无差异曲线反映的是消费者的同等效用,而等产量曲线则是反映生产者的同等产量。假如以横坐标代表劳动,纵坐标代表资本,由于边际收益递减规律的作用,随着劳动投入数量的增加,其产出以递减的幅度增加;随着资本投入数量的增加,其产出量也以递减的幅度增加。再假设劳动和资本都是无限可分的,那么,在同一个坐标上同时表示两者的组合,就形成了一个立体球面,如图 5-6 所示。

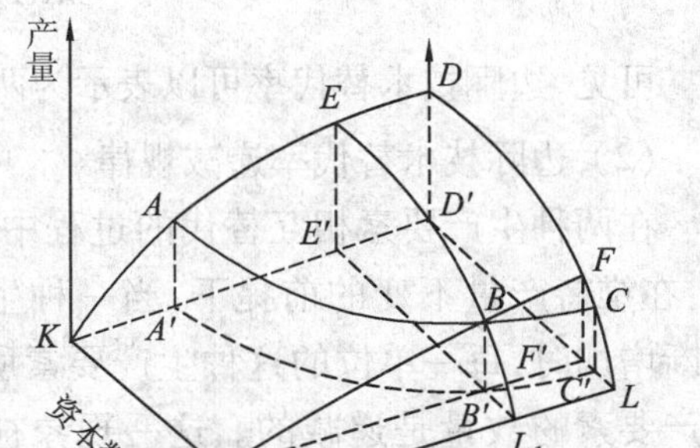

图 5-6 生产函数的产量曲面和等产量曲线

从上图中可看出,表示产量的生产球面为 $KOLD$。在这个球面上,假如资本固定在 K_1,只有劳动一个可变投入,那么表示劳动的总产出曲线是垂直剖开线 K_1F。假如劳动固定在 L_1,只有资本一个可变投入,那么表示资本的总产出曲线就是垂直剖开线 L_1E。如果在球面体上与底平面 $KOLD'$ 按 AA' 的高度平行剖开,即可获得 ABC 等高线。这个等高

线的垂直投影 $A'B'C'$,就是劳动和资本各种不同数量的可能组合线,即和图 5-5 形状相同的等产量曲线。

5.4.3 边际技术替代率

(1) 边际技术替代率

边际技术替代率是与等产量曲线相联系的一个概念(Marginal Rate of Technical Substitution, MRTS),是指在维持产量水平不变的条件下,增加一单位某种生产要素投入量时所减少的另一种要素的投入数量。劳动对资本的边际技术替代率的定义公式为:

$$MRTS_{L,K} = -\frac{\Delta K}{\Delta L}$$

其中,ΔK 和 ΔL 分别为资本投入量的变化量和劳动投入量的变化量。公式中加负号是为了使 $MRTS$ 值在一般情况下为正值,便于比较。

现在仍以表 5-2 为例计算劳动对资本的边际替代率:从该表中可以看出,劳动和资本之间存在替代关系。当劳动的使用从 1 单位增加到 2 单位时,资本的使用从原来的 8 单位减少到 5 单位,即减少了 3 单位。这时 $MRTS_{L,K}=3$。如果劳动的变动量为无穷小时,即 $\Delta L\to 0$ 时,则相应的边际技术替代率的定义公式为:

$$MRTS_{L,K} = \lim_{\Delta L\to 0} -\frac{\Delta K}{\Delta L} \tag{5-12}$$

也就是说,等产量曲线上某一点的边际技术替代率就是等产量曲线在该点斜率的绝对值。

同时,边际技术替代率还可以表示为两要素的边际产量之比。这是因为,边际技术替代率的概念是建立在等产量曲线的基础上的,所以,对于任意一条给定的等产量曲线来说,当用劳动投入去替代资本投入时,在维持产量水平不变的前提下,由增加劳动投入量所带来的总产量的增加量和由减少资本量所带来的总产量的减少量必定是相等的,即必有:

$$\Delta L \cdot MP_L = \Delta K \cdot MP_K$$

整理得:

$$-\frac{\Delta K}{\Delta L} = \frac{MP_L}{MP_K}$$

由边际技术替代率的定义公式(5-12)得:

$$MRTS_{L,K} = -\frac{\Delta K}{\Delta L} = \frac{MP_L}{MP_K} \tag{5-13}$$

可见,边际技术替代率可以表示为两要素的边际产量之比。

(2) 边际技术替代率递减规律

在两种生产要素相互替代的过程中,普遍存在如下现象:在维持产量不变的前提下,当一种生产要素的投入量不断增加时,每一单位的这种生产要素所能替代的另一种生产要素的数量是递减的。这一现象被称为边际技术替代率递减规律。以图 5-7 为例,在两要素的投入组合沿着既定的等产量曲线 Q_0 由 a 点顺次运动到 b,c 和 d 点的过程中,劳动投入量等量地由 L_1 增加到 L_2,再增加到 L_3 和

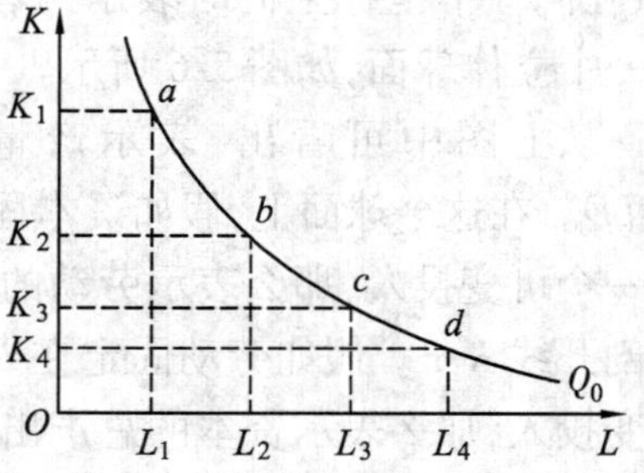

图 5-7 边际技术替代率递减

L_4,即有 $OL_2 - OL_1 = OL_3 - OL_2 = OL_4 - OL_3$,而相应的资本投入量的减少量为 $OK_1 - OK_2 > OK_2 - OK_3 > OK_3 - OK_4$。这表示:在产量不变的条件下,在劳动投入量不断增加和资本投入量不断减少的替代过程中,边际技术替代率是递减的。

边际技术替代率递减的主要原因在于:任何一种产品的生产技术都要求各要素投入之间有适当的比例,这意味着要素之间的替代是有限制的。简单地说,以劳动和资本两种要素投入为例,在劳动投入量很少和资本投入量很多的情况下,减少一些资本投入量可以很容易地通过增加劳动投入量来弥补,以维持原有的产量水平,即劳动对资本的替代是很容易的。但是,在劳动投入增加到相当多的数量和资本投入量减少到相当少的数量的情况下,再用劳动去替代资本就将是很困难的了。

前面提到,等产量曲线一般具有凸向原点的特征,这是由边际技术替代率递减规律所决定的。因为,由边际技术替代率的定义式(5-12)可知,等产量曲线上某一点的边际技术替代率就是等产量曲线在该点的斜率的绝对值,又由于边际技术替代率是递减的,所以,等产量曲线的斜率的绝对值是递减的,即等产量曲线是凸向原点的。

5.4.4 等成本线

假如已知两种生产要素的价格和生产者购买两种要素的支出,就可以求出购买这两种要素的成本。生产论中的等成本线是一个和效用论中的预算线非常相似的分析工具。等成本线是在既定的成本和既定生产要素价格条件下生产者可以购买到的两种生产要素的各种不同数量组合的轨迹。假定要素市场上既定的劳动的价格即工资率为 w,既定的资本的价格即利息率为 r,厂商既定的成本支出为 C,则成本方程为:

$$C = wL + rK$$

由成本方程可得:

$$K = \frac{w}{r}L + \frac{C}{r} \tag{5-14}$$

根据式(5-14)可以得到等成本线,如图 5-8 所示。由于成本方程式是线性的,所以等成本线必定是一条直线。图中横轴上的点$\frac{C}{w}$表示既定的全部成本都购买劳动时的数量,纵轴上的点$\frac{C}{r}$表示既定的全部成本都购买资本时的数量,连接这两点的线段就是等成本线。它表示既定的全部成本所能购买到劳动和资本的各种组合。根据式(5-14),等成本线的纵截距为$\frac{C}{r}$,等成本线的斜率为$-\frac{w}{r}$,即为两种生产要素价格之比的负值。

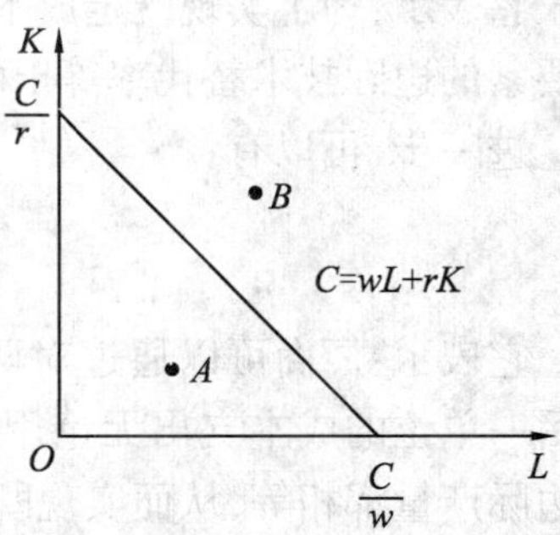

图 5-8 等成本线

在图 5-8 中,等成本线以内区域中的任何一点,如 A 点,表示既定的全部成本都用来购买该点的劳动和资本的组合以后还有剩余。等成本线以外的区域中的任何一点,如 B 点,表示用既定的全部成本购买该点的劳动和资本的组合是不够的。唯有等成本线上的任何一点,才表示用既定的全部成本能刚好购买到的劳动和资本的组合。

5.4.5 生产者均衡

在长期,所有的生产要素的投入数量都是可变动的,任何一个理性的生产者都会选择最优的生产要素组合进行生产。本节将结合等产量曲线和等成本线,研究生产者是如何选择最优的生产要素组合,从而实现既定成本条件下的最大产量,或者实现既定产量条件下的最小成本,即为生产者均衡。所谓"生产者均衡",是指生产者使用一定的经费而获得最大的产量。生产者均衡和消费者均衡类似,只不过消费者均衡是指用有限的收入获得最大的效用。

(1) 关于既定成本条件下的产量最大化

如图 5-9 中,I_1,I_2 和 I_3 分别代表 3 条产量不同的等产量曲线,K_1L_1 代表生产者在一定成本下的等成本线。显然,由于成本的限制,生产者不可能达到 I_3 的产量水平。假如在 A 或 B 点组合进行生产,可以达到 I_1 的产量水平。但是,这种组合并没有使产量最大化。沿着等成本线从 A 点朝 E 点靠近,或从 B 点朝 E 点靠近,都可以在同样经费支出情况下获得更多产量,越靠近 E 点,产出量越大,到达 E 点,产量最大。E 点为等产量曲线和等成本线相切的一点。这一点就是生产者均衡点。

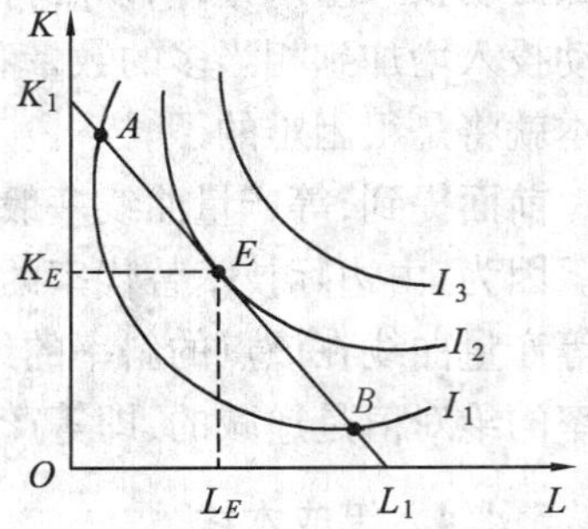

图 5-9 既定成本条件下产量最大化的要素组合

由于边际技术替代率反映了两要素在生产中的替代比率,要素的价格比例反映了两要素在购买中的替代比率,所以,只要两者不相等,厂商总可以在总成本不变的条件下通过对要素组合的重新选择,使总产量得到增加。只有在两要素的边际技术替代率和两要素的价格比例相等时,生产者才能实现生产的均衡。在图中则是唯一的等成本线 K_1L_1 和等产量曲线 I_2 的相切点 E 才是厂商的生产均衡点。于是,在生产均衡点 E 有:

$$MRTS_{L,K} = \frac{w}{r}$$

它表示:为了实现既定成本条件下的最大产量,厂商必须选择最优的生产要素组合,使得两要素的边际技术替代率等于两要素的价格比例。这就是两种要素的最优组合原则。

进一步,可以有:

$$\frac{MP_L}{w} = \frac{MP_K}{r}$$

它表示:厂商可以通过对两要素投入量的不断调整,使得最后一单位的成本支出无论用来购买哪一种生产要素所获得的边际产量都相等,从而实现既定成本条件下的最大产量值。

(2) 关于既定产量条件下的成本最小化

生产者均衡除了从生产者使用一定的经费而获得最大的产量的角度分析,还可以从另一个角度来考察,即生产者在一定的产量中寻求最小的投入成本。如图 5-10。

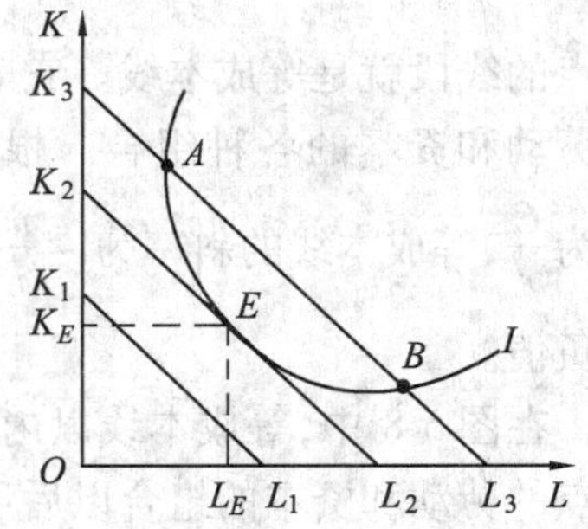

图 5-10 既定产量条件下成本最小的要素组合

图 5-10 表示,在既定的劳动和资本价格水平下,等产量曲线 I 可以根据 3 条等成本线进行选择。要达到 I 所代表的生产量水平,选择哪一种投入组合才能使成本最小? 显然,生产者

只能选择成本线 K_2L_2。任何低于 K_2L_2 的等成本线如 K_1L_1，是不可能使生产达到 I 所代表的产量水平的。任何高于 K_2L_2 的等成本线都是不足取的，因为不符合成本最小化原则。假如生产者开始误选了 K_3L_3 等成本线，寻找出 A 点和 B 点两个组合点，他将很快发现应当沿着等产量曲线 I 向下或向上移动，一直到 E 点。E 点是最佳投入要素组合点，即生产者均衡点。

（3）扩展线

假如生产者的成本增加，他想扩大可变投入要素以增加生产量时，则需考虑如何选择新的组合以达到最大可能的生产量。这就是生产扩展的概念。在生产要素价格、生产技术和其他条件不变时，如果企业改变成本，等成本线就会发生平移；如果企业改变产量，等产量线就会发生平移。这些不同的等产量曲线与不同的等成本线相切，形成一系列不同的生产均衡点，这些生产均衡点的轨迹就是“生产扩展线”。

假定劳动和资本的价格不变，生产扩展线的情况如图 5-11 所示。图中有 3 条等产量曲线。当产量在 I_1 水平时，生产者均衡点为 E_1，这是等成本线 K_1L_1 与 I_1 的切点，该点劳动对资本的边际技术替代率等于成本线的斜率，即$\dfrac{MP_L}{MP_K}=\dfrac{w}{r}$。

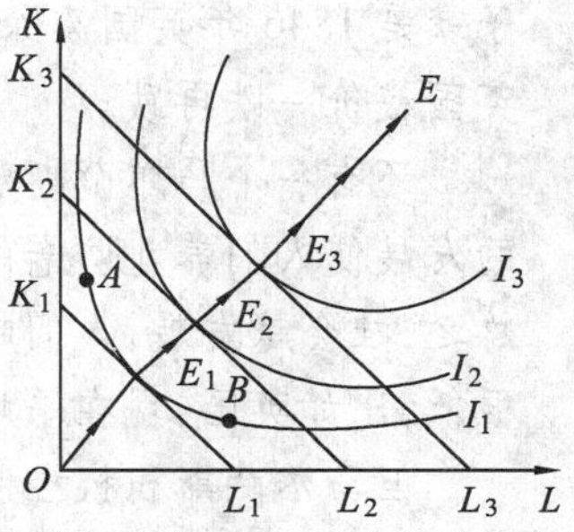

图 5-11 扩展线

在 A 点，资本使用过多，劳动使用过少，应当减少资本的投入量而增加劳动的投入量。在 B 点，劳动使用过多，资本使用过少，应当减少劳动的投入量而增加资本的投入量。当产量在 I_2 水平时，生产者均衡点为 E_2，这是等成本线 K_2L_2 与 I_2 的切点，该点的劳动对资本的边际技术替代率等于等成本线 K_2L_2 的斜率，和 E_1 点时相同。根据上述同样的道理，当产量扩大到 I_3 时，可以找出新生产者均衡点 E_3。以此类推，可以找出无数这样的均衡点。把所有的点连接起来形成的曲线，就是生产扩展线，即图中 OE 曲线。

案例评析

早在 1771 年英国农学家 A·杨格就用在若干相同的地块上施以不同量肥料的实验，证明了肥料施用量与产量增加之间存在着边际产量递减的关系。这不是偶然的现象而是经验性规律。假如农民在一亩土地上撒一把化肥能增加产量 1 公斤，撒两把化肥可增产 3 公斤，但超过一定数量后，化肥的增产效果会越来越差，过量的施肥量甚至会导致土壤板结、粮食减产。边际产量递减规律是从社会生产实践和科学实验中总结出来的，在绝大多数实际生产过程中都是适用的。如果边际产量可递增到有一亩土地就能养活全世界所有的人，那才是不可思议的了。

拓展阅读

粮食问题在全球蔓延：拉美各地发生粮食骚乱，非洲出现饥荒迹象，亚洲各国开始控制粮食出口，连欧美民众都开始感到粮价的负担……随着这些消息在媒体中频频出现，一个幽灵一样的名字重新浮现：马尔萨斯。马尔萨斯的人口论认为由于人口以几何级数增长而粮食以代数基数增长，为了避免饥荒、战争和瘟疫，解决人口和粮食之间的矛盾势在必行，人类必须积极节育。

但马尔萨斯的理论没能预见到技术革命对粮食增产的作用。其中，最经典的例子就是二战之后的"绿色革命"。1961 年，印度已经滑到了饥荒边缘，但是，在绿色革命中研发的一种大米品种让大米产量提高了 10 倍，印度不但从饥荒边缘转了回来，而且一口气又生了 7 亿人。

马尔萨斯也没有预见到贸易全球化对于抑制粮价的作用：具有自然和经济优势的国家低成本产粮，然后运到种粮成本高的地方，从而缓解供求矛盾。一个经典的例子就是 1846 年英国废除限制粮食进口的《谷物法》，后果就是接下来的半个世纪里，英国粮价一跌再跌。

还有一个马尔萨斯没有预见到的趋势，就是人类自发的避孕意愿——福利制度的发展使人们养儿防老的观念逐步淡化，女性的解放让很多女性选择晚婚晚育……总之，社会越发展，人们越不愿生孩子了。对此最好的说明就是发达国家的生育率都很低，比如英国，现在平均一个家庭只生 1.6 个孩子，而且还在下降之中。

但马尔萨斯积极控制生育的理念还是有积极意义的。据说到 21 世纪中叶，世界人口会突破 90 亿，谁能保证不需要新的绿色革命就可以养活这么多人口？就算可以实现技术突破，谁又能保证它会及时到来？联合国秘书长潘基文指出，到 2030 年，世界粮食产量必须增长 50% 才能避免饥荒。很多人已经论证，新的绿色革命会比上一次要难得多：石油紧缺使化肥成本急剧上升，水资源短缺使灌溉革新更加困难……就算"第二次绿色革命"及时出现，粮食供给总量够了，在全球贫富不均的情况下，谁又能保证这些供给会转化为穷国可以消费的"有效供给"？

拿"神奇"的贸易来说，贸易可以让福利全球化，但也可以让危机全球化。正是贸易分工使一些国家形成粮食进口依赖（大多数发展中国家都是粮食进口国），但一旦粮价上涨，这种依赖就可以变成饥荒——粮食的生产周期和土地的营养积累导致粮食不像其他商品，可以随着瞬息万变的价格信号而迅速调整。

再拿生育率的自然下降来说，事实上这里有一个死循环：越是穷国越难降低生育率，于是越陷于贫穷。一个经济学家曾经得出过一个触目惊心的结论：跟西汉比，1950 年的中国人均 GDP 几乎没有增长，为什么？一个重要原因就是在没有技术革命的情形下，几乎所有的经济增长都被人口增长抵消了。

复习思考

1. 什么是生产函数？
2. 什么是边际收益递减规律？
3. 用图形说明总产量、平均产量和边际产量三者之间的关系。

4. 什么是等产量曲线？等产量曲线和无差异曲线有何异同？
5. 用图形分析生产者进行短期生产的决策期间。
6. 用图说明厂商在既定成本条件下如何实现最大产量的最优要素组合。
7. 用图说明厂商在既定产量条件下如何实现最小成本的最优要素组合。

6 成本理论

经济问题

父母养育子女的成本,你们计算过吗?

养育一个孩子,父母要付出多少?相信很多同学并没有真正计算过。事实上,父母们养育一个孩子付出的成本,不仅仅指养育孩子而用于食物、衣服、医疗保健、娱乐、教育等方面的费用(经济学上称为会计成本),还包括父母为了养育孩子失去的机会,这个机会可能是赚钱的机会、事业发展的机会、外出旅游的机会甚至是休息的机会(经济学上称为机会成本)。如果将所有的这些全部计算在一起的话,养育一个孩子的成本是惊人的。正因为如此,通常影视明星们会选择较晚生育孩子,还有一些处于事业成长期,在城市里打拼事业的年轻夫妇,即使政策允许,也选择只生一个,甚至成为丁克家庭,机会成本的计算或许是其中一个重要原因。

当然父母们并不会计较因为生养子女而付出的一切,但是子女确实应该知道父母的养育是难以用金钱去衡量的。这些看似与经济无关的现象其实都蕴涵着经济的内涵。

在经济学中,成本(Cost)是一个非常重要的概念,它是厂商生产经营决策的核心。厂商的生产成本通常被看成是厂商对所购买的生产要素的货币支出。厂商关心成本,一方面由于成本直接决定着厂商的利润,另一方面,厂商要基于成本与收益的核算,进行生产经营的决策。其实不仅仅是厂商,包括政府投资、个人选择等在内的许多决策行为都与成本有着密切的关系。所以成本理论是微观经济学重要的基础理论之一。然而,在经济学的分析中,仅从这样的角度来理解成本概念是不够的。为此,我们要像经济学家那样思考成本问题,如上文已提及的会计成本、机会成本等。

6.1 成本与成本函数

6.1.1 显性成本和隐性成本

厂商的生产成本按是否在会计账目上得到全面反映,可以分为显性成本和隐性成本。

(1) 显性成本

厂商生产的显性成本(Explicit Cost),即会计成本(Accounting Cost),是指厂商在生产要素市场上购买或租用他人所拥有的生产要素的实际支出。例如,某厂商雇佣了一定数量的工人,从银行取得了一定数量的贷款,并租用了一定数量的土地,为此,这个厂商就需要向工人支付工资,向银行支付利息,向土地出租者支付地租,这些支出便构成了该厂商生产的显性成本。从机会成本的角度讲,这笔支出的总价格必须等于这些生产要素的所有者将相同的生产要素使用在其他用途时所能得到的最高收入,否则这个厂商就不能购买或租用到这些生产要素,并保持对它们的使用权。

(2) 隐性成本

厂商生产的隐性成本(Implicit Cost)是指厂商自身所拥有的且被用于该厂商生产过程的那些生产要素的总价格。例如,为了进行生产,一个厂商除了雇佣一定数量的工人、从银行取得一定数量的贷款和租用一定数量的土地之外(这些均属于显性成本),还动用了自己的资金和土地,并亲自管理企业。经济学家指出,既然借用了他人的资本需付利息,租用了他人的土地需付地租,聘用他人来管理企业需付薪金,那么,同样道理,在这个例子中,当厂商使用了自有生产要素时,也应该得到报酬。所不同的是,现在厂商是向自己支付利息、地租和薪金。所以,这笔价值就应该计入成本之中。由于这笔支出不如显性成本那么明显,故被称为隐性成本。隐性成本也必须从机会成本的角度按照企业自有生产要素在其他用途中所能得到的最高收入来支付,否则,厂商会把自有生产要素转移到能够获得更高报酬的用途上去。

6.1.2 机会成本

经济学家认为,经济学是研究一个经济社会如何对稀缺的经济资源进行合理配置的问题。从经济资源的稀缺性这一前提出发,当一个社会或一个厂商用一定的经济资源生产一定数量的一种或者几种产品时,这些经济资源就不能同时被使用在其他的生产用途方面。这就是说,这个社会或这个厂商所获得的一定数量的产品收入,是以放弃用同样的经济资源来生产其他产品时所能获得的收入作为代价的。由此,便产生了机会成本的概念。机会成本(Opportunity Cost)是一定量资源用于某个领域(即某种用途)时,放弃的将它用于其他领域(或用途)可能带来的最大收益。例如,当一个厂商决定利用自己所拥有的经济资源生产一辆汽车时,这就意味着该厂商不可能再利用该经济资源来生产 200 辆自行车。于是,可以说,生产一辆汽车的机会成本是所放弃生产的 200 辆自行车。如果用货币数量来代替对实物商品数量的表述,假定 200 辆自行车的价值为 10 万元,则可以说,一辆汽车的机会成本是价值为 10 万元的其他商品。

在经济学中,厂商的生产成本应该从机会成本的角度来理解。理解机会成本的概念需要注意以下 3 点:第一,机会成本不同于实际发生的成本,它不是实际支付的成本或费用,而是一种观念成本。当做出某项选择时,就必须放弃另外的选择,损失的仅仅是一种可能性。第二,机会成本也可以是其他人选择所引起的。第三,机会成本是所放弃的选择中最好的一种。所以,当厂商在面临多项决策时,仍要选择机会成本低的项目。

6.1.3 社会成本与私人成本

社会成本(Social Cost)是整个社会为某项经济活动所支付的代价。私人成本(Private

Cost)是个别厂商使用生产要素时所支付的代价。两者之间的关系是:社会成本等于私人成本加上外部成本。许多情况下,社会成本不等于私人成本。例如,化工厂的生产过程中,私人成本就是化工厂支付给所雇佣生产要素的报酬,但是排污造成的空气污染、河水污染引起附近居民的损失却不包括在私人成本中。此时,社会成本大于私人成本,多出的部分就是外部成本。一般情况下,外部成本大于零而市场机制又无法解决时,政府会通过行政、法律等手段加以解决,尽量使社会成本等于私人成本。

6.1.4 沉没成本

沉没成本(Sunk Cost)是已经发生而无法收回,或不因生产决策的改变而有所改变的成本,它主要是与产量无关的厂房、设备等成本,即无法利用的固定成本。在财务分析中,沉没成本采用会计成本方法,在经济分析中则使用机会成本方法。如过去购进的闲置设备,要根据其使用机会计算沉没成本。如果是别无他用的专用设备,或者是经济寿命终结的过时设备,购置成本就是沉没成本;如果这些设备还能以某一价格转让出去,沉没成本仅是购置成本的折价。

6.1.5 利润

企业的所有显性成本与隐性成本之和构成总成本。企业的经济利润指企业的总收益和总成本之间的差额,简称企业的利润(Profit)。企业所追求的最大利润,指的就是最大的经济利润。经济利润(Economic Profit)也被称为超额利润(Excess Profit)。

在经济学中,还需区别经济利润和正常利润(Normal Profits)。业主投入自有资源的机会成本是隐性成本的主要部分。如果企业主通过经营活动将这笔成本收回了,他也有理由将它看做正常利润。之所以说是正常利润,是因为这笔报酬是他以其他方式也照样可以得到的。如果他得不到这份回报,他就不会将自有要素投入到该项生产中,因此,通过投入自有要素产生的报酬,对业主——要素的所有者来说,表现为利润——正常利润;而对这项生产来说,同时表现为生产的代价,即成本。从机会成本的角度看,当一个企业所有者同时又拥有管理企业的才能时,他可以面临两种选择机会,一种选择是在自己的企业当经理,另一种选择是到别人的企业当经理。如果他到别人的企业当经理,他可以获得收入报酬。如果他在自己的企业当经理,他就失去了到别的企业当经理所能得到的收入报酬,而他所失去的这份报酬就是他在自己所拥有的企业当经理的机会成本。或者说,如果他在自己的企业当经理的话,他应当向自己支付报酬,而且这份报酬数额应该等于他在别的企业当经理时可以得到的最高报酬。所以,从机会成本的角度看,正常利润属于成本,并且属于隐性成本。

由于正常利润属于成本,因此经济利润中不包含正常利润。又由于厂商的经济利润等于总收益减去总成本,所以当厂商的经济利润为零时,厂商仍然得到了全部的正常利润。

不同的成本和利润之间存在以下关系:

会计利润 = 总收益 - 会计成本(显性成本),

经济利润 = 总收益 - 经济成本(显性成本 + 隐性成本),

正常利润 = 隐性成本。

6.1.6 成本函数

成本函数(Cost Function)是在既定的技术水平和要素价格条件下,成本与产出之间的相互关系,由厂商的生产函数和要素价格所决定。由于成本理论是建立在生产理论的基础之上的,生产理论分为短期生产理论和长期生产理论,则相应的,成本理论也分为短期成本理论和长期成本理论。由于在短期内厂商根据其所要达到的产量,只能调整部分生产要素的数量而不能调整全部生产要素的数量,所以短期成本有不变成本和可变成本之分。由于在长期内厂商根据其所要达到的产量,可以调整全部生产要素的数量,所以,长期内所有的要素成本都是可变的,长期成本没有不变成本和可变成本之分。

资料链接

门面房是出租还是自己经营,你想好了吗?

大学校园周围经常会形成学生街,恰好你们家有房子正在这条街上,那么恭喜你,你家有一个门面房,现在的问题是你打算用来出租还是自己经营呢?让我们一起来做个假设吧!假如自己经营一家礼品店,一年下来你算账的结果发现挣了10万元人民币。你觉得非常高兴,但是,假如用经济成本分析的话,恐怕就高兴不起来了,因为,你没有把隐性成本算进去。假定门面房出租按市场价一年是4万元,假定你原来年收入有4万元,这8万元就是你自己经营的隐性成本,从经济学分析来看,是你提供了自有生产要素房子和劳务所理应得到的正常报酬。而在会计账目上没有作为成本项目记入账上。这样算的结果是你一年没有挣10万元,只是2万元。如果再加上自己经营需要1万元的资金进货,这1万元的银行存款利息实际上也是隐性成本。这样一算你自己经营就非常不合适了。如果出租,可以获得4万元的租金收入,何乐而不为呢?因此,应该像经济学家一样的思考,经济学家关心研究企业如何做出生产和定价决策,他们衡量成本时就包括了隐性成本。而会计师的工作是记录流入和流出企业的货币,他们只衡量显性成本,但忽略了隐性成本。记住,经济学之所以要从机会成本的概念来分析厂商的生产成本,是因为,它是从稀缺资源配置的代价而不是会计学的意义上来考察成本的概念的。

如果你家有门面房,出租还是自己经营,现在你想好了吗?

6.2 短期成本分析

6.2.1 短期总产量函数与短期总成本函数的关系

由厂商短期总产量函数,即短期生产函数出发,可以得到相应的短期成本函数(Short-run Cost Function),而且由厂商的短期总产量曲线出发,亦可以得到相应的短期总成本曲线(Short-run Total Cost Curve)。下面,我们通过公式的推导来具体的分析它们之间的关系。

假定厂商在短期内使用劳动和资本这两种要素生产一种产品,其中劳动投入量是可变的,资本投入量是固定的,则短期生产函数为:

$$Q = f(L, \overline{K}) \tag{6-1}$$

式(6-1)表示:在资本投入量固定的前提下,可变要素劳动投入量 L 和产量 Q 之间存在着相互依存的对应的关系。厂商可以通过对劳动投入量的变动来实现不同的产量水平,也可以根据不同的产量水平的要求,来确定相应的劳动的投入量。根据后一种理解,且假定要素市场上劳动的价格 w 和资本的价格 r 是给定的,则可以用式(6-2)来表示厂商在每一产量水平上的短期总成本:

$$STC(Q) = w \cdot L(Q) + r \cdot \overline{K} \tag{6-2}$$

其中:$w \cdot L(Q)$ 为可变成本部分;$r \cdot \bar{K}$ 为固定成本部分,两部分之和构成厂商的短期总成本,STC 是短期总成本的英文缩写。如果以 $\Phi(Q)$ 表示可变成本 $w \cdot L(Q)$,以 b 表示固定成本 $r \cdot \bar{K}$,则短期总成本函数可以写成以下形式:

$$STC(Q) = \Phi(Q) + b \tag{6-3}$$

至此,我们由式(6-1)的短期生产函数出发,得出了相应的短期总成本函数。显然,短期总成本是产量的函数,同时我们亦可通过短期总产量曲线找到平面坐标系中的每一个产量与成本的对应关系,从而绘制出短期总成本曲线。

6.2.2 短期成本曲线的分类

在短期中,厂商的成本有不变成本部分和可变成本部分之分。厂商的短期成本具体有以下7种:总固定成本(Total Fixed Cost)、总可变成本(Total Variable Cost)、总成本(Total Cost)、平均固定成本(Average Fixed Cost)、平均可变成本(Average Variable Cost)、平均总成本(Average Cost)和边际成本(Marginal Cost)。它们的英文缩写顺次为:*TFC*, *TVC*, *TC*, *AFC*, *AVC*, *AC* 和 *MC*。表6-1为某厂商短期成本表,下面将依据该表,依次介绍各类短期成本。

表6-1 某厂商短期成本表

万元

产量 Q	总成本			平均成本			边际成本
	总固定成本 *TFC*	总可变成本 *TVC*	总成本 *TC*	平均固定成本 *AFC*	平均可变成本 *AVC*	平均总成本 *AC*	边际成本 *MC*
0	1 500	0	1 500				
1	1 500	600	2 100	1 500	600	2 100	600
2	1 500	800	2 300	750	400	1 150	200
3	1 500	900	2 400	500	300	800	100
4	1 500	1 050	2 550	375	262.5	637.5	150
5	1 500	1 400	2 900	300	280	580	350
6	1 500	2 100	3 600	250	350	600	700

(1) 总固定成本 *TFC*

总固定成本 *TFC* 是厂商在短期内为生产一定数量的产品对不变生产要素所支付的总成本。如建筑物和机器设备的折旧费等。由于在短期内不管企业的产量为多少,这部分不变要素的投入量都是不变的,所以,总固定成本是一个常数,它不随产量的变化而变化。即使产量为零时,总固定成本也仍然存在,表6-1所示该厂商的总固定成本为1 500万元。如图6-1所示，图中的横轴 Q 表示产量，纵轴 C 表示成本，总固定成本 TFC 曲线是一条水平线。它表示在短期内，无论产量如何变化，总固定成本 TFC 都是固定不变的。

（2）总可变成本 TVC

总可变成本 TVC 是厂商在短期内生产一定数量的产品对可变生产要素支付的总成本。例如，厂商对原材料、燃料动力和工人工资的支付等。总可变成本 TVC 曲线如图 6-1 所示，它是一条由原点出发向右上方倾斜的曲线。由于成本与产量的变动呈反向关系，总可变成本曲线先以递减速度增加，再以递增速度增加。

TVC 曲线表示：由于在短期内厂商是根据产量的变化不断地调整可变要素的投入量，所以总可变成本随产量的变动而变动。总可变成本的函数形式为：

$$TVC = TVC(Q) \tag{6-4}$$

（3）总成本 TC

总成本 TC 是厂商在短期内为生产一定数量的产品对全部生产要素所支出的总成本。它是总固定成本和总可变成本之和。总成本 TC 曲线如图 6-1 所示，它是从纵轴上相当于总固定成本 TFC 高度的点出发的一条向右上方倾斜的曲线。TC 曲线表示：在每一个产量上的总成本由总固定成本和总可变成本共同构成。总成本用公式表示为：

$$TC(Q) = TFC + TVC(Q) \tag{6-5}$$

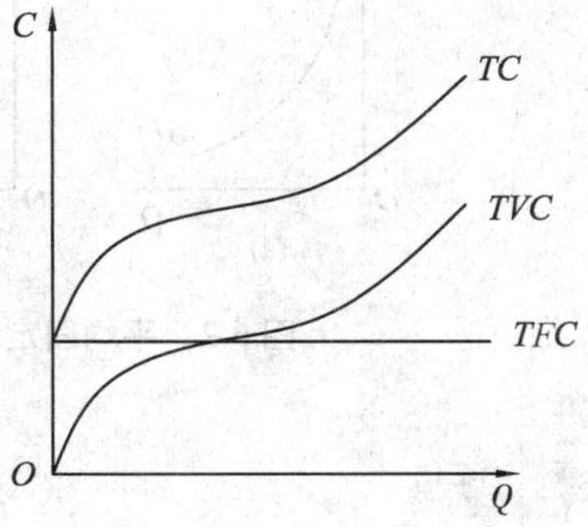

图 6-1　总成本曲线、总固定成本曲线和总可变成本曲线

（4）平均固定成本 AFC

平均固定成本 AFC 是厂商在短期内平均每生产一单位产品所消耗的不变成本。平均固定成本 AFC 曲线如图 6-2(a)所示，它是一条向两轴渐近的双曲线。AFC 曲线表示：在总固定成本固定的前提下，随着产量的增加，平均固定成本越来越小的。平均不变成本用公式表示为：

$$AFC(Q) = \frac{TFC}{Q} \tag{6-6}$$

（5）平均可变成本 AVC

平均可变成本 AVC 是厂商在短期内平均每生产一单位产品所消耗的可变成本。用公式表示为：

$$AVC(Q) = \frac{TVC(Q)}{Q} \tag{6-7}$$

（6）平均总成本 AC

平均总成本 AC 是厂商在短期内平均每生产一单位产品所消耗的全部成本，是平均固定成本和平均可变成本之和。用公式表示为：

$$AC(Q) = \frac{TC(Q)}{Q} = AFC(Q) + AVC(Q) \tag{6-8}$$

（7）边际成本 MC

边际成本 MC 是厂商在短期内增加一单位产量时所增加的成本。用公式表示为：

$$MC(Q) = \frac{\Delta TC(Q)}{\Delta Q} \tag{6-9}$$

或者

$$MC(Q)=\lim_{\Delta Q\to 0}\frac{\Delta TC(Q)}{\Delta Q}=\frac{\mathrm{d}TC}{\mathrm{d}Q} \tag{6-10}$$

由式(6-10)可知,在每一个产量水平上的边际成本 MC 值就是相应的成本 TC 曲线的斜率。

平均可变成本 AVC 曲线、平均总成本 AC 曲线和边际成本 MC 曲线顺次如图6-2(b),(c),(d)所示。这3条曲线都呈现出U型的特征。这表示:随着产量的增加,平均可变成本、平均总成本和边际成本都是先递减,各自达到本身的最低点之后再递增。最后,需要指出的是,从以上各种短期成本的定义公式中可知,由一定产量水平上的总成本(包括 TFC,TVC 和 TC)出发,是可以得到相应的平均成本(包括 AFC,AVC 和 AC)和边际成本(即 MC)的。

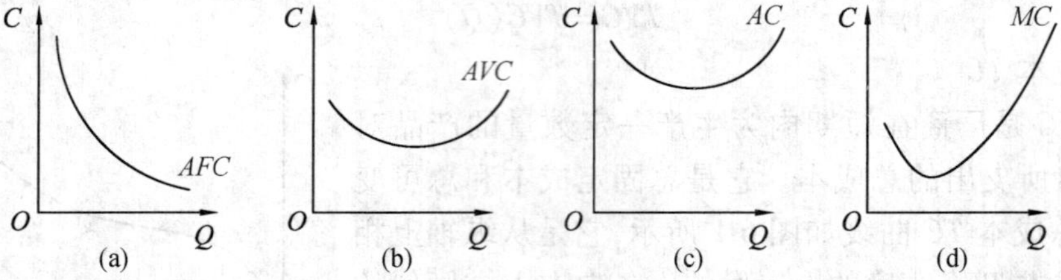

图6-2 平均固定成本、平均可变成本、平均总成本及边际成本曲线

资料链接

北京至福州动车组停开 与飞机比无明显价格优势

2010年4月13日,仅运营两个月的京福(北京至福州)动车正式停运。有关人士分析,动卧列车与飞机、长途客车相比,其16小时运行时间和千元票价无竞争优势及上座率低是停运主因。

全程16小时卧铺价过千。2010年2月5日,京福动车开行,北京南至福州的D371次动车全程运行16小时,福州至北京南的D372次卧铺动车组列车全程运行时间为15小时58分,开行初期卧铺票分别为1 055元和1 185元,坐票分别为584元和467元。

"票价不具竞争优势,上座率低是停运主要原因",铁路部门相关人士分析,京福动车开行之初的客流主要对商务人群,并非普通大众,票价也比直达列车高出许多。同时,该趟列车沿途在福建、浙江和河北三省有停靠站,而江苏、安徽、山东这些人口、劳务输出大省则经过不停车,这也是其上座率一直不理想的原因。铁路部门介绍,京福动车开行的初衷是为了满足闽浙一带的商务需要。按照线路设计,运行到2015年京福高铁开通后退出。但自2010年2月开行,仅两个月即悄然退出。

京福动车开通后,对民航和长途客车的客源分流影响不大。对福州、温州旅客而言,京福动车主要作用是前往北京。相对下行去福州的乘客较少。有数据显示,京福动车开行首日,D372次动卧列车经过温州时,铁路温州南站只有两名旅客上车。此后这一状况有所改观,但客流量依旧不高。

(http://news.sohu.com/20100414/n271490551.shtml)

6.2.3 各类短期成本曲线之间的关系

在图 6-1,图 6-2 中,我们分别画出了 7 条不同类型的短期成本曲线。现在,我们将把这些不同类型的短期成本曲线置于同一张图中,以分析不同类型的短期成本曲线相互之间的关系。这项工作将通过表 6-1,图 6-1 及图 6-2 来完成。

表 6-1 中的平均成本和边际成本的各栏均可以分别由相应的总成本的各栏推算出来。该表体现了各种短期成本之间的相互关系。

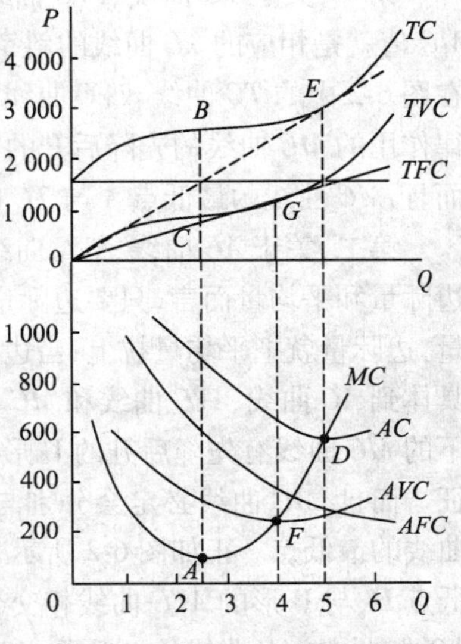

图 6-3 短期成本曲线综合图

图 6-3 是根据表 6-1 绘制的各类短期成本曲线综合图,由图 6-3 中可见,*TC* 曲线是一条由水平的 *TFC* 曲线与纵轴的交点出发的向右上方倾斜的曲线。在每一个产量上,*TC* 曲线和 *TVC* 曲线两者的斜率都是相同的,并且,*TC* 曲线和 *TVC* 曲线之间的垂直距离都等于固定成本 *TFC*。这显然是由于 *TC* 曲线是通过把 *TVC* 曲线向上垂直平移 *TFC* 的距离而得到的。

TVC 曲线和 *TC* 曲线在同一个产量水平(2.5 单位)各自存在一个拐点 *B* 和 *C*。在拐点以前,*TVC* 曲线和 *TC* 曲线的斜率是递减的;在拐点以后,*TVC* 曲线和 *TC* 曲线的斜率是递增的。

此外,不仅 *AVC* 曲线、*AC* 曲线和 *MC* 曲线均呈 U 形特征,而且,*MC* 曲线与 *AVC* 曲线相交于 *AVC* 曲线的最低点 *F*,*MC* 曲线与 *AC* 曲线相交于 *AC* 曲线的最低点 *D*。结合图 6-3 可以发现 *MC* 曲线的最低点 *A* 恰好对应 *TC* 曲线的拐点 *B* 和 *TVC* 曲线的拐点 *C*,或者说,*A*,*B*,*C* 三点同时出现在同一个产量水平(2.5 单位)。在图 6-3 中的 *AVC* 曲线达到最低点 *F* 时, *TVC* 曲线恰好有一条从原点出发的切线,与 *TVC* 曲线相切于 *G* 点。或者说,*G*,*F* 两点同时出现在同一个产量水平(4 单位)。相类似地,在图 6-3 中的 *AC* 曲线达到最低点 *D* 时,*TC* 曲线恰好有一条从原点出发的切线,与 *TC* 曲线相切于 *E* 点。或者说,*E*,*D* 两点同时出现在同一个产量水平(5 单位)。

至于短期成本曲线为何呈现上述特征,我们将在下面运用边际报酬递减规律进行深入的解释,在拓展阅读部分将进一步用数学证明予以解释。

6.2.4 短期成本变动的决定因素

边际报酬递减规律是短期生产的一条基本规律,因此,它也决定了短期成本曲线的特征。

边际报酬递减规律是指在短期生产过程中,在其他条件不变的前提下,随着一种可变要素投入量的连续增加,它所带来的边际产量先是递增的,达到最大值以后再递减。关于这一规律,我们也可以从产量变化所引起的边际成本变化的角度来理解:假定生产要素的价格是固定不变的,在开始时的边际报酬递增阶段,增加一单位可变要素投入所产生的边际产量递增,则意味着可以反过来说:在这一阶段增加一单位产量所需要的边际成本是递减的。在以后的边际报酬递减阶段,增加一单位可变要素投入所产生的边际产量递减,则意味着也可以反过来说:在这一阶段增加一单位产量所需要的边际成本是递增的。显然,边际报酬递减规律作用下的短期边际产量和短期边际成本之间存在着一定的对应关系。这种对应关系可以简单地表述如下：在短期生产中，边际产量的递增阶段对应的是边际成本的递减阶段，边际产量的递减阶段对应的是边际成本的递增阶段，与边际产量的最大值相对应的是边际成本的最小值。正因为如此，在边际报酬递减规律作用下的边际成本 *MC* 曲线表现出先降后升的 U 形特征。

从边际报酬递减规律所决定的 U 形的 *MC* 曲线出发，可以解释其他的短期成本曲线的特征以及短期成本曲线相互之间的关系。

第一，关于 *TC* 曲线、*TVC* 曲线和 *MC* 曲线之间的相互关系。由于在每一个产量水平上的 *MC* 值就是相应的 *TC* 曲线的斜率，又由于在每一产量上的 *TC* 曲线和 *TVC* 曲线的斜率，于是，在图 6-2 中的 *TC* 曲线、*TVC* 曲线和 *MC* 曲线之间表现出这样的相互关系：与边际报酬递减规律作用的 *MC* 曲线的先降后升的特征相对应，*TC* 曲线和 *TVC* 曲线的斜率也由递减变为递增。而且，*MC* 曲线的最低点 *A* 与 *TC* 曲线的拐点 *B* 和 *TVC* 曲线的拐点 *C* 相对应。

第二，关于 *AC* 曲线、*AVC* 曲线和 *MC* 曲线之间的相互关系。我们已经知道，对于任何一对边际量和平均量而言，只要边际量小于平均量，边际量就把平均量拉下；只要边际量大于平均量，边际量就把平均量拉上；当边际量等于平均量时，平均量必达本身的极值点。将这种关系具体到 *AC* 曲线、*AVC* 曲线和 *MC* 曲线的相互关系上，可以推知，由于在边际报酬递减规律作用下的 *MC* 曲线有先降后升的 U 形特征，所以，*AC* 曲线和 *AVC* 曲线也必定是先降后升的 U 形特征。而且，*MC* 曲线必定会分别与 *AC* 曲线相交于 *AC* 曲线的最低点，与 *AVC* 曲线相交于 *AVC* 曲线的最低点。正如图 6-2 所示，U 形的 *MC* 曲线分别与 U 形的 *AC* 曲线相交于 *AC* 曲线的最低点 *D*，与 U 形的 *AVC* 曲线相交于 *AVC* 曲线的最低点 *F*。在 *AC* 曲线的下降段，*MC* 曲线低于 *AC* 曲线；在 *AC* 曲线的上升段，*MC* 曲线高于 *AC* 曲线。相类似地，在 *AVC* 曲线的下降段，*MC* 曲线低于 *AVC* 曲线；在 *AVC* 曲线的上升段，*MC* 曲线高于 *AVC* 曲线。

第三，对于产量变化的反应，边际成本 *MC* 要比平均成本 *AC* 和平均可变成本 *AVC* 敏感得多。反映在图 6-2 中，不管是下降还是上升，*MC* 曲线的变动都快于 *AC* 曲线和 *AVC* 曲线。

第四，比较图中 *AC* 曲线和 *MC* 曲线的交点 *D* 与 *AVC* 曲线和 *MC* 曲线的交点 *F*，可以发现，前者的出现慢于后者，并且前者的位置高于后者。也就是说，*AVC* 曲线降到最低点 *F* 时，*AC* 曲线还没有降到最低点 *D*，而且 *AC* 曲线的最小值大于 *AVC* 曲线的最小值。这是因为：在平均总成本中不仅包括平均可变成本，还包括平均固定成本。正是由于平均固定成本的作用，才使得 *AC* 曲线的最低点 *D* 的出现既慢于、又高于 *AVC* 曲线的最低点 *F*。

案例评析

刘总的外贸服装厂会停产吗？

刘总的生产企业是从事童装外贸出口的，最近由于国际金融危机的波及，他手里的订单已经不多了。尽管困难重重，刘总仍然在坚持生产，童装的价格已经相当低，甚至低于成本，刘总为什么这么做？

在短期中，服装厂经营的成本包括固定成本和可变成本。服装厂的场地、设备、管理人员是短期中无法改变的固定投入,用于场地租金、设备折旧和管理人员的工资的支出是固定成本。固定成本已经支出无法收回,也称沉没成本。服装厂生产所支出的各种费用是可变成本,如电费、工人工资等。由于固定成本已经支出,无法收回,所以,服装厂在决定短期是否营业时,考虑的是可变成本。

假定每件童装的平均成本是20元,其中固定成本为15元,可变成本为5元。当每件童装价格为20元以上时,收益大于平均成本,经营当然有利。当价格等于20元时,收益等于成本,这时收支相抵,仍然可以营业。当价格低于20元时,收益低于成本。乍一看,服装厂应该停止营业。但当我们知道短期成本中的成本有固定成本和可变成本时,决策就不同了。

假设现在每件童装价格为10元,是否营业呢?由于可变成本是5元,在弥补了可变成本之后,仍可剩5元,这5元可以弥补固定成本。固定成本15元无论经营与否都要支出,能弥补5元,当然比一点也不弥补要好。因此要坚持继续营业。这时企业考虑的不是利润最大化,而是损失最小化——能弥补多少固定成本算多少。

当价格下降到与可变成本相等的5元时,服装厂生产不生产是一样的。生产正好弥补可变成本,不生产这笔可变成本可以不支出。因此,价格等于平均可变成本之点被称为停止营业点。在这一点之上,只要价格高于平均可变成本,就要生产。在这一点之下,价格低于平均可变成本,无论如何不能生产。

刘总的服装厂尽管遭遇国际金融危机的影响而举步维艰,但仍在生产,说明价格高于平均可变成本。这就是刘总目前不停产的原因。

本案例说明了短期成本分析对企业短期经营决策的意义。

6.3 长期成本分析

在长期内,厂商可以根据产量的要求调整全部的生产要素投入量,甚至进入或退出一个行业,因此厂商所有的成本都是可变的。厂商的长期成本可以分为长期总成本(Long-run Total Cost)、长期平均成本(Long-run Average Cost)和长期边际成本(Long-run Marginal Cost),英文缩写分别为LTC,LAC和LMC。

为了区分短期成本和长期成本,习惯上在短期总成本、短期平均成本和短期边际成本的英文缩写前都冠以"S",如短期总成本写为STC等,在长期成本前都冠以"L",如长期总成本写为LTC等。

6.3.1 长期总成本函数和长期总成本曲线

长期总成本 LTC 是指厂商在长期中在每一个产量水平上通过选择最优的生产规模所能达到的最低总成本。相应的,长期总成本函数写成以下形式:

$$LTC = LTC(Q) \tag{6-16}$$

根据对长期总成本函数的规定,可以由短期总成本曲线出发,推导长期总成本曲线。

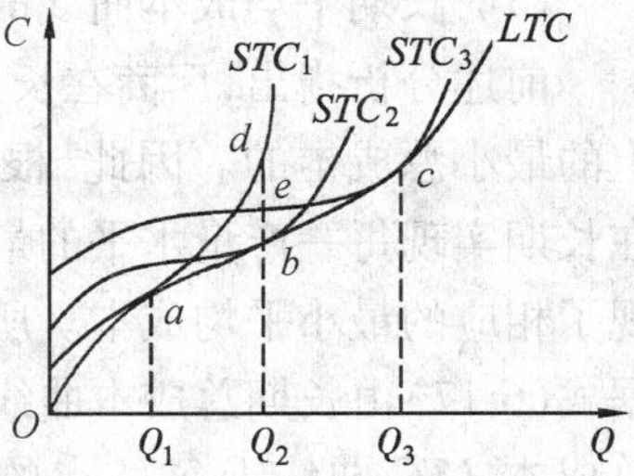

图6-4 最优生产规模的选择和长期总成本曲线

在图6-4中,有3条短期总成本曲线 STC_1, STC_2 和 STC_3,

它们分别代表3种不同的生产规模。由于短期总成本曲线的纵截距表示相应的总不变成本 TFC 的数量,图中可知,STC_1 曲线所表示的总固定成本小于 STC_2 曲线,STC_2 曲线所表示的总固定成本又小于 STC_3 曲线,而总固定成本的多少(如厂房、机器设备等)通常代表了生产规模的大小。因此,从3条短期总成本曲线所代表的生产规模看,STC_1 曲线最小,STC_2 曲线居中,STC_3 曲线最大。

假定厂商生产的产量为 Q_2,那么厂商应该如何调整生产要素的投入量以降低总成本呢?在短期内,厂商可能面临 STC_1 曲线所代表的过小的生产规模或 STC_3 曲线所代表的过大的生产规模,厂商只能按较高的总成本来生产产量 Q_2,即在 STC_1 曲线上的 d 点或 STC_3 曲线上的 e 点进行生产。但长期内,厂商可以变动全部的要素投入量,选择最优的生产规模,必然会选择 STC_2 曲线所代表的生产规模进行生产,从而将总成本降低到所能达到的最低水平,即厂商是在 STC_2 曲线上的 b 点进行生产。类似地,在长期内,厂商会选择 STC_1 曲线所代表的生产规模,在 a 点上生产 Q_1 的产量;选择 STC_3 曲线所代表的生产规模,在 c 点上生产 Q_3 的产量。这样厂商就在每一个既定的产量水平实现了最低的总成本。

图6-4中只有3条短期总成本曲线,但在理论上我们可以假定有无数条短期总成本曲线。这样一来,厂商可以在任何一个产量水平上,都能找到相应的一个最优的生产规模,把总成本降到最低水平。也就是说,可以找到无数个类似于 a,b 和 c 的点,这些点的轨迹就形成了图中的长期总成本 LTC 曲线。显然,长期总成本曲线是无数条短期总成本曲线的包络线。在这条包络线上,在连续变化的每一个产量水平上,都存在着 LTC 曲线和一条 STC 曲线的相切点,该 STC 曲线所代表的生产规模就是生产该产量的最优生产规模,该切点所对应的总成本就是生产该产量的最低总成本。所以,LTC 曲线表示长期内厂商在每一产量水平上由最优生产规模所带来的最小生产总成本。

长期总成本 LTC 曲线是从原点出发向右上方倾斜的。当产量为零时,长期总成本为零,以后随着产量的增加,长期总成本是增加的。而且,长期总成本 LTC 曲线的斜率先递减,经拐点之后,又变为递增。

6.3.2 长期平均成本曲线

长期平均成本 LAC 表示厂商在长期内按产量平均计算的最低总成本。长期平均成本函数可以写为:

$$LAC(Q)=\frac{LTC(Q)}{Q} \tag{6-17}$$

(1) 长期平均成本曲线的推导

前述分析指出,厂商在长期是可以实现每一个产量水平上的最小总成本的。因此,根据式(6-17)便可以推知:厂商在长期实现每一产量水平的最小总成本的同时,必然也就实现了相应的最小平均成本。所以,长期平均成本曲线可以根据式(6-17)由长期总成本曲线画出。具体的做法是:把长期总成本 LTC 曲线上每一点的长期总成本值除以相应的产量,便得到这一产量上的长期平均成本值。再把每一个产量和相应的长期平均成本值描绘在产量和成本的平面坐标图

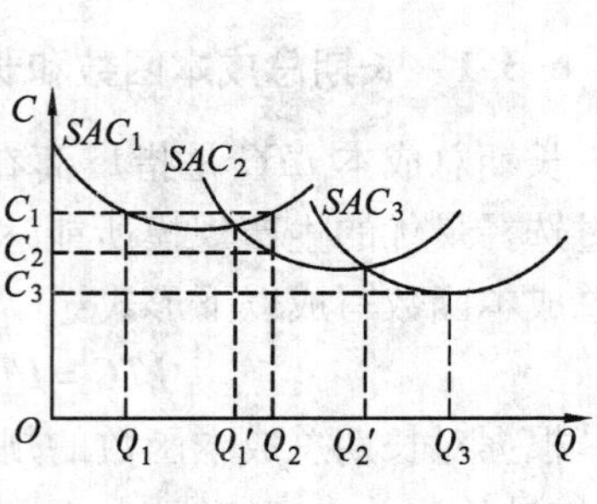

图6-5 最优生产规模的选择

中,便可得到长期平均成本 LAC 曲线。此外,长期平均成本曲线也可以根据短期平均成本曲线求得。

在图 6-5 中有 3 条短期平均成本曲线 SAC_1,SAC_2 和 SAC_3,它们各自代表了 3 个不同的生产规模。在长期,厂商可以根据产量要求,选择最优的生产规模进行生产。假定厂商生产 Q_1 的产量,则厂商会选择 SAC_1 曲线所代表的生产规模,以 OC_1 的平均成本进行生产。而对于产量 Q_1 而言,平均成本 OC_1 是低于其他任何生产规模下的平均成本的。假定厂商生产的产量为 Q_2,则厂商会选择 SAC_2 曲线所代表的生产规模进行生产,相应的最小平均成本为 OC_2;假定厂商生产的产量为 Q_3,则厂商会选择 SAC_3 曲线所代表的生产规模进行生产,相应的最小平均成本为 OC_3。

如果厂商生产的产量为 Q_1',则厂商既可选择 SAC_1 曲线所代表的生产规模,也可选择 SAC_2 曲线所代表的生产规模。因为,这两个生产规模都以相同的最低平均成本生产同一个产量。这时,厂商有可能选择 SAC_1 曲线所代表的生产规模,因为该生产规模相对较小,厂商的投资可以少一些。当然厂商也有可能考虑到今后扩大产量的需要,而选择 SAC_2 曲线所代表的生产规模。厂商的这种考虑和选择,对于其他类似的两条 SAC 曲线的交点,如 Q_2' 的产量,也是同样适用的。

由此可见,沿着图 6-5 中所有的 SAC 曲线,厂商总是可以找到长期内生产某一产量的最低平均成本的。由于在长期内可供厂商选择的生产规模是很多的,在理论分析中,可以假定生产规模可以无限细分,存在无数条 SAC 曲线,于是,便得到图 6-6 中的长期平均成本 LAC 曲线。显然,长期平均成本曲线是无数条短期平均成本曲线的包络线。在这条包络线上,连续变化的每一个产量水平,都存在 LAC 曲线和一条 SAC 曲线的相切点,该 SAC 曲线所代表的生产规模就是生产该产量的最优生产规模,该切点所对应的平均成本就是相应的最低平均成本。LAC 曲线表示厂商在长期内在每一产量水平上,通过选择最优生产规模所实现的最小的平均成本。

此外,从图 6-6 还可以看到,LAC 曲线呈现出 U 形的特征。而且,在 LAC 曲线的下降段,LAC 曲线相切于所有相应的 SAC 曲线最低点的左边;在 LAC 曲线的上升段,LAC 曲线相切于所有相应的 SAC 曲线最低点的右边。只有在 LAC 曲线的最低点上,LAC 曲线才相切于相应的 SAC 曲线(图中为 SAC_4 曲线)的最低点。

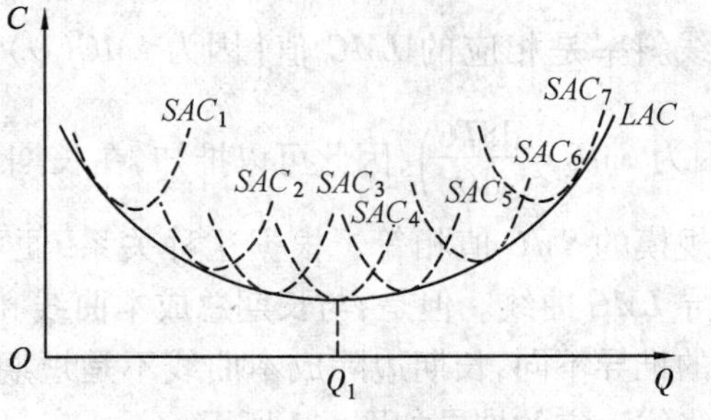

图 6-6 长期平均成本曲线

(2) 长期平均成本曲线的形状

图 6-6 中的长期平均成本曲线呈先降后升的 U 形,长期平均成本曲线的 U 形特征是由长期生产中的规模经济和规模不经济决定的。

在厂商生产扩张的开始阶段,厂商由于扩大生产规模而使经济效益得到提高,这叫规模经济。当生产扩张到一定的规模以后,厂商继续扩大生产规模,就会使经济效益下降,这叫规模不经济。或者说,厂商产量增加的倍数大于成本增加的倍数,为规模经济;相反,厂商产量增加的倍数小于成本增加的倍数,为规模不经济。显然,规模经济和规模不经济都是由厂商变动自己的企业生产规模所引起的,所以,也被称作为内在经济和内在不经济。一般来说,在厂商的生产规模由小到大的扩张过程中,会先后出现规模经济和规模不经济。正是由于规模经济和规模不经济的作用,决定了长期平均成本 *LAC* 曲线表现出先下降后上升的 U 形特征。

(3) 长期平均成本曲线的位置移动

厂商的规模经济和规模不经济(即厂商的内在经济和内在不经济)是就一条给定的长期平均成本 *LAC* 曲线而言的。至于长期平均成本 *LAC* 曲线的位置的变化原因,则需要用厂商的外在经济和外在不经济的概念来解释。厂商外在经济是由于厂商的生产活动所依赖的外界环境得到改善而产生的。如果厂商的生产活动所依赖的外界环境恶化了,则是厂商的外在不经济。

6.3.3 长期边际成本曲线

长期边际成本 *LMC* 表示厂商在长期内增加一单位产量所引起的最低总的增量。长期边际成本函数可以写为:

$$LMC(Q)=\frac{\Delta LTC(Q)}{\Delta Q} \tag{6-18}$$

或

$$LMC(Q)=\lim_{\Delta Q\to 0}\frac{\Delta LTC(Q)}{\Delta Q}=\frac{\mathrm{d}LTC(Q)}{\mathrm{d}Q} \tag{6-19}$$

显然,每一产量水平上的 *LMC* 值都是相应的 *LTC* 曲线的斜率。

(1) 长期边际成本曲线的推导

长期边际成本 *LMC* 曲线可以由长期总成本 *LTC* 曲线得到。

由式(6-19)可知,只要把每一个产量水平上的 *LTC* 曲线的斜率值描绘在产量和成本的平面坐标图中,便可得到长期边际成本 *LMC* 曲线。

长期边际成本 *LMC* 曲线也可以由短期边际成本 *SMC* 曲线得到。

长期总成本曲线是无数条短期成本曲线的包络线。在长期的每一个产量水平,*LTC* 曲线都与一条代表最优生产规模的 *STC* 曲线相切,这说明这两条曲线的斜率是相等的。由于 *LTC* 曲线斜率是相应的 *LMC* 值$\left(因为\ LMC(Q)=\frac{\mathrm{d}LTC(Q)}{\mathrm{d}Q}\right)$,*STC* 曲线的斜率是相应的 *SMC* 值$\left(因为\ SMC=\frac{\mathrm{d}STC}{\mathrm{d}Q}\right)$,因此可以推知,在长期内的每一个产量水平上,*LMC* 值都与代表最优生产规模的 *SMC* 值相等。根据这种关系,便可以由 *SMC* 曲线推导 *LMC* 曲线。但是,与长期总成本曲线和长期平均成本曲线的推导不同,长期边际成本曲线不是短期边际成本曲线的包络线。它的推导如图 6-7 所示。

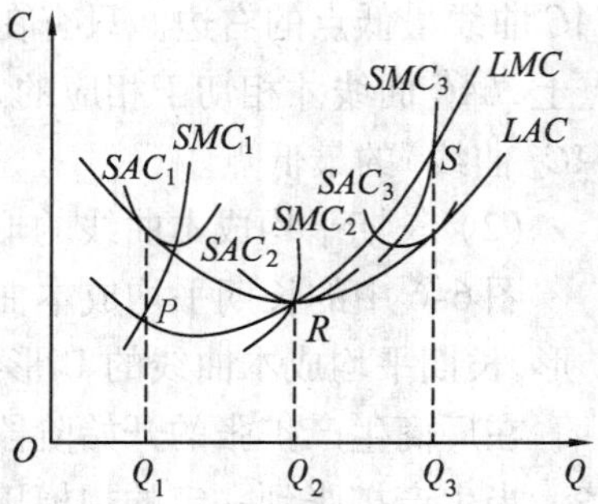

图 6-7 长期边际成本曲线

图 6-7 中,在每一个产量水平,代表最优生产规模的 *SAC* 曲线都有一条相应的 *SMC* 曲线,每一条 *SMC* 曲线都过相应的 *SAC* 曲线最低点。在 Q_1 的产量上,生产该产量的最优生产规模由 SAC_1 曲线和 SMC_1 曲线所代表,相应的短期边际成本由 *P* 点给出,PQ_1 既是最优的短期边际成本,又是长期边际成本,即有 $LMC=SMC_1=PQ_1$,或者说,在 Q_1 的产量上,长期边际成本 *LMC* 等于最优生产规模的短期边际成本 SMC_1,它们都等于 PQ_1 的高度。同理,在 Q_2 的产量上,有 $LMC=SMC_2=RQ_2$。在 Q_3 的产量上,有 $LMC=SMC_3=SQ_3$。在生产规模可以

无限细分的条件下,可以得到无数个类似 P,R 和 S 的点,将这些点连接起来便得到一条长期成本 LMC 曲线。

(2) 长期边际成本曲线的形状

如图 6-7 所示,长期边际成本曲线呈 U 形,它与长期平均成本曲线相交于长期平均成本曲线的最低点。其原因在于:根据边际量和平均量之间的关系,当 LAC 曲线处于下降段时,LMC 曲线一定处于 LAC 曲线的下方,也就是说,此时 $LMC < LAC$,LMC 将 LAC 拉下;相反,当 LAC 曲线处于上升段时,LMC 曲线一定位于 LAC 曲线的上方,也就是说,此时 $LMC > LAC$,LMC 将 LAC 拉上。因为 LAC 曲线在规模经济和规模不经济的作用下呈先降后升,LMC 曲线也必然呈先降后升的 U 形,并且两条曲线相交于 LAC 曲线的最低点。

案例评析

汽车公司产量的安排

对于大多数厂商而言,总成本分为固定和可变成本主要取决于时间长短,尽管固定和可变成本并不是由时间来决定的。例如,考虑一个汽车生产厂商,比如 A 汽车公司。在只有几个月的时期内,A 公司是不能调整其汽车工厂的数量与规模的。它生产额外一辆汽车的唯一方法是,在已有的工厂中多雇佣工人。因此,这些工厂的成本在短期中存在着固定成本。而在几年的时期中,A 公司则可以扩大其工厂规模,建立新工厂和关闭旧工厂。因此,其工厂的成本在长期中是可变成本。

由于许多成本在短期中是固定的,但在长期中是可变的,所以厂商的长期成本曲线不同于其短期成本曲线。长期平均总成本曲线是比短期平均总成本曲线平坦得多的 U 型曲线。此外,所有短期曲线在长期成本曲线之上,是因为厂商在长期中具有更大的灵活性。实际上,在长期中,企业可以选择它想用的任一条短期成本曲线。但在短期中,它不得不用其中一条短期曲线,这是无法轻易改变的。

当 A 公司想把每天的产量从 1 000 辆汽车增加到 1 200 辆时,在短期中除了在现有的中等规模工厂中多雇工人之外别无选择。由于边际产量递减,每辆汽车的平均总成本从 1 万美元增加到 1.2 万美元。但是,在长期中,A 公司可以扩大工厂和车间的规模,可以将平均总成本保持在 1 万美元的水平上。

不同的厂商,进入长期的时间长短不一,这取决于厂商自身。对一个大型制造企业来说,如汽车制造企业、钢铁企业、化工企业等,这可能需要一年或更长时间。与此相比,一个人经营的奶茶店则可以在一小时甚至更短的时间内去买一个制造奶茶的设备。

拓展阅读

边际成本曲线与平均变动成本曲线最低点相交的数学证明

边际成本曲线与平均成本、平均变动成本曲线最低点相交是可以用数学工具来证明的。

(1) 当平均成本极小时,其必要条件是一阶导数为0,即

$$\frac{dAC}{dQ}=\frac{d}{dQ}\left(\frac{TC}{Q}\right)=\frac{1}{Q}\cdot\frac{dTC}{dQ}-\frac{1}{Q^2}TC=0$$

$$则\frac{dTC}{dQ}=\frac{TC}{Q}$$

$$即\ MC=AC$$

这说明平均成本极小的必要条件是边际成本等于平均成本。因此,边际成本曲线与平均成本曲线的最低点相交。

(2) 当平均成本极小时,其必要条件是一阶导数为0,即

$$\frac{dAVC}{dQ}=\frac{d}{dQ}\left(\frac{TVC}{Q}\right)=\frac{1}{Q}\cdot\frac{dTVC}{dQ}-\frac{1}{Q^2}TVC=0$$

$$则\frac{dTVC}{dQ}=\frac{TVC}{Q}$$

$$即\ MC=AVC$$

这说明平均变动成本极小的必要条件是边际成本等于平均变动成本。因此,边际成本曲线与平均变动成本曲线的最低点相交。

复习思考

1. 画图说明短期成本曲线之间的关系。
2. 画图说明从短期总成本曲线推导长期总成本曲线。
3. 画图说明从短期平均成本曲线推导长期平均成本曲线。
4. 画图说明从短期边际成本曲线推导长期边际成本曲线。
5. 某企业产品生产的边际成本函数 $MC=3Q^2-40Q+180$,如果生产5单位产品时总成本为625元,求:

(1) 该企业的总成本函数、平均总成本函数和平均可变成本函数表达式;

(2) 该企业停止营业点的价格下的产量。

6. 假设某厂商生产函数为 $Q=LK$,劳动和资本的价格分别为 P_L 和 P_K,试求相应的成本函数。
7. 在中国改革以来的很长一段时间里,有相当高比例的国有企业处于亏损状态。这种情况是怎么出现的?企业既然亏损了,为什么不让它破产关闭?

7 自由竞争原理

经济问题

门庭冷落的保龄球场为什么不停业?

在生活中,你一定会注意到有些保龄球场(或其他娱乐场所、饭店等企业)尽管门庭冷落,但仍在惨淡经营、苦苦支撑。为什么它们不索性关门大吉呢?

7.1 市场与市场结构

7.1.1 市场

市场是指把某种特定物品或劳务的买方和卖方召集在一起的任何结构或机制。市场中某种商品的买卖双方决定着交易的价格,所以,一个市场意味着同种商品有单一的交易价格。从本质上说,市场是物品买卖双方在互利和自愿的基础上得以决定其交易价格和交易数量的一种组织形式或制度安排。

市场可以是有形的,即一个特定的、出售和买进某商品的地区或场所,例如农贸市场。市场也可以是无形的,有些商品(如旧汽车、旧家具)无需有形的交易场所,而可以通过报纸广告进行买卖;有些商品的买卖活动可以通过邮件、电话来进行,因而这些商品往往拥有一个“世界”市场,例如小麦、冻肉、食油、油脂以及许多基本工业原料如羊毛、棉花、石油、橡胶、铜、锡、铝、锌,等等。因此,经济学的“市场”包括了各有特点的多种类型。经济学家主要是从市场的作用,即“一个市场决定一种产品的价格”这个角度来研究市场。

行业是指为同一个商品市场生产和提供商品的所有厂商的总体。市场和行业的类型是一致的。完全竞争市场对应的是完全竞争行业,垄断竞争市场对应的是垄断竞争行业,等等。我们在后文会分别从单个厂商与整个行业的角度来分析。

7.1.2 市场结构

市场结构(Market Structure)表示市场以其组织和构成方面的特点影响厂商的行为和活动。根据市场在决定价格方面的作用可区分出不同的市场结构。在经济分析中,根据市场结构的不同特征,将市场分为完全竞争市场、完全垄断市场、垄断竞争市场和寡头垄断市场4种

结构。决定市场结构划分的主要因素有以下几个:

第一,市场上厂商的数量。厂商数量越多,竞争越激烈;厂商数量越少,垄断程度越高。

第二,各厂商提供产品的差异程度。厂商所提供的产品越接近,竞争越激烈;厂商所提供产品的差异越大,垄断程度越高。

第三,单个厂商对市场价格的控制程度。面临竞争越激烈的厂商对产品价格的控制程度越低,垄断程度越高的厂商对产品价格的控制程度越高。

第四,厂商进入或退出某个行业的难易程度。越是竞争的行业,厂商越能自由进出;越是垄断的行业,厂商进入或退出该行业越是困难。

其中,最主要的因素是各厂商提供产品的差异程度,产品的差异程度决定着厂商对自己产品的垄断程度。第一个因素和第二个因素是最基本的决定因素。第三个因素是第一个因素和第二个因素的必然结果,第四个因素是第一个因素的延伸。完全竞争市场、垄断竞争市场、寡头垄断市场和完全垄断市场的划分及其相应的特征如表 7-1 所示。

表 7-1　市场类型的划分和特征

市场类型	厂商数目	产品差别程度	对价格的控制程度	进出难易
完全竞争	很多	完全无差别	没有	很容易
垄断竞争	多	有差别	有一些	比较容易
寡头垄断	几个	有差别或无差别	相当程度	比较困难
完全垄断	唯一	独一无二	很大程度	几乎不可能

之所以要在经济理论研究中区分不同的市场结构,是因为市场的均衡价格和均衡数量取决于市场的需求曲线和供给曲线。消费者追求效用最大化的行为决定了市场的需求曲线,厂商追求利润最大化的行为决定了市场的供给曲线。厂商的利润取决于收益和成本。其中,厂商的成本主要取决于厂商生产技术方面的因素,而厂商的收益则取决于市场对其产品的需求状况。在不同类型的市场条件下,厂商所面临的市场对其产品的需求状况是不相同的,所以,在分析厂商的利润最大化的决策时,必须区分不同的市场类型。

7.2　竞争性市场

7.2.1　完全竞争的条件

完全竞争(Perfect Competition)也称纯粹竞争(Pure Competition),是指市场中不存在丝毫垄断因素。西方经济学中使用的"完全竞争"一词,有十分严格的条件。完全竞争市场必须同时具备下述 4 个条件:

(1) 市场上有众多的、小规模的卖者和买者。完全竞争市场所需具备的第一个条件是,市场上存在为数众多的买者与卖者。换言之,每个卖者可能提供的产品数量或每个买者打算买进的产品数量在市场总量中所占比重都是微不足道的,单个卖者增减其供给,或单个买者增减其需求,对于市场价格的形成不产生任何影响。价格是由众多的卖者和买者的共同行动决定的。每个卖者(或买者)则按照既定的价格卖出(或买进)他愿意卖出(或买进)的任何数量。

这意味着在一个完全竞争市场中,任意一个卖者(或买者)是价格的接受者(Price Takers),而不是价格的决定者(Price Makers)。市场上有无数的买者和卖者,每一个买者和卖者只能被动地接受市场价格,他们每一个人对市场价格都没有任何控制的力量。

(2) 产品是同质的(Homogenous)。在完全竞争的市场上,任意一个生产者的产品在所有买者看来都是完全相同的。就是说,买者把任意一个生产者的产品看作完全可以用另一个生产者的产品来代替,或者说,在买者看来,各生产者的产品完全可以互相替代。这里意味着如果一个生产者稍微提高产品的价格,所有的消费者将会转而购买其竞争者的产品。在所有生产者的产品价格相同时,消费者购买哪个生产者的产品完全是随机的。同一行业内每个厂商生产的产品是完全无差别的。这样,每一个厂商既不会提价,也没有必要降价。

(3) 厂商可以自由进入和退出该行业。完全竞争市场意味着不存在任何法律的、社会的或资金的障碍以阻止新的厂商进入该行业。这意味着在长期内,生产要素可以随着需求的变化在不同行业之间自由流动。厂商进入或退出一个行业是完全自由的。

(4) 完全的信息或知识。在完全竞争市场模型中,市场中每一个生产者和消费者都准确地掌握与自己的经济决策有关的全部信息。他们不仅掌握市场已经出现的情况,也了解未来会发生的情况。之所以必须以这样严格的不完全符合实际情况的条件为前提,是因为对于任何生产者或消费者来说,假如他不可能确切知道产品的成本和可能的价格,就意味着他无法确定为了赚得最大利润需要生产的产品数量。再者,即使他掌握了当前关于产品的成本和价格的信息,如果不能确定了解今后会出现的情况,也是不够的,因为就算当前的价格会带来最大利润的产销量,在价格下降后可能又并非如此了。

由此可见,完全竞争市场的假设条件是很严格的。在现实的经济生活中,真正符合以上4个条件的完全竞争市场是不存在的。通常只是将一些农产品如大米、小麦等市场,看成是比较接近完全竞争市场的。但是,随着环境、生态问题的凸显,农产品安全问题也受到越来越多的关注,农产品种植方式也开始多样化,不同种植者所生产的农产品的差异也开始显现,例如,生态种植的农产品与普通农产品就有很大的差异。因此,某些农产品市场已经不再适用完全竞争市场的分析方式。

资料链接

近乎完全竞争的小麦市场

对照完全竞争的4个条件,可以说,小麦市场是一个比较接近完全竞争的市场。因为这个市场有众多买者和卖者,并且没有谁能够影响小麦的价格。相对于市场规模而言,单个小麦买者的购买量根本无法影响价格,也就是说,他不可能因为自己的购买量较大而能以比别人低的价格购买,因为个人再大的购买量对于市场规模来说仍然是微乎其微的;由于卖者提供的几乎是同质的小麦产品,而且任何单个卖者所提供的小麦数量对于市场规模来说都是微不足道的,因此,每个卖者可以在现行价格水平上售出他想卖的所有产量,他不会以较低价格出售,但如果他若高价出售,买者则会到其他地方购买。因此,在小麦市场上,小麦的价格由众多的买者和卖者的需求和供给共同决定。买者和卖者都是价格的接受者，他们必须接受市场供求所决定的价格。

与此同时，对于一个种植小麦的农民来说，是决定继续种植小麦，还是改种蔬菜、水果甚至挖鱼塘养鱼，主要取决于种植小麦的成本收益比较及种植小麦与其他种植业或养殖业等的净收益比较。如果种小麦有利可图，那么总有农民愿意继续种植小麦，甚至有更多的农民加入到种植小麦的行列；如果种植小麦是亏损的，或者种植小麦的净收益比其他种植业的净收益要小，长期中，农民就会改种其他作物。在农民决定继续种植小麦还是改种其他作物时，他们的选择基本是自由的，也就是农民进入或退出小麦种植的障碍很小。

事实上，小麦市场上无法满足信息完全的假定条件。这是大多数农产品市场化过程中存在的通病。当众多的小生产者与大市场对接时，由于单个的小生产者无法及时准确地把握决策所需要的所有信息，而只能在有限的信息条件下做出决策，如像蛛网模型假定的那样，以上一时期的价格作为本期产量的决策依据。这样做出的决策很可能与整体市场的实际运行情况相反，从而遭遇价格波动所带来的市场风险。小麦等农产品市场经常出现“去年买粮难，今年卖粮难”的现象，就是信息不完全所致。

7.2.2 完全竞争市场的需求曲线与完全竞争厂商的需求曲线

行业所面临的需求曲线，就是市场的需求曲线，如图7-1(a)中的 D 曲线。厂商所面临的需求曲线，简称厂商的需求曲线。在完全竞争市场条件下，厂商的需求曲线是什么形状的呢？在完全竞争市场上，由于厂商是既定市场价格的接受者，完全竞争厂商的需求曲线是由既定市场价格水平出发的一条水平线，如图7-1(b)中的 d 曲线。水平形状的需求曲线 d 表示：完全竞争厂商只能被动地接受既定的市场价格，而且总是能够根据既定的市场价格销售他愿意销售的任何数量的商品，且厂商既不会也没有必要去改变这一价格水平。

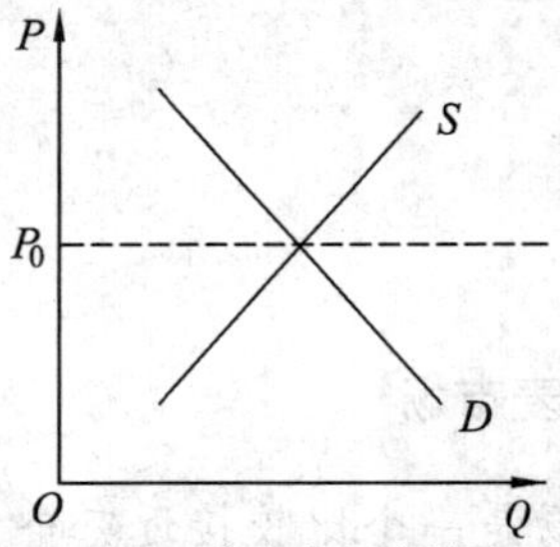

(a) 完全竞争市场

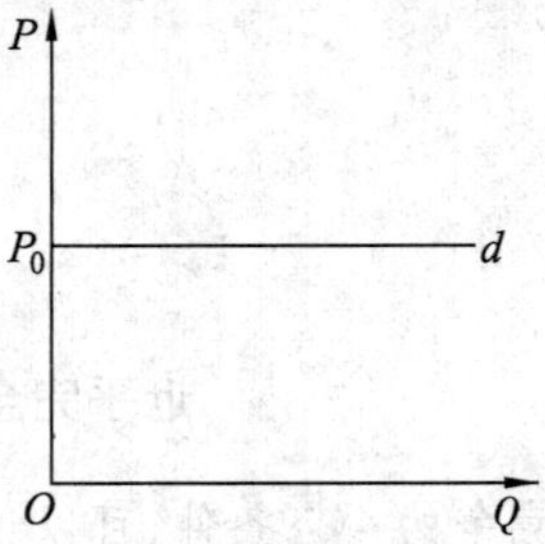

(b) 完全竞争厂商

图7-1 完全竞争厂商的需求曲线

虽然在完全竞争市场中，单个消费者和单个厂商无力影响市场价格，只能被动地接受既定的市场价格，但这些并不意味着完全竞争市场的价格永远不变。在整个市场的需求与供给发生变化的情况下，市场均衡价格就会发生变化。我们在需求与供给那一章已经学过了影响需求与供给变化的因素，这些因素发生变化后，整个市场的均衡价格就会发生变化：如消费者收入提高，正常品的需求就会增加，市场上的价格就会提高；先进技术的推广或者政府有关政策的支持等，会使供给增加，整个市场的价格就会下降。总之，相关因素发生变化时，需求曲线与供给曲线就会发生移动，从而形成新的市场均衡价格。在这种情况下，我们就会得到由新的均衡价格水平出发的一条水平线，如图 7-2 所示。在图中，开始时的需求曲线为 D_1，供给曲线为 S_1，市场的均衡价格为 P_1，相应的厂商的需求曲线是价格水平 P_1 出发的一条水平线 d_1。供求变动以后，当需求曲线的位置由 D_1 移至 D_2，同时供给曲线的位置由 S_1 移至 S_2 时，市场均衡价格下降为 P_2，于是相应的厂商的需求曲线是由新的价格水平 P_2 出发的另一条水平线 d_2。不难看出，厂商的需求曲线可以出自各个不同的给定市场的均衡价格水平，但它们总是呈水平线的形状。

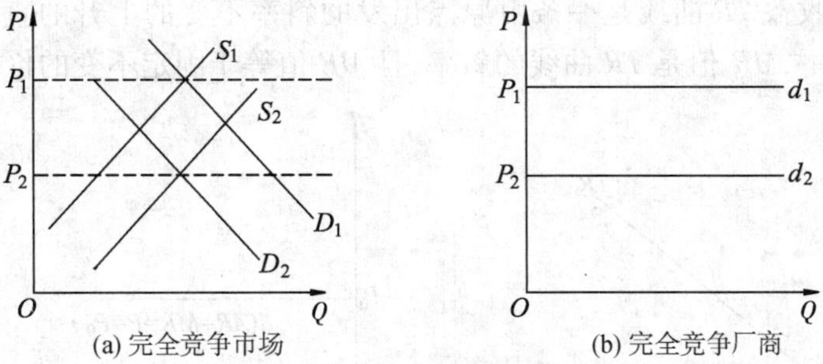

图 7-2　完全竞争市场价格变化后单个厂商的需求曲线

7.2.3　完全竞争厂商的收益曲线

在熟悉了完全竞争市场结构的特点及需求曲线的形状后，我们来介绍厂商的收益这一概念，然后具体分析完全竞争厂商收益曲线的一些特征及其相互之间的关系。

（1）完全竞争厂商的收益

厂商的收益就是厂商的销售收入。厂商的收益可以分为总收益（TR）、平均收益（AR）和边际收益（MR）。

总收益（TR）指厂商按一定价格出售一定量产品时所获得的全部收入。以 P 表示既定的市场价格，以 Q 表示销售总量，则总收益的计算公式为：

$$TR(Q) = P(Q)Q = P_0 \cdot Q \tag{7-1}$$

平均收益（AR）指厂商在平均每一单位产品销售上所获得的收入。平均收益的计算公式为：

$$AR(Q) = \frac{TR(Q)}{Q} = \frac{P(Q)Q}{Q} \tag{7-2}$$

边际收益（MR）指厂商增加一单位产品销售所获得的总收入的增量。边际收益的计算公式为：

$$MR(Q) = \frac{\Delta TR}{\Delta Q} \tag{7-3}$$

或者

$$MR(Q) = \frac{\mathrm{d}TR(Q)}{\mathrm{d}Q} = P_0 \tag{7-4}$$

（2）完全竞争厂商的收益曲线

厂商的收益取决于市场对其产品的需求状况，或者说，厂商的收益取决于厂商的需求曲线的特征。在不同的市场类型中，厂商的需求曲线具有不同的特征。在以后的分析中，我们均假定厂商的销售量等于厂商所面临的需求量。这样,完全竞争厂商的需求曲线又可以表示:在每一个销售量上,厂商的销售价格是固定不变的,于是,我们必然会有厂商的平均收益等于边际收益,且等于既定的市场价格的结论,即必有 $AR=MR=P$。此外,随着销售量的增加,由于产品价格保持不变,所以总收益是以不变的速率上升的。

图 7-3 是完全竞争厂商的收益曲线图,该图体现了完全竞争厂商的收益曲线的特征。由图可见,完全竞争厂商的平均收益 AR 曲线、边际收益 MR 曲线和需求曲线 d 三条线重叠,它们都用同一条由既定价格水平出发的水平线来表示。其理由是显而易见的:在厂商的每一个销售量都有 $AR=MR=P$,且厂商的需求曲线本身就是一条由既定价格水平出发的直线。此外,完全竞争厂商的总收益 TR 曲线是一条由原点出发的斜率不变的上升的直线。其理由在于,在每一个销售量水平,MR 值是 TR 曲线的斜率,且 MR 值等于固定不变的价格。

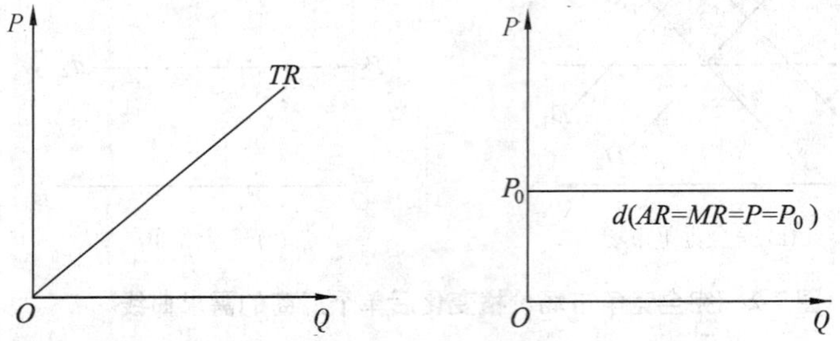

(a) 完全竞争厂商的总收益　　(b) 完全竞争厂商的平均收益与边际收益

图 7-3　完全竞争厂商的收益曲线

7.3　完全竞争市场

7.3.1　厂商实现利润最大化的条件

厂商进行生产的目的是实现利润的最大化,那么,厂商实现利润最大化的原则是什么呢?或者说,什么是厂商实现利润最大化的均衡条件呢?厂商的利益等于总收益减去总成本。如果厂商的边际收益大于边际成本,即 $MR>MC$,这表明厂商增加一单位产量所带来总收益的增加量大于所付出的总成本的增加量,也就是说,厂商增加产量是有利的,可以使利润得到增加。所以,只要边际收益大于边际成本,随着产量的增加,总收益肯定增加。相反,如果增加一单位产量所带来总收益的增加量大于所付出的总成本的增加量,也就是说,厂商增加产量就是不利的,就会使利润减少。

首先,我们用数学方法推导证明厂商利润最大化的条件为边际收益等于边际成本。以 π 表示利润,Q 表示厂商的产量,TR 表示厂商的总收益,TC 表示厂商的总成本,则有:

$$\pi(Q)=TR(Q)-TC(Q)$$

$$\frac{d\pi(Q)}{dQ}=\frac{dTR(Q)}{dQ}-\frac{dTC(Q)}{dQ}$$

$$=MR(Q)-MC(Q)$$

当 $MR(Q)>MC(Q)$ 时,$\frac{d\pi(Q)}{dQ}>0$,此时,$\pi(Q)$ 递增;

当 $MR(Q)=MC(Q)$ 时，$\frac{d\pi(Q)}{dQ}=0$，$\pi(Q)$ 取得极值；

当 $MR(Q)<MC(Q)$ 时，$\frac{d\pi(Q)}{dQ}<0$，$\pi(Q)$ 递减。

由此可见，当边际收益等于边际成本时，利润取得极值，包括极大值与极小值两种情况。π 对 Q 求二阶导数，二阶导数大于零，利润极小，即亏损最多；二阶导数小于零，利润极大，即利润最大。

$$\frac{d^2\pi(Q)}{dQ^2}=\frac{d^2TR(Q)}{dQ^2}-\frac{d^2TC(Q)}{dQ^2}$$
$$=\frac{dMR(Q)}{dQ}-\frac{dMC(Q)}{dQ}$$

当 $\frac{dMR(Q)}{dQ}>\frac{dMC(Q)}{dQ}$ 时，即 $\frac{d^2\pi(Q)}{dQ^2}>0$，$\pi(Q)$ 取极小值；

当 $\frac{dMR(Q)}{dQ}<\frac{dMC(Q)}{dQ}$ 时，即 $\frac{d^2\pi(Q)}{dQ^2}<0$，$\pi(Q)$ 取极大值。

由此可见，当边际收益的一阶导数小于边际成本的一阶导数时，即边际成本函数斜率的代数值大于边际收益函数斜率的代数值时，利润最大；当边际收益的一阶导数大于边际成本的一阶导数时，即边际成本函数斜率的代数值小于边际收益函数斜率的代数值时，亏损最大。

7.3.2 完全竞争厂商短期实现利润最大化的条件

在完全竞争市场上，厂商能够按既定的市场价格销售出他愿意售卖的产量。那么，厂商事实上会生产并销售多少产品取决于其产品的成本状况。就是说，厂商将根据既定的市场价格和成本状况决定提供的产量，以便该产量所能实现的利润达到最大值。能使利润达到最大值的产销量，即是厂商的短期均衡产量，因为这时厂商将不再调整其产销量，从而达到经济分析所说的均衡状况。

图 7-4(a) 中，厂商总收入曲线 TR 是从原点出发的一条射线。TC 为厂商短期总成本曲线。当产量小于 Q_2 或大于 Q_3 时，总成本曲线 TC 高于总收益曲线 TR，厂商亏损；当产量大于 Q_2 小于 Q_3 时，总成本曲线 TC 低于总收益曲线 TR，厂商有利润。所以厂商必定在这个范围内决定他的产量。到底生产多少能使总利润达于极大值？我们可以将 TR 直线向下平行移动直到与 TC 相切于 B 点，与 B 点相应的产量为 Q^*，这表示产量 Q^* 是在产品卖价和产品成本状况既定条件下，能给厂商带来最大利润的产销量。利润总量为 TR 与 TC 的垂直距离 AB。这是因为，据上述作图方法，B 点是 TC 曲线上的一点，而过 B 点所作 TC 曲线的切线与 TR 线相平行，这表示在 B 点的 TC 曲线的斜率（即边际成本 MC）等于 TR 曲线的斜率（即边际收益 MR），这意味着产量为 Q^* 时的边际成本 MC 等于边际收益 MR。而且，此时边际成本曲线的斜率为正，边际收益曲线的斜率为零，这就满足利润极大值的条件。如果将 TR 直线向上平行移动直到与 TC 相切于 C 点，与 C 点相对应的产量为 Q_1，而此时厂商的亏损最大，亏损总量为 TC 与 TR 的垂直距离 CD。这是因为，据上述作图方法，C 点是 TC 曲线上的一点，而过 C 点所作 TC 曲线的切线与 TR 线相平行，这表示在 C 点 TC 曲线的斜率（即边际成本 MC）等于 TR 曲线的斜率（即边际收益 MR）。这意味着产量为 Q_1 时的边际成本 MC 等于边际收益 MR。而且，此时边际成本曲线的斜率为负，边际收益曲线的斜率为零，这就满足利润极小值的条件。

利润最大化的条件还可以用图 7-4(b)来说明。图 7-4(b)中,完全竞争的厂商只能接受市场价格,其 $MR = AR = P_0$,根据边际成本与平均成本曲线的形状,就可以决定其均衡的产量。从图 7-4(b)中可以看出,当产量为 Q_1 与 Q^* 时,边际成本曲线 MC 与边际收益曲线 MR 相交,当产量为 Q_1 时,厂商亏损最多,当产量为 Q^* 时,厂商利润最大,利润为图中阴影部分的面积。当产量为 Q_2 与 Q_3 时,平均成本曲线 AC 与平均收益 AR 相交,此时利润为零。

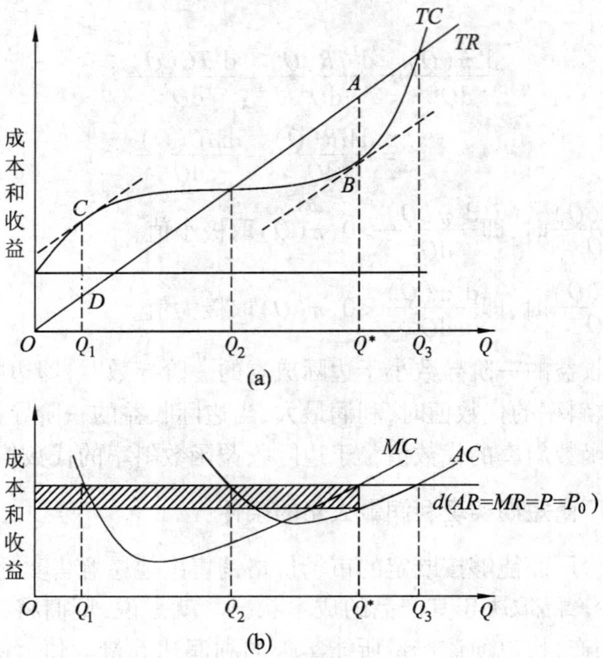

图 7-4　完全竞争厂商短期均衡

7.3.3　完全竞争厂商的短期均衡

在完全竞争厂商的短期生产中,市场的价格是给定的,而且生产中的不变要素的投入量是无法变动的,即生产规模也是给定的。因此在短期,厂商是在给定的生产规模下,通过对产量的调整来实现 $MR = MC$ 的利润最大化的均衡条件。我们知道,当厂商实现 $MR = MC$ 时,有可能获得利润,也可能亏损,把各种可能的情况都考虑在内,完全竞争厂商的短期均衡可以具体表现为 4 种情况。

(1) 超额利润为正的短期均衡

在图 7-5 中,根据 $MR = MC$ 的利润最大化的均衡条件,厂商利润最大化的均衡点为 MR 曲线和 MC 曲线的交点 E,相应的均衡产量为 Q^*。在 Q^* 的产量上,利润最大,相当于图中的阴影部分的面积。

(2) 超额利润为零的短期均衡

在图 7-6 中,厂商的需求曲线 d 相切于短期平均成本 AC 曲线的最低点,这一点是 AC 曲线和 MC 曲线的交点。这一点恰好也是 $MR = MC$ 的利润最大化的均衡点 E。在均衡产量 Q^* 上,平均收益等于平均成本,厂商的利润为零,但厂商的正常利润实现了。由于在这一均衡点 E 上,厂商既无利润,也无亏损,所以,该均衡点也被称为厂商的收支相抵点。

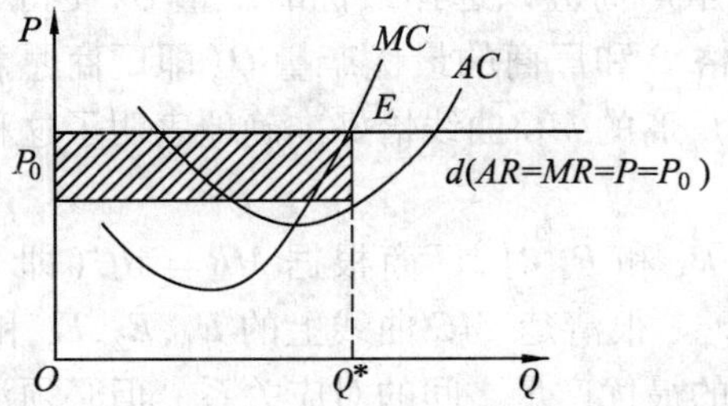

图 7-5 有超额利润的完全竞争厂商短期均衡

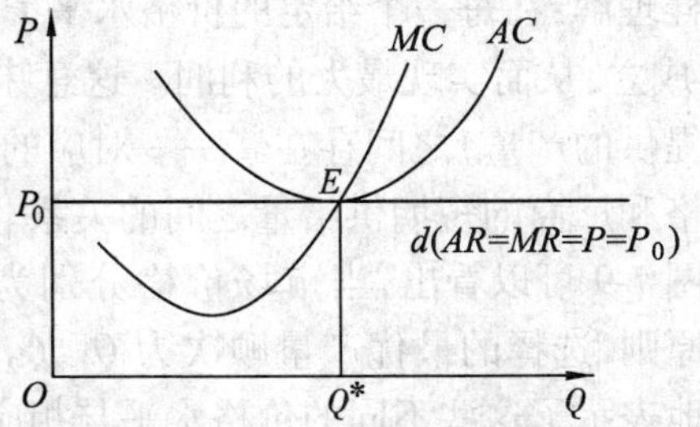

图 7-6 超额利润为零的完全竞争厂商短期均衡

(3) 亏损为最小的短期均衡

在图 7-7 中,边际成本与边际收益曲线相交的均衡点为 E,均衡产量 Q^*。此时,厂商的平均收益小于平均成本,厂商是亏损的,其亏损量相当于图中阴影部分的面积。但由于在 Q^* 的产量上,厂商的平均收益 AR 大于平均可变成本 AVC,所以,厂商虽然亏损,但仍继续生产。这是因为,只有这样,厂商才能在用全部收益弥补全部可变成本以后还有剩余,以弥补在短期内总是存在的固定成本的一部分。产量为 Q^* 时,亏损为阴影部分,如果不生产,则亏损固定成本,即 $MNGF$ 的面积。所以,在这种亏损情况下,生产要比不生产强。

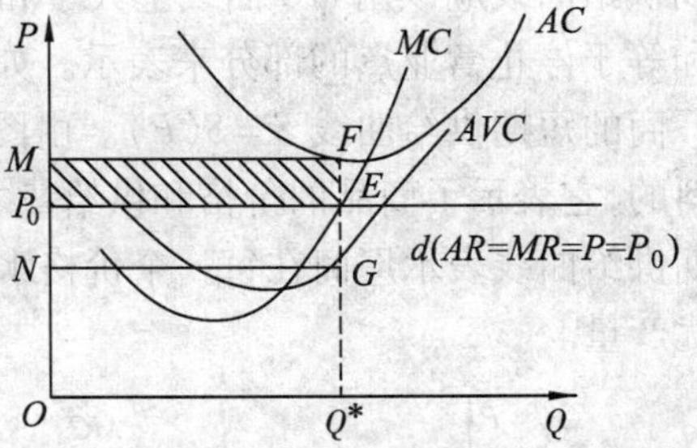

图 7-7 超额利润为零的完全竞争厂商短期均衡

(4) 停止营业

在图 7-8 中,厂商的需求曲线 d 相切于 AVC 曲线的最低点,这一点是 AVC 曲线和 MC 曲线的交点。这一点恰好也是 $MR=MC$ 的利润最大化的均衡点。在均衡产量 Q^* 上,厂商是亏损的,其亏损相当于图中阴影部分的面积。此时,厂商的平均收益 AR 等于平均可变成本 AVC,厂商继续生产与不生产的结果都一样。这是因为,如果厂商生产的话,则全部收益只能弥补全部的可变成本,固定成本得不到任何弥补。如果厂商不生产的话,厂商虽然不必支付可变成本,但是全部不变成本仍然存在。由于在这一均衡点上,厂商处于关闭企业的临界点,所以,该均衡点也被称作停止营业点或关闭点。

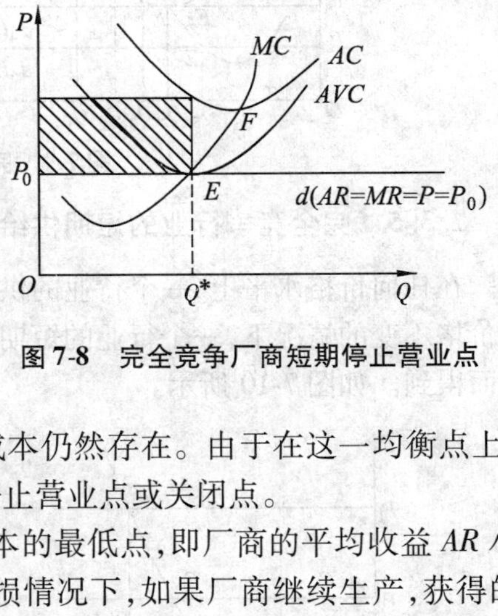

图 7-8 完全竞争厂商短期停止营业点

需要说明的是,如果市场价格低于厂商平均可变成本的最低点,即厂商的平均收益 AR 小于平均可变成本 AVC,厂商将停止生产。因为在这种亏损情况下,如果厂商继续生产,获得的全部收益连可变成本都无法全部弥补,就更谈不上对不变成本的弥补了。而事实上只要厂商停止生产,可变成本就可以降为零。显然,此时不生产要比生产强。

7.3.4 完全竞争厂商的短期供给曲线

我们知道,供给曲线是用来表示在每一个价格水平厂商愿意而且能够提供的产品的数量的。在完全竞争市场上,厂商的短期供给曲线可以用短期边际成本 MC 曲线来表示。对完全竞争厂商来说,有 $P=MR$,所以完全竞争厂商的短期均衡条件又可以写成 $P=MC(Q)$。此式可以这样理解：在每一个给定的价格水平 P，完全竞争厂商应该选择最优的产量 Q，使得 $P=MC(Q)$ 成立，从而实现最大的利润。这意味着在价格 P 和厂商的最优产量 Q（即厂商愿意而且能够提供的产量）之间存在着一一对应的关系，而厂商的 MC 曲线恰好准确地表明了这种商品的价格和厂商的短期供给量之间的关系。

由图 7-9 可以看出，当市场价格分别为 P_1，P_2，P_3 和 P_4 时，厂商根据 $MR=MC$（即 $P=MC$）的原则，选择的最优产量顺次为 Q_1，Q_2，Q_3 和 Q_4。很清楚，MC 曲线上的 E_1，E_2，E_3 和 E_4 点明确地表示了这些不同的价格水平与相应的不同的最优产量之间的对应关系。但必须注意到，厂商只有在 $P \geqslant AVC$ 时，才会进行生产，而在 $P<AVC$ 时，厂商会停止生产。所以，厂商的短期供给曲线应该用 MC 曲线上大于和等于 AVC 曲线最低点的部分来表示，即用 MC 曲线大于和等于停止营业点的部分来表示。如图 7-9 所示，图中 MC 曲线上的实线部分就是完全竞争厂商的短期供给曲线 $S=S(P)$。由图 7-9 可见，完全竞争厂商的短期供给曲线是向右上方倾斜的，它表示了商品的价格和供给量之间同方向变化的关系。更重要的是，完全竞争厂商的短期供给曲线表示厂商在每一个价格水平的供给量都是能够给他带来最大利润或最小亏损的最优产量。

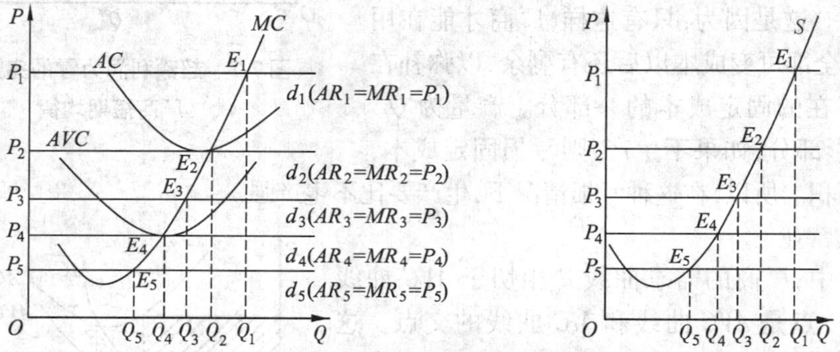

图 7-9　完全竞争厂商的短期供给曲线

7.3.5　完全竞争行业的短期供给曲线

在任何价格水平上，一个行业的供给量等于行业内所有厂商的供给量的总和。在生产要素价格不变的情况下，一个行业的短期供给曲线由该行业内所有厂商的短期供给曲线水平加总而得到。如图 7-10 所示。

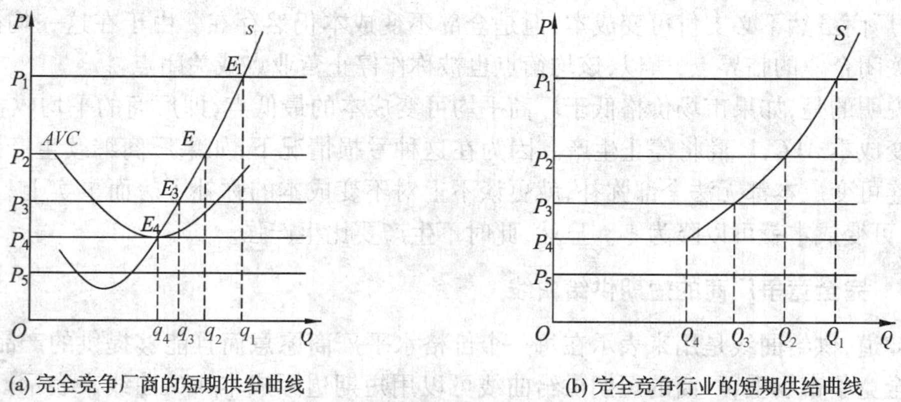

(a) 完全竞争厂商的短期供给曲线　　(b) 完全竞争行业的短期供给曲线

图 7-10　完全竞争行业的短期供给曲线

在图 7-10 中，假定某完全竞争行业中有 N 个相同的厂商，每个厂商都具有相同的短期成本曲线和相应的短期供给曲线，用图 7-10(a)中的实线 s 表示。将这 N 个相同的厂商的短期成本曲线水平相加，便得到图 7-10(b)中的行业的短期供给曲线 S。将厂商的短期供给函数和行业的短期供给函数之间的关系用公式(7-5)表示为：

$$S(P) = \sum_{i=1}^{N} s_i(P) \tag{7-5}$$

其中：$s_i(P)$是第 i 个厂商的短期供给函数；$S(P)$表示行业的短期供给函数。如果行业内的 N 个厂商具有相同的短期供给函数，则式(7-5)可以写成：

$$S(P) = N \cdot s_i(P) \tag{7-6}$$

完全竞争行业的短期供给曲线保持了完全竞争厂商的短期供给曲线的基本特征。行业的短期供给曲线也是向右上方倾斜的，它表示市场的产品价格和市场的短期供给量呈同方向的变动。而且，行业的短期供给曲线上与每一价格水平相对应的供给量都是可以使全体厂商在该价格水平获得最大利润或最小亏损的最优产量。

7.3.6 完全竞争厂商的长期均衡

在完全竞争厂商的长期生产中，所有的生产要素都是可变的，厂商是通过对全部生产要素的调整来实现 $MR = LMC$ 的利润最大化的均衡原则。在完全竞争市场价格给定的条件下，厂商在长期生产中对全部生产要素的调整可以表现为两个方面：一是对最优的生产规模的选择，二是作出进入或退出一个行业的决策。

(1) 单个厂商长期最优生产规模的选择

图 7-11 中，完全竞争市场的价格为 P_0。在短期内，假定厂商已拥有的生产规模以 SAC_1 曲线和 SMC_1 曲线表示。由于在短期内生产规模是给定的，所以厂商只能在既定的生产规模下进行生产。根据 $MR = SMC$ 短期利润最大化的均衡条件，厂商选择的最优产量为 Q_1，所获得的利润为图中较小的那一块阴影部分的面积。而在长期内，根据 $MR = LMC$ 长期利润最大化的均衡条件，厂商会达到长期均衡点 E_2，并且选择 SAC_2 曲线和 SMC_2 曲线所代表的最优生产规模进行生产，相应的最优产量为 Q_2，所获得的利润为图中较大的那一块阴影部分的面积。显然，在长期内，厂商通过对最优生产规模的选择，使自己的状况得到改善，从而获得了比在短期内更大的利润。

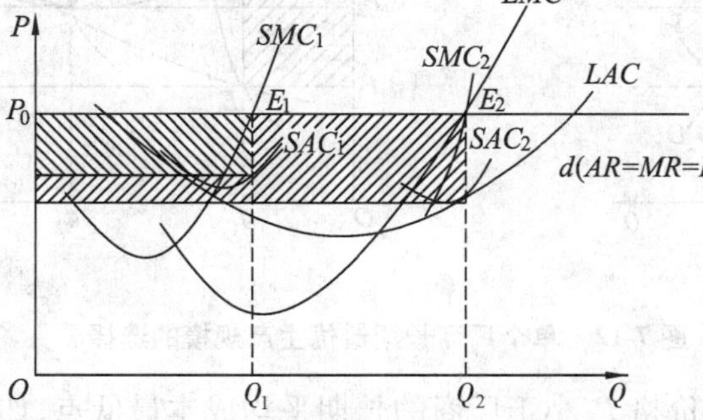

图 7-11 单个厂商长期最优生产规模的选择

(2) 完全竞争厂商长期均衡

在完全竞争的行业中，要素可以自由流动，厂商可以自由进出该行业。厂商在长期生产中会根据利润情况决定进入或退出一个行业，实际上是生产要素在各个行业之间的调整，生产要素总是会流向能获得更大利润的行业，也总是会从亏损的行业退出。正是行业之间生产要素的这种调整，使得完全竞争厂商长期均衡时的利润为零。

图 7-12 可用来说明完全竞争厂商是如何通过进出该行业达到长期均衡的。如果一开始市场价格 P_1 高于厂商的长期平均成本最低点，如图 7-12 中的(a)图，厂商根据 $MR = LMC$ 的利润最大化原则选择的产量为 q_1，相应的最优生产规模由 SAC_1 曲线和 SMC_1 曲线所代表。此时，厂商获得利润为图(a)中阴影部分的面积，整个市场的均衡量为 Q_1。超额利润会吸引一部分厂商进入到该行业生产中来。随着行业内厂商数量的逐步增加，市场上的产品供给就会增加，市场价格就会逐步下降，相应的，单个厂商的利润就会逐步减少。只有当市场价格水平下降到 P_2 时，单个厂商的利润减少为零，新厂商的进入才会停止。此时，市场价格正好等于长期平均成本的最小值，单个厂商选择的产量为 q_2，相应的最优生产规模由 SAC_2 曲线和 SMC_2 曲线所代表。此时，整个市场的供给由 S_1 增加到 S_2，整个市场的均衡量由 Q_1 增加到 Q_2。需要注意的是，价格为 P_1 时单个厂商的产量 q_1 大于价格为 P_2 时单个厂商的产量 q_2，但整个市场在 P_1 时的均衡量 Q_1 却小于价格在 P_2 时的均衡量 Q_2，这是因为价格从 P_1 下降到 P_2 后，厂商的数量增加了。

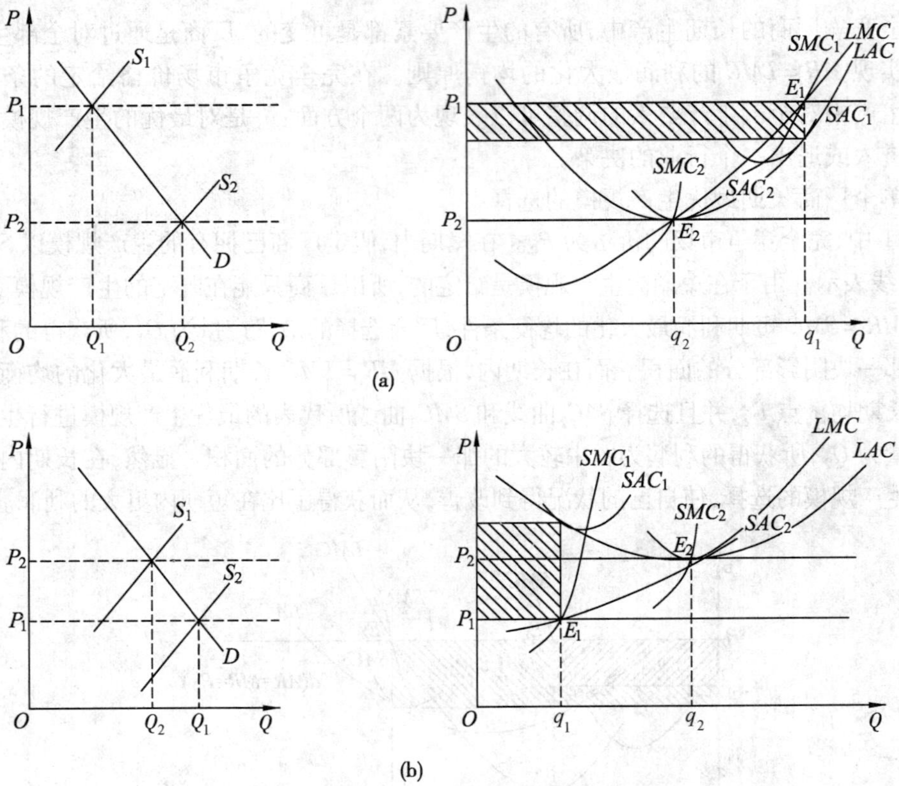

图 7-12　单个厂商长期最优生产规模的选择

相反，如果一开始市场价格 P_1 小于厂商的长期平均成本最低点，如图 7-12(b)，厂商根据 $MR = LMC$ 的利润最大化原则选择的产量为 q_1，相应的最优生产规模由 SAC_1 曲线和 SMC_1 曲线所代表。此时，厂商亏损为图 7-12(b)中阴影部分的面积，整个市场的均衡量为 Q_1。亏损会促使一部分厂商退出该行业。随着行业内厂商数量逐步减少，市场上的产品供给就会减少，市场价格就会逐步上升，相应地，单个厂商的亏损就会逐步减少。只有当市场价格水平上升到 P_2 时，单个厂商的亏损减少为零，厂商的退出才会停止。此时，市场价格正好等于长期平均成本的最小值，单个厂商选择的产量为 q_2，相应的最优生产规模由 SAC_2 曲线和 SMC_2 曲线所代表。此时，整个市场的供给由 S_1 减少到 S_2，整个市场的均衡量由 Q_1 减少到 Q_2。需要注意的是，价格为 P_1 时单个厂商的产量 q_1 小于价格为 P_2 时单个厂商的产量 q_2，但整个市场在 P_1 时的均衡量 Q_1 却大于价格在 P_2 时的均衡量 Q_2，这是因为价格从 P_1 上升到 P_2 后，厂商的数量减少了。

总之，不管是新厂商的进入还是原有厂商的退出，最后，这种调整一定会使市场价格达到等于长期平均成本的最低点的水平，即图中的价格水平 P_2。在这一价格水平，行业内的每个厂商既无利润，也不亏损，都实现了正常利润。于是，厂商失去了进入或退出该行业的动力，行业内的每个厂商都实现了长期均衡。图中的 E_2 点是完全竞争厂商的长期均衡点。在厂商的长期均衡点 E_2，LAC 曲线达最低点，相应的 LMC 曲线经过该点，厂商的需求曲线与 LAC 曲线相切于该点，代表最优生产规模的 SAC_2 曲线相切于该点，相应的 SMC_2 曲线经过该点。总之，完全竞争厂商的长期均衡出现在 LAC 曲线的最低点。这时，生产的平均成本降到长期平均成本的最低点，商品的价格也等于最低的长期平均成本。

因此，我们得到完全竞争厂商的长期均衡条件为：

$$MR = LMC = SMC = LAC = SAC \tag{7-7}$$

其中，$MR = AR = P$。此时，单个厂商的利润为零。

7.3.7 完全竞争行业的长期供给曲线

我们在分析完全竞争厂商长期均衡的过程中，假定厂商进出该行业后并不引起生产要素价格的变化，进而厂商的长期成本也不变动。然而，当我们分析行业的长期供给曲线时，这个假定显然是很不合理的。因为，当厂商进入或退出一个行业时，整个行业产量的变化有可能对生产要素市场的需求产生影响，从而影响生产要素的价格，进而厂商的长期平均成本曲线也会发生移动。根据行业产量变化对生产要素价格所可能产生的影响，我们将完全竞争行业区分为成本不变行业、成本递增行业和成本递减行业。这三类行业的长期供给曲线各具特征。

(1) 成本不变行业的长期供给曲线

成本不变行业是这样一种行业，该行业的产量变化所引起的生产要素需求的变化不影响生产要素的价格。在这种情况下，行业的长期供给曲线是一条水平线。如图 7-13 所示，由市场需求曲线 D_1 和市场短期供给曲线 SS_1 的交点 A 所决定的市场均衡价格为 P_1。在价格水平 P_1，完全竞争厂商在 LAC 曲线的最低点 E 实现长期均衡，每个厂商的利润均为零。由于行业内不再有厂商的进入和退出，故 A 点为行业的一个长期均衡点。假定外生因素影响使市场需求增加，D_1 曲线向右移至 D_2 曲线的位置，且与 SS_1 曲线相交，相应的市场价格水平由 P_1 上升到 P_2。在新的价格水平 P_2，厂商在短期内沿着既定生产规模的 SMC 曲线，将产量由 q_1 提高到 q_2，并获得利润。从长期看，由于单个厂商获得利润，便吸引新厂商加入到该行业中来，导致行业供给增加。行业供给增加会产生两方面的影响。一方面，它会增加对生产要素的需求。但由于是成本不变行业，所以生产要素的价格不发生变化，企业的成本曲线的位置不变。另一方面，行业供给增加会使厂商的 SS_1 曲线不断向右平移，随之，市场价格逐步下降，单个厂商的利润也逐步下降。这个过程一直要持续到单个厂商的利润消失为止，即 SS_1 曲线一直要移动到 SS_2 曲线的位置，从而使得市场价格又回到了原来的长期均衡价格水平 P_1，单个厂商又在原来

的 LAC 曲线的最低点 E 实现长期均衡。所以，D_2 曲线和 SS_2 曲线的交点 B 是行业的又一个长期均衡点。连接 A，B 这两个行业的长期均衡点的直线 LS 就是行业的长期供给曲线。

成本不变行业的长期供给曲线是一条水平线。它表示成本不变行业是在不变的均衡价格水平上提供产量，该均衡价格水平等于厂商的不变长期平均成本的最低点。市场需求变化，会引起行业长期均衡产量同方向的变化，但长期均衡价格不会发生变化。

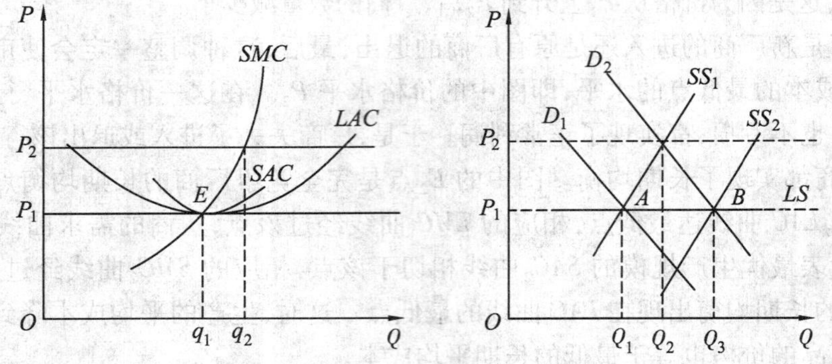

图 7-13　成本不变行业的长期供给曲线

（2）成本递增行业的长期供给曲线

成本递增行业是较为普遍的情况。该行业产量增加所引起的生产要素需求的增加，会导致生产要素价格的上升。成本递增行业的长期供给曲线是一条向右上方倾斜的曲线。

如图 7-14 所示，开始时，市场均衡价格为 P_1，厂商在 LAC_1 曲线的最低点实现长期均衡，且每个厂商的利润为零，此时，整个行业的均衡点为 A 点。假定市场需求增加使市场需求曲线向右移至 D_2 曲线的位置，并与原市场短期供给曲线 SS_1 相交形成新的更高价格水平。在此价格水平，厂商在短期内将仍以 SMC_1 曲线所代表的既定生产规模进行生产，并由此获得利润。在长期，新厂商会由于受利润的吸引而进入到该行业的生产中来，整个行业供给增加。一方面，行业供给增加，会增加对生产要素的需求。与成本不变行业不同，在成本递增行业，生产要素需求的增加使得生产要素的市场价格上升，从而使得厂商的成本曲线的位置上升至 LAC_2 曲线和 SMC_2 曲线的位置。另一方面，行业供给增加直接表现为市场的短期供给曲线向右平移至 SS_2 曲线的位置，从而分别在 E_2 点和 B 点实现厂商的长期均衡和行业的长期均衡。此时，在由 D_2 曲线和 SS_2 曲线所决定的新的市场均衡价格水平 P_2，厂商在 LAC_2 曲线的最低点实现长期均衡，每个厂商的利润又都为零，连接 A，B 这两个行业长期均衡点的线 LS 就是行业的长期供给曲线。

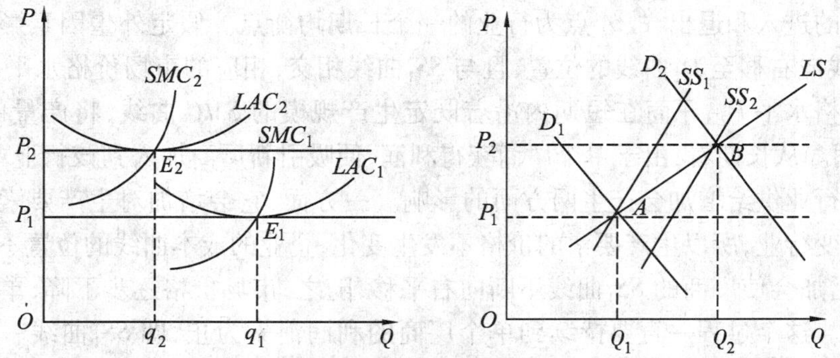

图 7-14　成本递增行业的长期供给曲线

成本递增行业的长期供给曲线是向右上方倾斜的，表明在长期中，行业的产品价格和供给量呈同方向变动。市场需求的变动不仅会引起行业长期均衡价格的同方向变动，还会同时引起行业长期均衡产量的同方向变动。

（3）成本递减行业的长期供给曲线

成本递减行业是这样一种行业，该行业产量增加所引起的生产要素需求的增加，反而使生产要素的价格下降了。行业成本递减的原因是外在经济的作用。这可能主要是因为生产要素行业的产量的增加，使得行业内单个企业的生产效率提高，从而使得所生产出来的生产要素的价格下降。成本递减行业的长期供给曲线是向右下方倾斜的。

如图 7-15 所示，开始时，厂商在 E_1 点实现长期均衡，行业在 A 点实现长期均衡，E_1 点和 A 点是相互对应的。当市场价格上升，新厂商由于受利润吸引而加入到该行业中来的时候，一方面，在成本递减行业的前提下，行业供给增加所导致的对生产要素需求的增加，却使得生产要素的市场价格下降了，它使得成本曲线向下移动。另一方面，行业供给增加仍直接表现为短期供给曲线的位置向右移动。这两种变动一直要持续到厂商在 E_2 点实现长期均衡和行业在 B 点实现长期均衡为止。此时，在由 D_2 曲线和 SS_2 曲线所决定的新价格水平 P_2，厂商在 LAC_2 曲线的最低点实现长期均衡，每个厂商的利润又恢复为零。连接 A，B 这两个行业长期均衡点的线 LS 就是行业的长期供给曲线。成本递减行业的长期供给曲线是向右下方倾斜的，表明在长期中，行业的产品价格和供给量呈反方向变动。市场需求的增加会引起行业长期均衡价格的反方向变动，还会同时引起行业长期均衡产量的同方向变动。

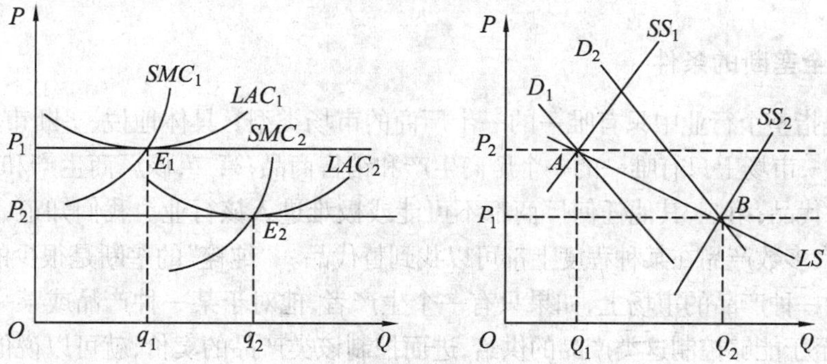

图 7-15 成本递减行业的长期供给曲线

案例评析

政府建立的大型养鸡场为什么会失败？

20 世纪 80 年代，一些城市为了保证居民的菜篮子供应，由政府出资建立了大型养鸡场，但许多养鸡场最后以破产告终。原因是多方面的，其中重要的一点在于鸡蛋市场是一个完全竞争市场。鸡蛋市场上有许多买者和卖者，其中任何一个生产者，即使是大型养鸡场，其产量在市场总供给量中的比例都是微不足道的，只能接受市场定价。鸡蛋市场没有任何进入限制，谁想进入都可以，而且投资小。鸡蛋是无差别产品，生产者无法以产品差别建立自己的垄断地位。

在完全竞争市场上，长期均衡价格等于平均成本，但这个平均成本是整个行业的平均成本。如果某个生产者采用了先进的养鸡技术，平均成本低于行业平均成本，就可以获得利润。生产者为了获得这种利润，都努力采用先进技术，降低成本。当所有生产者都这样做时，整个行业的平均成本也下降了，价格也下降了。这正是完全竞争市场上竞争的残酷性。如果哪个生产者的平均成本高于行业平均成本，他就无法在这个行业中生存下来，只好退出或者破产。

政府建立的大型养鸡场在这种完全竞争的市场上没有什么优势，它的规模不足以控制市场，产品也没有特色。它要以平等的身份与那些分散的养鸡场竞争。而这种大型养鸡场的成本一般大于行业平均成本，因为这些养鸡场固定成本远远高于农民的分散养鸡场。这种大型养鸡场多建有大型鸡舍，采用机械化方式，而且有相当一批管理人员，这些成本的增加远远大于机械化养鸡带来的收益。当鸡蛋行业的主力是农民时，行业平均成本也是由他们决定的。大型养鸡场的成本高于农民养鸡场的成本，也就是高于行业平均成本。因此政府建立的大型养鸡场在与农民养鸡场竞争中并无优势，其破产是必然的。

此案例说明，在完全竞争市场上，价格由行业平均成本决定，大型企业由于固定成本和可变成本开支都比较大，所以其个别成本高于平均成本，必然发生亏损。

7.4　完全垄断市场

7.4.1　完全垄断的条件

垄断市场是指整个行业中只有唯一的一个厂商的市场类型。具体地说，垄断市场的条件主要有以下 3 点：第一，市场上只有唯一的一个厂商生产和销售商品；第二，该厂商生产和销售的商品没有任何相近的替代品；第三，其他任何厂商都不可能或极难进入该行业。我们知道，除古董字画等少数产品以外，大多数产品在某种程度上都可以找到替代品。“纯粹”的垄断是很少的。但是，垄断的字面意义是指一种产品的市场上，如果只有一个生产者，他对于某一种产品或某一组产品，能够排斥竞争者，以至于能够控制这类产品的供给，进而控制该类产品的卖价，就可以说他是一个“垄断者”。在这种场合，垄断者在考虑决定他的产品价格时无须考虑其他产品的价格。因为就算他提高产品价格，消费者由于无法找到其他产品来替代，还是会购买他的产品。所以可以把一个垄断者（厂商）定义为某一行业即某产品之唯一的生产者，这种产品没有非常相近的替代品，并且垄断者能够排斥竞争者进入该行业。这样，垄断者的显著特征是能够对所经营产品的供给实行控制。

垄断市场排除了一切的竞争因素，独家垄断厂商控制了整个行业的生产和市场的销售，所以垄断厂商可以控制和操纵市场价格。形成垄断的原因主要有以下几个：

第一，独家厂商控制了生产某种商品的全部资源或基本资源的供给。这种对生产资源的独占，排除了其他厂商生产同种产品的可能性。

第二，独家厂商拥有生产某种商品的专利权。这便使得独家厂商可以在一定的时期内垄断该产品的生产。

第三，政府的特许。政府往往在某些行业实行垄断的政策，如铁路运输部门、供电供水部门等，于是特许企业就成了这些行业的垄断者。

第四，自然垄断。有些行业的生产具有这样的特点：企业生产的规模经济需要在一个很大的产量范围和巨大的资本设备的生产运行水平上才能得到充分的体现，以至于整个行业的产量只有在由一个企业来生产时才有可能达到这样的生产规模。而且，只要发挥这一企业在这一生产规模上的生产能力，就可以满足整个市场对该种产品的需求。在这类产品的生产中，行业内总会有某个厂商凭借雄厚的经济实力和其他优势，最先达到这一生产规模，从而垄断了整个行业的生产和销售。

与完全竞争市场一样，垄断市场的假设条件也很严格。在现实的经济生活里，垄断市场几乎是不存在的。在西方经济学中，完全竞争市场的经济效率被认为是最高的，从而完全竞争市场模型通常被用来作为判断其他类型市场的经济效率高低的标准，那么，垄断市场模型就是经济效率最低的。

7.4.2 完全垄断厂商的需求曲线和收益曲线

(1) 完全垄断厂商的需求曲线

由于垄断市场中只有一个厂商，所以完全垄断厂商的需求曲线与整个市场的需求曲线合二为一，市场的需求曲线就是垄断厂商所面临的需求曲线，它是一条向右下方倾斜的曲线。如图7-16所示。假定厂商的销售量等于市场的需求量，于是，向右下方倾斜的垄断厂商的需求曲线表示：垄断厂商可以用减少销售量的办法来提高市场价格，也可以用增加销售量的办法来压低市场价格。也就是说，垄断厂商可以通过改变销售量来控制市场价格，以达到利润最大化。

(2) 完全垄断厂商的收益曲线

厂商所面临的需求状况直接影响厂商的收益，这便意味着厂商的需求曲线的特征将决定厂商的收益曲线的特征。由完全垄断市场的特点可知，完全垄断厂商的产品价格是销售量的函数，且 P 是 Q 的减函数。假设需求函数为 $P=P(Q)$，那么总收益、平均收益与边际收益函数分别为：

$$TR = P(Q) \cdot Q \tag{7-6}$$

$$AR = \frac{TR}{Q} = P(Q) \tag{7-7}$$

$$MR = \frac{\mathrm{d}TR}{\mathrm{d}Q} = \frac{\mathrm{d}P}{\mathrm{d}Q} \cdot Q + P(Q) \tag{7-8}$$

由以上函数形式可以得出相应的平均收益 AR 曲线、边际收益 MR 曲线和总收益 TR 曲线的一般特征，如图7-16所示。

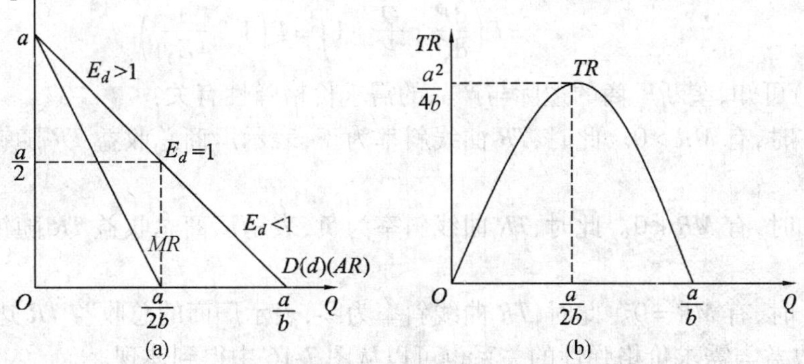

图7-16 完全垄断厂商的需求曲线与收益曲线

第一,由于厂商的平均收益 AR 总是等于商品的价格,所以,在图中,垄断厂商的 AR 曲线和需求曲线 d 重叠,是同一条向右下方倾斜的曲线。

第二,由于 AR 曲线是向右下方倾斜的,根据平均量和边际量之间的相互关系可以推知,垄断厂商的边际收益 MR 总是小于平均收益 AR。由式(7-8)可知,边际收益等于平均收益 $P(Q)$ 加上 $\frac{\mathrm{d}P}{\mathrm{d}Q}\cdot Q$,因为价格与销售量负相关,因此 $\frac{\mathrm{d}P}{\mathrm{d}Q}\cdot Q$ 为负,我们可以进一步知道边际收益小于平均收益。图中 MR 曲线位于 AR 曲线的左下方,且 MR 曲线也向右下方倾斜。

第三,由于每一销售量上的边际收益 MR 值就是相应的总收益 TR 曲线的斜率,所以在图中:当 $MR>0$ 时,TR 曲线递增;当 $MR<0$ 时,TR 曲线递减;当 $MR=0$ 时,TR 曲线达最大值点。

我们进一步假设线性的需求函数为:

$$P = a - bQ \tag{7-9}$$

其中 a 与 b 为常数且大于零。由式(7-9)我们可以得出总收益、平均收益与边际收益函数分别为:

$$TP = aQ - bQ^2 = -b\left(Q - \frac{a}{2b}\right)^2 + \frac{a^2}{4b} \tag{7-10}$$

$$AR = \frac{TR}{Q} = a - bQ \tag{7-11}$$

$$MR = \frac{\mathrm{d}TR}{\mathrm{d}Q} = a - 2bQ \tag{7-12}$$

由以上几个等式可知,当销售量为 $\frac{a}{2b}$ 时,价格为 $\frac{a}{2}$,边际收益为0,而此时总收益取得最大值为 $\frac{a^2}{4b}$。由式(7-11)与式(7-12),我们还可以知道平均收益在横轴的截距为 $\frac{a}{b}$,而边际收益在横轴的截距为 $\frac{a}{2b}$。具体的关系如图 7-16 所示。

7.4.3 完全垄断厂商的边际收益与需求价格弹性的关系

当厂商所面临的需求曲线向右下方倾斜时,厂商的边际收益、价格和需求的价格弹性三者之间存在如下的关系:

$$MR = \frac{\mathrm{d}TR}{\mathrm{d}Q} = \frac{\mathrm{d}P}{\mathrm{d}Q}\cdot Q + P(Q)$$

$$= P\left(\frac{\mathrm{d}P}{\mathrm{d}Q}\cdot\frac{Q}{P} + 1\right) = P\left(1 - \frac{1}{|E_{\mathrm{d}}|}\right) \tag{7-13}$$

由式(7-13)可知,垄断厂商的边际与产品的需求价格弹性有关:

当 $|E_{\mathrm{d}}|>1$ 时,有 $MR>0$。此时,TR 曲线斜率为正,表示厂商总收益 TR 随销售量 Q 的增加而增加。

当 $|E_{\mathrm{d}}|<1$ 时,有 $MR<0$。此时,TR 曲线斜率为负,表示厂商总收益 TR 随销售量 Q 的增加而减少。

当 $|E_{\mathrm{d}}|=1$ 时,有 $MR=0$。此时,TR 曲线斜率为零,表示厂商的总收益 TR 达极大值点。

以上边际收益与需求价格弹性的关系也可以从图 7-16 中得到体现。

7.4.4 完全垄断厂商的短期均衡

不管是竞争的市场还是垄断的市场，厂商的目标都是获得最大的利润，其均衡的条件均是边际收益等于边际成本。垄断厂商为了获得最大的利润，也必须遵循 $MR = MC$ 的原则。在短期内，垄断厂商无法改变固定要素投入量，垄断厂商是在既定的生产规模下，通过对产量和价格的调整来实现 $MR = SMC$ 的利润最大化的原则。

完全垄断的厂商是价格的制定者，如果依据利润最大化的原则（即 $MR = SMC$）制定价格是否一定能获得经济利润呢？答案是否定的。垄断厂商是否有利润取决于市场的需求与厂商的成本。具体说，完全垄断厂商短期均衡时有以下两种情况：

（1）有超额利润的短期均衡

图 7-17 中的 SMC 曲线和 SAC 曲线代表垄断厂商的既定的生产规模，d 曲线和 MR 曲线代表垄断厂商的需求和收益状况。其中需求曲线与短期平均成本相交。垄断厂商根据 $MR = SMC$ 的利润最大化的均衡条件，将产量和价格分别调整到 Q^* 和 P^* 的水平。在短期均衡点 E 上，平均收益大于平均成本，垄断厂商获得利润，总利润量相当于图中阴影部分的面积。

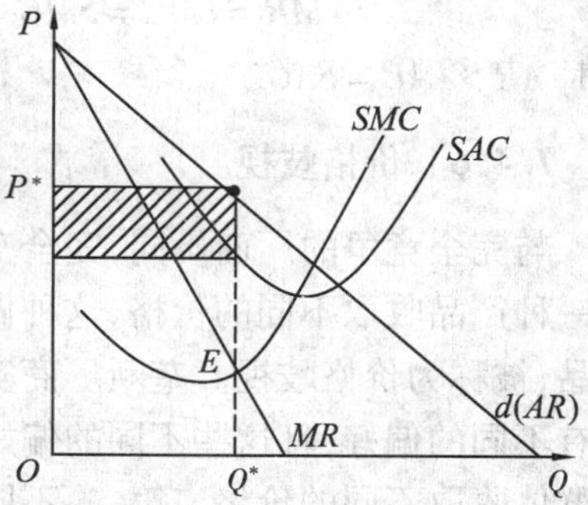

图 7-17 有超额利润的完全垄断厂商短期均衡

（2）有亏损的短期均衡

图 7-18 中，需求曲线与短期平均成本相离。垄断厂商遵循 $MR = SMC$ 的原则，将产量和价格分别调整到 Q^* 和 P^* 的水平。在短期均衡点 E，垄断厂商是亏损的，总亏损额等于图中阴影部分的面积。与完全竞争厂商相同，在亏损的情况下，若 $AR > AVC$，垄断厂商就继续生产；若 $AR < AVC$，垄断厂商就停止生产；若 $AR = AVC$，垄断厂商生产和不生产都一样。在图 7-18 中，平均收益大于平均可变成本，所以，垄断厂商短期内会继续生产。

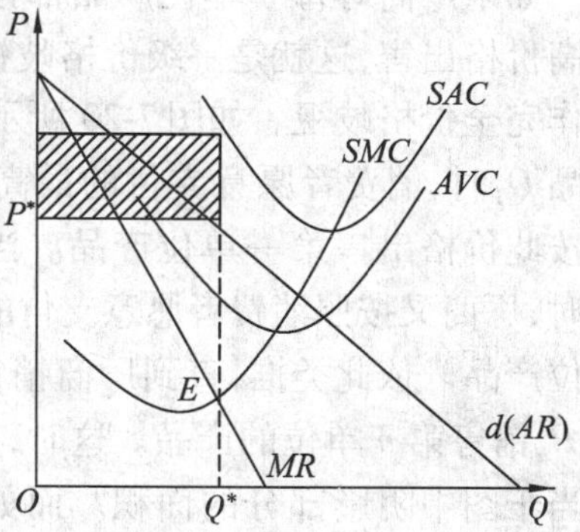

图 7-18 有亏损的完全垄断厂商短期均衡

7.4.5 完全垄断厂商的长期均衡

与完全竞争厂商不同，垄断厂商在长期内可以调整全部生产要素的投入量即生产规模，从而实现最大的利润。垄断行业排除了其他厂商进入的可能性，因此，如果垄断厂商在短期内获得利润，那么，在长期内他的利润不会因为新厂商的加入而消失，垄断厂商是可以保持利润的。

我们用图 7-19 来说明完全垄断厂商的长期均衡，其中 d 曲线和 MR 曲线分别表示垄断厂商所面临的市场的需求曲线和边际收益曲线，LAC 曲线和 LMC 曲线分别为垄断厂商的长期平均成本曲线和长期边际成本曲线。假定开始时垄断厂商是在由 SAC_1 曲线和 SMC_1 曲线所代表的生产规模上进行生产，在短期内，垄断厂商只能按照 $MR = SMC$ 的原则，在现有的生产规模上将均衡产量和均衡价格分别调整到 Q_1 和 P_1。在短期均衡点 E_1 上，垄断厂商获得的利润为图中较小的阴影部分面积。在长期中，垄断厂商按照 $MR = LMC$ 的长期均衡原则，垄断厂商的

长期均衡点为 E_2，长期均衡产量和均衡价格分别为 Q^* 和 P^*，垄断厂商所选择的相应的最优生产规模由 SAC_2 曲线和 SMC_2 曲线所代表。此时，垄断厂商获得了比短期更大的利润，其利润量相当于图中较大的阴影部分面积。

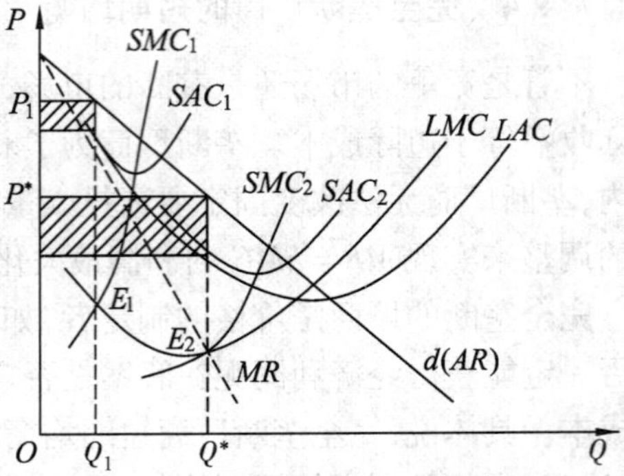

图 7-19　有超额利润的完全垄断厂商长期均衡

由此可见，垄断厂商之所以能在长期内获得更大的利润，其原因在于长期内企业的生产规模是可调整的，市场对新加入厂商是完全关闭的。垄断厂商的长期均衡条件为：

$$MR = LMC = SMC \qquad (7\text{-}14)$$

此时 $AR > LAC = SAC$。

7.4.6　价格歧视

与完全竞争的厂商不同，完全垄断的厂商是价格的制定者。在有些情况下，垄断厂商会对同一种产品收取不同的价格，这种做法往往会增加垄断厂商的利润。以不同价格销售同一种产品，被称为价格歧视。垄断厂商实行价格歧视，必须具备两个基本条件：第一，市场的消费者具有不同的偏好，且这些不同的偏好可以被区分开。这样，厂商才有可能对不同的消费者或消费群体收取不同的价格。第二，不同的消费者群体或不同的销售市场是相互隔离的。这样就排除了中间商由低价处买进商品，转手又在高价处出售商品而从中获利的情况。

（1）一级价格歧视

如果厂商对每一单位产品都按消费者所愿意支付的最高价格出售，这就是一级价格歧视。一级价格歧视也被称作完全价格歧视。如图 7-20 所示：当厂商销售第一单位产品 Q_1 时，消费者愿意支付的最高价格为 P_1，于是，厂商就按此价格出售第一单位产品。当厂商销售第二单位产品时，厂商又按照消费者愿意支付的最高价格 P_2 出售第二单位产品。依此类推，直到厂商销售量为 Q_n 为止，即以价格 P_n 销售第 n 单位的产品。这时，垄断厂商得到的总收益相当于图中阴影部分的面积。而如果厂商不实行价格歧视，都按同一个价格 P_n 出售 Q_n 的产量，则总收益仅为 OP_nBQ_n 的面积。

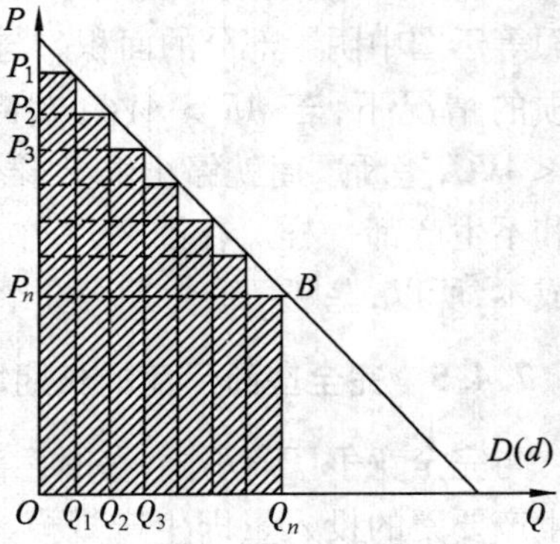

图 7-20　一级价格歧视

（2）二级价格歧视

二级价格歧视不如一级价格歧视那么严重。一级价格歧视要求垄断者对每一单位的产品都制定一个价格，而二级价格歧视只要求对不同的消费数量段规定不同的价格。例如，当消费者购买 10 条装的咖啡时，价格为 20 元，而购买 20 条装的咖啡时，只需 30 元，也就是说新增 10 条咖啡只要 10 元。

在图 7-21 中，垄断者规定了 3 个不同的价格水平。在第一个消费段上，垄断者规定的价格最高为 P_1；当消费数量增加到第二个消费段时，价格下降为 P_2；当消费数量再增加到第三个消费段时，价格便下降为更低的 P_3。如果不存在价格歧视，则垄断厂商的总收益相当于矩形

OP_3CQ_3的面积，如果实行二级价格歧视，则垄断厂商的总收益还要加上矩形 P_3P_1AE 和矩形 $DEFB$ 的面积，这一面积恰好就是消费者剩余的损失量。由此可见，实行二级价格歧视的垄断厂商利润会增加，部分消费者剩余被垄断者占有。

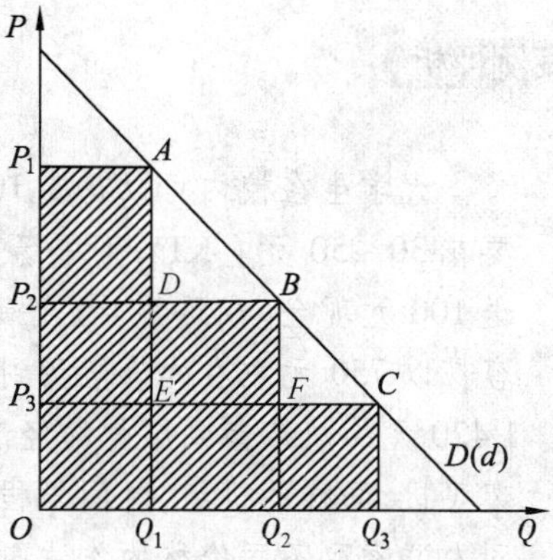

图 7-21　二级价格歧视

(3) 三级价格歧视

垄断厂商对同一种产品在不同的市场上（或对不同的消费群）收取不同的价格，这就是三级价格歧视。例如，同种产品在富人区的价格高于在贫民区的价格；同样的学术刊物，图书馆购买的价格高于学生购买的价格。更一般的，对于同种产品，国内市场和国外市场的价格不一样，城市市场和乡村市场的价格不一样，黄金时间和非黄金时间的价格不一样。

我们知道垄断厂商的边际收益与需求价格弹性相关，即：

$$MP = P\left(1 - \frac{1}{E_{\mathrm{d}}}\right)$$

如果厂商在两个分割的市场上统一定价，而两个市场的需求价格弹性不同，那么厂商在两个市场上取得的边际收益则不同。

$$MR_1 = P_1\left(1 - \frac{1}{|E_{\mathrm{d}}|_1}\right)$$

$$MR_2 = P_2\left(1 - \frac{1}{|E_{\mathrm{d}}|_2}\right)$$

只要各市场之间的边际收益不相等，厂商就可以通过不同市场之间的销售量的调整来获得更大的利益。例如，当 $MR_1 > MR_2$时，厂商自然会减少市场 2 的销售量而增加市场 1 的销售量，以获得更大的利益。这种调整一直会持续到 $MR_1 = MR_2$为止。此外，厂商应该使生产的边际成本 MC 等于各市场相等的边际收益。只要两者不等，厂商就可以通过增加或减少产量来获得更大的利益，直至实现 $MR_1 = MR_2 = MC$ 的条件。下面具体分析三级价格歧视的做法，分析中假定某垄断厂商在两个分割的市场上出售同种产品。

根据 $MR_1 = MR_2$的原则，可知：

$$MR_1 = P_1\left(1 - \frac{1}{|E_{\mathrm{d}}|_1}\right) = MR_2 = P_2\left(1 - \frac{1}{|E_{\mathrm{d}}|_2}\right)$$

$$\frac{P_1}{P_2} = \frac{1 - \dfrac{1}{|E_{\mathrm{d}}|_2}}{1 - \dfrac{1}{|E_{\mathrm{d}}|_1}}$$

因此，三级价格歧视要求厂商在需求的价格弹性小的市场上制定较高的产品价格，在需求的价格弹性大的市场上制定较低的产品价格。实际上，对价格变化反应不敏感的消费者制定较高的价格，而对价格变化反应敏感的消费者制定较低的价格，是有利于垄断者获得更大的利润的。

案例评析

大学生在校内可以花费 10 元钱看最新电影，但在校外的电影院看同样的电影却要花 30～50 元。KTV 下午场可以打 5 折。许多大商场为了促销，常常打出满 98 元送 100 元现金(或购物券)或满 198 元送 200 元现金(或购物券)的广告。在广州很容易以 750 元左右的价格买到从广州到济南的经济舱飞机票，但是在济南只能买到 1 420 元的从济南到广州的经济舱飞机票，乘的是同一航空公司的飞机，甚至是同一架飞机，同样的机组，时间里程也一样，价格竟然如此悬殊。总之，这些同样商品向不同人群索取不同价格的作法叫做价格歧视。它暗示着垄断势力的存在，所以在经济上是无效率的，并常常是非法的。然而社会上价格歧视不仅普遍，而且还是社会隐蔽地、非预期地再分配消费品的重要方法。

同样的产品、同样的服务，但针对不同的顾客，价格却大不一样，这种现象无处不在。你可以说这是“价格歧视”“不公平”“不正当竞争”“欺骗顾客”“倾销”，也可以说这是“让利”“优惠”“补贴”“扶持”。

需求定律说，价格越高，需求量就越小，价格越低，需求量就越大。所有市场需求都符合这个规律。有所区别的是，不同的顾客对不同的产品价格具有不同的敏感程度。有时候，价格稍微下降，需求量就显著上升；但另外一些时候，价格即使出现较大的变动，需求量也停滞不动。

经济学可以拨开修辞的迷雾。“歧视”“倾销”似乎不光彩，“让利”“优惠”似乎符合消费者的利益。然而，它们所指的都是同一种行为，就是厂商区分不同的需求，追求利润最大化的行为。如果强行禁止价格歧视，那么大多数人都会蒙受损失，且以对价格变化更敏感的穷人为甚。

7.5 垄断性市场的效率损失

根据上文对完全垄断厂商的均衡分析可知，完全垄断厂商收取的价格高于厂商的边际成本。从消费者的角度看，这种高价格使得垄断不受消费者欢迎。但垄断厂商却赚取了利润，因此从企业所有者的角度看，高价格使垄断深受厂商的欢迎。那么，企业所有者的利益会大于给消费者带来的损失吗？从整个社会的角度来分析，完全垄断是否存在损失呢？

垄断的福利损失是指垄断者实现利润最大化，价格高于边际成本，这使其生产量低于社会最佳水平，造成社会福利的净损失。我们用社会总剩余来分析垄断的效率。社会总剩余包括消费者剩余与生产者剩余。

我们先分析完全竞争市场中有效率的均衡情况，如图 7-22 所示。需求曲线反映产品对消费者的价值，用他们的支付意愿来衡量。需求曲线与边际成本曲线相交时的产量 Q_e 为有效率的产量。此时消费者剩余为 $\triangle MP_eE$ 的面积，生产者剩余为 $\triangle P_eEN$ 的面积，社会总剩余为 $\triangle MNE$ 的面积。

完全垄断市场存在效率损失,如图 7-23 所示。根据边际收益等于边际成本的原则,垄断厂商确定的产量为 Q_e,此时定价为 P_e。可见垄断厂商的产量小于完全竞争厂商的产量,而价格却高于完全竞争市场的价格。图 7-23 中,消费者剩余为△MP_eA 的面积,生产者剩余为梯形 P_eACN 的面积。与完全竞争市场相比,社会总剩余少了△ABC 的面积,这也称为无谓损失。

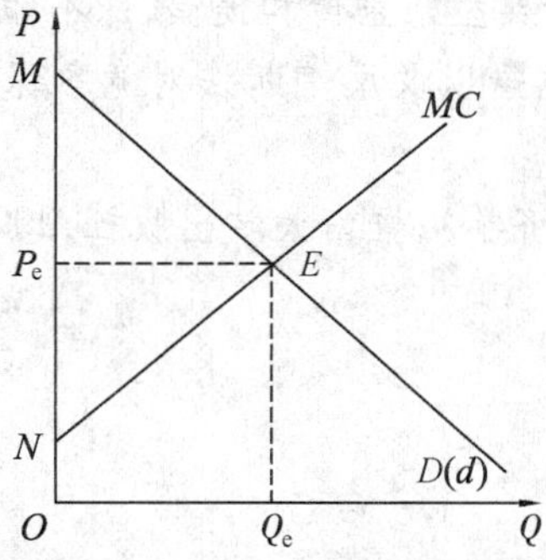

图 7-22 有效率的产量水平

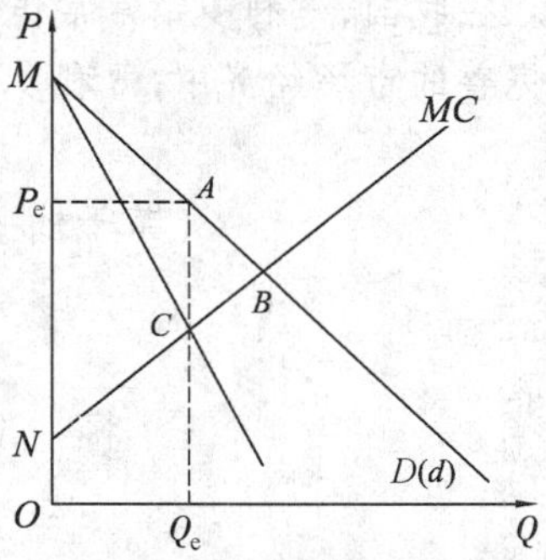

图 7-23 垄断的效率损失

资料链接

从邮政的垄断到私人办公共事业

个人可以办邮政,这听起来似乎是一件新鲜事,可是在美国,不但有私人办的邮政,甚至还有私人办的监狱。

在美国大多数的邮局里办事是需要排队的,这对于惜时如金的美国人来说是很难容忍的事情。所以私人办邮政的创意很快得到社会舆论的拥护而实行起来了。邮政是成本递减的行业,即营业量越大,单件成本越低,所以私人邮递要扩大其营业量,使成本降到政府办的邮政成本之下,还需要一个过程。不过,看起来美国政府独家办邮政、定邮资的垄断时代不会很长了。

私人办公共事业,邮局并非独一无二。我们认为应该由政府办的事业,在美国往往由私人经办。市内的公共交通,从地铁到公共汽车,既有私人办的也有政府办的。他们各有自己的收费标准和服务对象,但有一点是共同的:谁也赚不到超额利润。因为如果你把价格定高了,马上会有竞争者占领你的市场。多赚钱的唯一办法是改善内部经营,使成本比你的竞争者低。1 个竞争者比 10 个物价监督员的力量还要大,这一点我们至今还没有明白过来。

在美国,公共交通、城市清洁、治安管理等领域都有私人企业,更不用说学校、铁路、航空了。如果这些企业由独家承办,就会出现我们常说的“惹不起,讲不通,离不开”的顾客受气的局面。就拿上面提到的私人办监狱来说,由于政府办的监狱缺乏效率,关一名犯人一年要花三四万美元,于是就有私人出来承包。花的钱少,还使犯人满意。私人企业要想继续赚钱,就得继续把监狱办好。当然首先不能让犯人逃跑。

美国法律对垄断有极严格的限制。1890 年通过了第一个联邦反垄断法,称为谢尔曼法案,以后在1914年、1936年、1950年多次修订补充。它非但不许一家公司独霸市场,还禁止几家大企业暗中达成价格和产量的协议,逃避竞争。GE(通用电力)、西屋和其他电子公司的经理在1961年就因协商价格被判处有期徒刑。犯民事案件被判处徒刑,可见惩罚是严厉的。近几十年来,每年都有几十家大公司被指控犯有垄断经营罪。在我国,薄利多销常常作为商业道德的典型来宣传和提倡,殊不知在美国那种比较完善的市场经济中,薄利多销是企业的竞争以及反垄断法对竞争保护的必然结果。

(茅于轼:《生活中的经济学》,暨南大学出版社,2007年。)

拓展阅读

加入WTO背景下的我国农业问题

我国政府对农产品市场进行了许多的干预,比如,实行农产品价格补贴政策。我国农产品的价格长期偏离国际市场价格,据联合国粮农组织的资料,国际农产品特别是粮食价格,最近十多年里基本上是不断下降的,与此相反的是,我国的农产品价格,特别是大多数粮食价格近年来是上升的。资料显示,国内粮食价格自1993年下半年以后,长期在"天花板价格"之上运行,即使考虑运费,我国的粮食价格与国际市场价格仍然是相差较大的。因此造成了我国连年丰收后已经涨库的粮食,不补贴就难以出口,如果放开市场就更没有销路。我国农产品的成本,尤其是粮食的生产成本一直高于国际农产品的平均生产成本,如果政府取消农产品的所有补贴,与国际农产品市场完全接轨,我国农业将会遭受重大的冲击。因此政府为了保护粮食生产者的利益,对粮食实行支持价格政策,一方面提高某种农产品的价格以保障生产者能有一个合理的收入,同时又要买进维持高价的全部多余供给量。政府设定粮食的最低价格,当市场价格下降时,就会出现政府价格高于这一时段的市场价格的情况,而政府实行的支持价格政策所承担的成本是由纳税人承担的,这也就事实上损害了消费者福利。如果以直接拨款的方式支持市场处境不利的生产者,而不是实行价格支持,对社会而言,代价要小得多。完全竞争市场作为最有效率的、使消费者满足最大的市场结构,在亚当·斯密推崇的看不见的手——市场的调节下,商品的生产和消费会自动实现均衡,政府不应对市场进行干预,因为政府的干预将会扭曲市场的作用,破坏效率,降低消费者福利。而我国的农产品市场有政府的各种干预,不适合用完全竞争市场来分析,如果与国际市场接轨,完全市场化的话,国外低价的农产品虽然会提高我国消费者的满足水平,但必定会对我国的农产品生产造成巨大的冲击,这对于从事农业的九亿农民而言是非常不利的。因此在加入WTO的背景下,只有采取技术、劳动力素质等方面的提升,降低农业生产的成本这些积极的措施来实现我国农产品市场的市场化,才能够使农业在激烈的国际竞争中生存下来,从而在充分参与竞争的过程中,不断推动农业生产效率的提高,实现社会福利的改善。总之,市场竞争是十分重要和有效的，但是不像完全竞争市场模型所说的那样神奇，因为现实中不存在完全竞争市场，也就决定了不存在完全竞争市场中的那种有神奇效果的竞争。

复习思考

1. 为什么完全竞争厂商的需求曲线、平均收益曲线与边际收益曲线是重叠的？

2. 在完全竞争的市场中，为什么厂商的需求曲线是一条和横轴平行的线，而行业需求曲线是一条自左上向右下倾斜的曲线？为什么厂商和行业的短期供给曲线都是一条向右上倾斜的曲线？行业长期供给曲线是否也一定是向右上倾斜的？

3. 解释说明为什么电力公司对工业用电与居民用电索取不同的价格。

4. 试比较分析完全竞争和垄断条件下的价格决定及其效率的优劣。

8 垄断竞争及寡头博弈原理

经济问题

差异化产品与个性化需求

哲人说过,世界上没有完全相同的两片树叶。世界呈现给我们的是多元的、差异化的、个性化的景象。产品的差异化是垄断竞争市场的常见现象。潘婷洗发水宣称其成分中有70%是用于化妆品的,试图让消费者相信其对头发的营养护理功效。南孚电池通过"底部有个环"给消费者一个简单辨别方法,让消费者看到环就想到高性能的电池。瑞星杀毒软件用狮子代表品牌,显示其强大"杀伤力"。北京的二锅头和烤鸭、山东的花生、新疆的葡萄、贵州的茅台、镇江的香醋等,都通过强烈的产品地域概念激起消费者的购买欲望。企业通过上述产品差异化来刺激产品需求。

8.1 垄断竞争市场及其均衡

8.1.1 垄断竞争市场的特征

完全竞争市场和完全垄断市场在现实生活中较为少见。证券市场和某些农产品市场接近于完全竞争市场的理论模型,城市中的某些公用事业接近于完全垄断市场的理论模型。但是在绝大多数行业中,既包含竞争因素,又包含垄断因素,并且不同行业中,竞争和垄断的比重也不尽相同。根据竞争和垄断因素比重的不同,我们将介于完全竞争市场和完全垄断市场之间的市场划分为垄断竞争市场和寡头市场。其中,垄断竞争市场与完全竞争市场较为接近,而寡头市场更接近于完全垄断市场。

垄断竞争市场的基本特征如下:

第一,有大量厂商生产有差别的同种产品,这些产品都是非常接近的替代品。

产品差别可能产生于产品性能、品质、设计、颜色、式样、包装、商标、专利等,也可能产生于经营方式、销售条件、广告宣传、商家信誉、服务态度、交货时间等;既可以是现实差别,也可以是想象中的差别。例如,两家企业生产的产品质量性能完全相同,但是消费者由于偏爱其中一家企业,而认为其生产的产品比另一家企业的要好。虽然产品存在差别,但由于是同种产品,有高度的相似性,产品之间可以近似替代。

由于市场上的每种产品之间存在着差别，每个厂商都可以在一定程度上控制自己产品的价格，使得市场中带有一定的垄断因素。产品差别越大，厂商垄断程度就越高。由于有差别的同种产品之间具有高度的可替代性，每一种产品都会遇到大量的其他相似产品的竞争，因而市场也同时存在一定的竞争因素。

第二，厂商的生产规模比较小，进入和退出相对比较容易。在现实生活中，垄断竞争的市场组织大量存在，例如日化用品、零售业等，厂商可以较为容易地进入或退出，这一点与完全竞争市场类似。

第三，每个厂商都认为自己的行为影响很小，不会引起竞争对手的注意和反应，因而自己也不会受到竞争对手报复措施的影响。

资料链接

打开电视，扑面而来的都是垄断竞争市场产品的广告。通过这种大众媒体做广告的大多数是化妆品、洗涤用品、药品、家电等轻工业产品，却从来没有看到过石油、煤炭、钢铁，更没有看到过大米、白面、水、电（不包括公益广告）。这是为什么？

大米、白面市场最接近完全竞争市场。在这个市场上有很多的消费者，也有很多的生产者，产品是没有差别的。轻工业市场就是垄断竞争市场。这个市场存在的基本条件是产品有差别，如自行车，由于消费者的个人偏好不同，每一款自行车都可以以自己的产品特色在一部分消费者中形成垄断地位。但这种垄断不是绝对的，因为不同品牌的自行车可以互相替代。这就形成一种垄断竞争的状态，也正是生产轻工业产品的厂商不惜血本大做广告的原因。不仅如此，在这个市场上各个商家定价决策要充分考虑同类产品的价格，正确估计自己的商品在市场上的地位，定价过高会被同类产品替代，失去本来属于你的市场份额。有差别的产品需要做广告，把自己产品的特色告诉消费者。比如“农夫山泉有点甜”突出了它的特色在于口感与其他矿泉水不同，从而赢得了市场。创造品牌是企业重要的营销策略。

8.1.2 垄断竞争厂商的需求曲线

由于垄断竞争厂商可以在一定程度上控制自己产品的价格，因而其需求曲线类似于完全竞争厂商面临的需求曲线，向右下方倾斜。又由于垄断竞争厂商产品能近似替代，使得其需求曲线与完全竞争厂商类似，弹性较大，并较为平坦。除此以外，垄断竞争厂商需求曲线还有其自身的特点，即垄断竞争厂商面临两条需求曲线，分别为曲线 d 和 D。

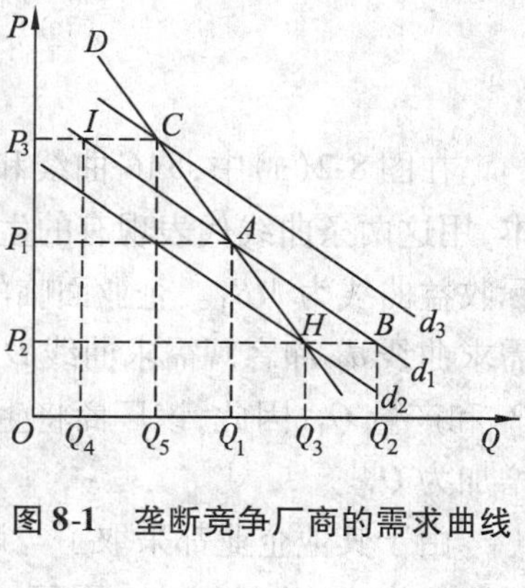

图 8-1 垄断竞争厂商的需求曲线

需求曲线 d 又称为主观需求曲线。它表示在垄断竞争市场中某个厂商改变产品价格，而其他厂商的产品价格都保持不变时，该厂商的产品价格和销售量之间的关系。在图 8-1 中，假定某垄断竞争厂商开始时处于价格为 P_1、产量为 Q_1 的

A 点。当他把价格从 P_1 降到 P_2 时，如果他认为其他厂商不会对自己的降价行为作出反应，那么他的销售量会沿着 d_1 需求曲线由 Q_1 增加为 Q_2。

需求曲线 D 又称为客观需求曲线或者市场分配需求曲线。它表示某个垄断竞争厂商改变产品价格，引起其他厂商同样改变产品价格时，该厂商的产品价格和销售量之间的关系。

在图 8-1 中，如果某个垄断竞争厂商将价格由 P_1 降为 P_2 时，其他厂商对他的降价行为作出反应，也将价格由 P_1 降为 P_2，则该垄断竞争厂商的实际销售量变为需求曲线 D 上的 Q_3，比需求曲线 d_1 上的预期销售量 Q_2 要小。

该垄断竞争厂商降价的结果是使自己的销售量沿着需求曲线 D 由 A 点运动到 H 点。同时，d_1 也向左平移到经过 H 点的 d_2 曲线。

需求曲线 d_2 表示当价格固定在新的价格水平 P_2 以后，该垄断竞争厂商单独变动价格时在各个价格下的预期销售量。同理，当该厂商将价格变动到 P_3 时，其他厂商也作出反应，其需求曲线将变动到 d_3，销售量沿着 D 需求曲线由 A 点运动到 C 点。C，A，H 点在 D 需求曲线上。

由此可以看出需求曲线 d 与 D 的关系：第一，主观需求曲线弹性较大，较平坦，客观需求曲线弹性较小，较陡峭；第二，需求曲线 d 和 D 交点是主客观相一致的点，意味着垄断竞争市场的供求相等状态。

8.1.3 垄断竞争厂商的短期均衡

西方经济学家通常以垄断竞争生产集团内的代表性企业来分析垄断竞争厂商的短期均衡和长期均衡，因此，以下分析中的垄断竞争厂商均指代表性企业。

在短期内，垄断竞争厂商通过对现有规模下产量和价格的调整实现均衡条件：$MR = SMC$。

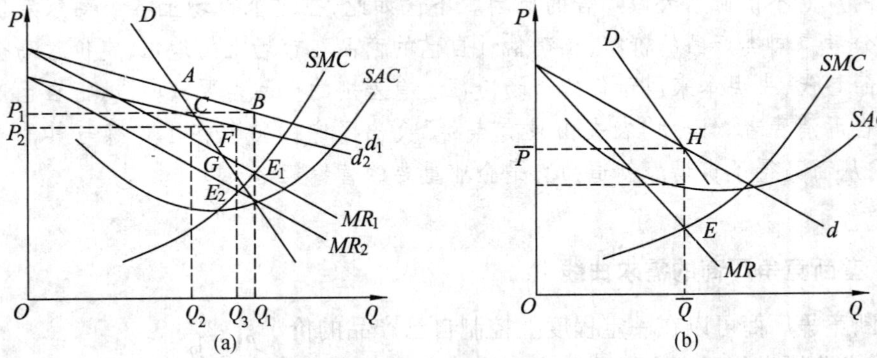

图 8-2　垄断竞争厂商短期均衡

在图 8-2(a)中，SAC 曲线和 SMC 曲线表示代表性企业现有的短期平均成本和短期边际成本，用这两条曲线代表现有的生产规模。d_1 为代表性企业面临的主观需求曲线，其对应的边际收益曲线为 MR_1。企业面临的客观需求曲线为 D。假设企业开始在 A 点生产，A 点为主观需求曲线 d_1 和客观需求曲线 D 的交点。由于不满足 $MR_1 = SMC$ 时所确定的 E_1 点需要的价格 P_1 和产量 Q_1，因此，该厂商将生产由 A 点沿着曲线 d_1 调整到 B 点，即将价格降为 P_1，将产量增加为 Q_1。

由于其他企业都采取了与该企业相同的行动，当整个市场价格降为 P_1 时，每个企业的产量将变为 Q_2($Q_2 < Q_1$)。因而，每个企业主观需求曲线 d_1 都沿着客观需求曲线 D 移动到主观

需求曲线 d_2。因此,当整个市场价格降为 P_1 时,该代表性企业的经营位置由 A 点沿 D 曲线移动到 C 点,主观需求曲线由 d_1 移动到 d_2。

在 C 点,曲线 d_2 与主观需求曲线 D 相交,与 d_2 对应的边际收益曲线为 MR_2。由 $MR_2 = SMC$ 所确定的均衡点 E_2 需要价格 P_2 和产量 Q_3,而现有的生产点仍然不符合均衡的要求,因而该代表性企业会进一步降价,直到实现 $MR = SMC$ 的均衡条件为止。

在图 8-2(b)中,代表性企业将在主观需求曲线 d 和客观需求曲线 D 的交点 H 上生产。此时的产量 Q 和价格 P,恰好是 $MR = SMC$ 时确定的均衡点所要求的产量和价格水平。该图是垄断竞争厂商最终短期均衡图。在图中,厂商实现短期均衡时,由于平均成本水平较低,厂商获得了一定的利润。如果平均成本水平较高,厂商也有可能收支相抵,甚至亏损。

由此可以得到垄断竞争厂商短期均衡的条件是 $MR = SMC$。

8.1.4 垄断竞争厂商的长期均衡

垄断竞争厂商长期均衡如图 8-3 所示。在图 8-3(a)中,假设某垄断竞争厂商开始在 I 点生产。I 点是主观需求曲线 d 和客观需求曲线 D 的交点,即主客观相一致的点,表明市场供求相等。I 点对应的产量为 Q_1,厂商的最优生产规模为 SAC_1 和 SMC_1。厂商的边际收益曲线 MR 与长期边际成本曲线 LMC 和短期边际成本曲线 SMC 相交于 E_1 点,E_1 点即为均衡点,由此确定均衡价格 P_1 和均衡数量 Q_1。Q_1 同时也是 I 点对应的产量。图中阴影部分面积表示该厂商短期均衡时获得的利润。

由于生产集团内存在着利润,新的厂商会被吸引过来。随着厂商数量的增加,在市场需求规模不变的条件下,每个厂商面临的市场销售份额会减少。厂商曲线 D 便向左下方平移(如图 8-3(a)中左边箭头所示),从而使企业原有的均衡点 E_1 的位置受到扰动。当企业为建立新的均衡而降低价格时,曲线 d 便沿着曲线 D 也向左下方平移(如图 8-3(a)中右边箭头所示)。这种曲线 D 和曲线 d 不断向左下方移动的过程,一直要持续到不再有新厂商加入为止,即一直要持续到每个厂商的利润为 0 为止。最后,厂商在图 8-3(b)中的 E_2 点实现长期均衡。

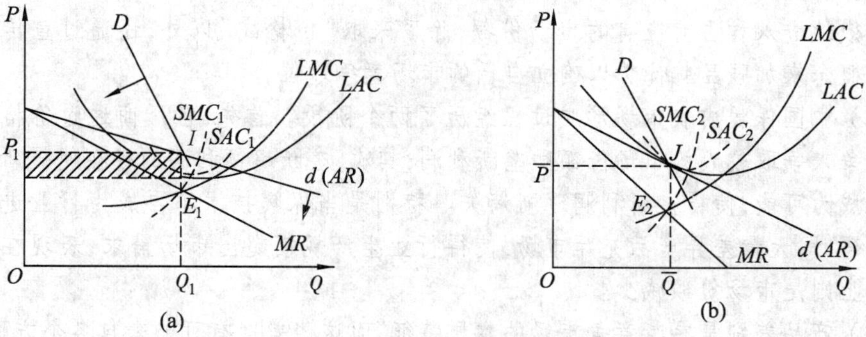

图 8-3 垄断竞争厂商长期均衡

在代表性企业长期均衡产量 Q 上,SAC_2 和 SMC_2 表示生产 Q 产量的最优生产规模;MR 曲线、LMC 曲线和 SMC_2 曲线相交于同一均衡点 E_2,即有 $MR = LMC = SMC$;曲线 d 与长期平均成本曲线 LAC 和短期边际成本曲线 SAC_2 相切于 J 点,即有 $AR = LAC = SAC$,厂商超额利润为 0;曲线 D 与曲线 d 在 J 点相交,同样也意味着市场上的供求相等。

因此,垄断竞争厂商长期均衡条件可表示为:$MR = LMC = SMC$;$AR = LAC = SAC$。

案例评析

保暖内衣的冷与热

1996年,酷爱发明的俞兆林先生发明了导湿保暖复合绒,并将这一发明利用在内衣上,从此服饰领域多了"保暖内衣"这一新概念。"保暖内衣"这个服装领域的新宠物,一时间成了人们谈论冬季保暖话题的流行词。这一新生行业由1999年只有几十家的基础上,在2000年猛增至500家,总销量1999年不足700万套,2000年上升至3 000多万套!同时,伴随激烈竞争而推出的各种行销手段更是层出不穷。各种广告宣传更是充斥大街小巷、电视报端。根据市场调查,尽管价格较1999年已有明显下降,但2000年市场反应仍十分冷淡,1999年那种排长队提货的情景没有了,产品专卖区更是十分萧条,常常是数十分钟无人光顾。据市场管理者最新的质量检查结果,市场上推出的所谓新材料、新技术、新工艺、多功能保暖内衣,其实大多存在技术含量低、重概念轻质量、盲目仿造等问题。

问题:

(1) 本案例中,作为保暖内衣的生产厂商有哪些行为具有垄断竞争厂商的行为特征?

(2) 在保暖内衣市场上,一方面厂商想薄利多销,一方面却表现为市场萎缩,为什么?

(3) 应怎样来评价产品差别? 行业管理对于垄断竞争市场是否重要?

分析:

(1) 保暖内衣产品从产品开发到市场化经历了从垄断到垄断竞争的市场结构变化过程。首先是行业的垄断利润使得其他厂商有了进入该行业的动力,同时各厂商为了有效地进入和占有应有的市场份额,除了采取"价格战"以外,还通过宣传各种保暖新概念来加强品牌优势以确立自己的市场竞争地位。

(2) 中国保暖内衣市场形成过程经历了两个阶段。首先,各厂商通过价格和非价格竞争来争取较大的市场份额和垄断利润;其次,垄断超额利润的存在使得新厂商的进入成为可能,使得垄断利润逐渐消失。特别是当保暖技术不再成为行业进入的主要障碍时,大量差异产品充斥市场,使得行业生产规模超出市场需求,表现在单个厂商身上则是市场份额减少。

(3) 产品差别是垄断竞争市场的本质特征,而这些差别有可能来自各个方面,因此,消费者在享受产品差别所带来的多样化服务的同时,不得不提防虚假差异甚至是伪劣产品所带来的侵害。这样,一个垄断竞争市场的形成必然需要一个严格的市场管理,要有一个严格的行业标准来规范市场,以防不法厂商借制造假差异来垄断市场,从而危害消费者利益。

(张云峰,等:《微观经济学典型题解析及自测题》,西北工业大学出版社,2001年,第154-155页。)

8.2　寡头垄断市场及其均衡

寡头垄断市场又称为寡头市场，是指少数几家厂商控制整个市场的产品的生产和销售的一种市场类型，是一种不完全竞争市场。前面提到的垄断竞争市场既有垄断，又有竞争，并且竞争的因素居多。而寡头市场同样既有垄断，又有竞争，但是垄断的因素居多，是更接近于完全垄断的市场类型。在现实生活中，汽车业、制造业、石化行业等与寡头市场较为相似。

寡头市场形成的原因主要有：(1) 行业中几家企业控制了生产所需的资源；(2) 政府进行政策扶植和支持；(3) 产品生产规模较大，而满足生产规模的企业数不多，由此形成寡头市场。

按照市场不同的标准，可以对寡头市场进行不同的分类。例如，根据寡头厂商行动方式，可以将寡头市场分为合作寡头市场和不合作寡头市场。前者寡头之间相互勾结，而后者寡头独立行动。根据寡头市场的产品特征，可以将寡头市场分为无差别(纯粹)寡头市场和差别寡头市场。前者寡头生产的产品没有差别，而后者则是有差别的。

寡头厂商的价格和产量决定较为复杂。因为每个寡头在整个寡头市场中都占有较大的比重，其价格和产量的变化会对整个寡头市场产生重要的影响，从而会影响到其他寡头厂商，各寡头厂商又会采取各自的策略，进而又会进一步影响到自身的价格和产量，使自己对价格和产量作出新的调整。因此，寡头之间的决策会相互影响、相互制约，在寡头市场，不像完全竞争、完全垄断和垄断竞争市场有较为固定的均衡模型，寡头的反应方式不同，寡头厂商模型也就不一样。因此，在微观经济学中没有一个统一的寡头市场模型。以下介绍寡头市场中两个经典的模型：古诺模型和斯威齐模型。

8.2.1　古诺模型

古诺模型由法国经济学家古诺于 1838 年提出，是早期的寡头模型。古诺模型是典型的双寡头模型，其结论也可以推广到多个寡头厂商的情形。

古诺模型的假定是：市场上只有 A，B 两个厂商，生产和销售相同的产品。两个厂商的生产成本为零，面临的市场需求曲线相同，并且都是线性的。两个厂商都是在已知对方产量的前提下，确定自身的产量，以获得最大利润。

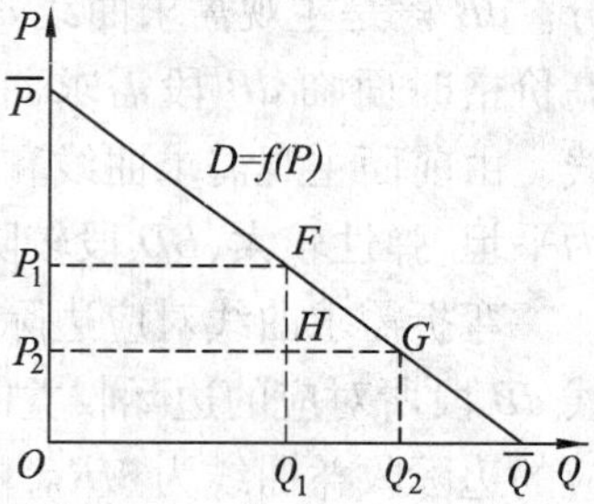

图 8-4　古诺模型

在图 8-4 中，曲线 D 为线性的市场需求曲线，对两个厂商而言都是相同的。根据古诺模型的假设，边际成本为零。

在第一轮，A 厂商首先进入市场。按照 $MR=MC$ 的原则，将产量定为市场总容量的$\frac{1}{2}$，将价格定为 P_1，可以实现最大利润，其利润量为图中矩形 OP_1FQ_1 的面积。随后，B 厂商进入市场。现在留给 B 厂商的市场容量为原来整个市场容量的$\frac{1}{2}$。B 厂商在剩下的$\frac{1}{2}$市场容量下也按照同样的方式行动。根据 $MR=MC$ 的原则，确定市场价格 P_2。B 厂商获得的利润为矩形 Q_1HGQ_2 的面积。

在第二轮，由于 B 厂商产量为$\frac{1}{4}O\overline{Q}$，留给 A 厂商市场容量变成$(1-\frac{1}{4})O\overline{Q}=\frac{3}{4}O\overline{Q}$，根

据利润最大化原则，A 厂商的最优产量定为其市场容量的$\frac{1}{2}$，即$\frac{1}{2}\cdot\frac{3}{4}O\overline{Q}=\frac{3}{8}O\overline{Q}$。然后 B 厂商进入市场，A 厂商留给 B 厂商的市场容量为$(1-\frac{3}{8})O\overline{Q}=\frac{5}{8}O\overline{Q}$。同理，B 厂商的最优产量为自身市场容量的$\frac{1}{2}$，即$\frac{1}{2}\cdot\frac{5}{8}O\overline{Q}=\frac{5}{16}O\overline{Q}$。

在这样反复的过程中，A 厂商的产量会逐渐地减少，B 厂商的产量会逐渐地增加，最后达到 A，B 两个厂商的产量都相等的均衡状态为止。在均衡状态中，A，B 两个厂商的产量都为市场总容量的$\frac{1}{3}$，即每个厂商的产量为$\frac{1}{3}O\overline{Q}$，行业的总产量为$\frac{2}{3}O\overline{Q}$。

双寡头古诺模型可以进一步推广。令寡头厂商的数量为 m，则每个寡头厂商的均衡产量 = 市场总容量 = $\frac{1}{(m+1)}$，行业的均衡总产量 = 市场总容量 = $\frac{m}{(m+1)}$。

8.2.2 斯威齐模型

斯威齐模型也被称为弯折的需求曲线模型，是由美国经济学家斯威齐在 1939 年提出的，用于解释寡头市场的价格刚性。

该模型假设条件为：如果一个寡头厂商提高价格，行业中的其他寡头厂商不会跟着提高自己的价格，从而提价的寡头厂商的销售量会减少很多；如果一个寡头厂商降低价格，行业中的其他寡头厂商会跟着降低价格，以避免自己的销售份额减少，从而该寡头厂商的销售量的增加非常有限。总之，寡头厂商的反应是“跟跌不跟涨”。

斯威齐模型可以用图 8-5 说明。寡头厂商面临的需求曲线为图中 dBD 弯折曲线。其中 BD 段是客观需求曲线 D 的一部分。dB 段是主观需求曲线 d 的一部分。该寡头由 B 点出发，提高价格时面临 dB 段需求曲线，降低价格面临时 BD 段需求曲线。由前面主观需求曲线和客观需求曲线的关系可知，dB 段较为平坦，弹性较大，BD 段较陡峭，弹性较小。

弯折需求曲线对应边际收益曲线如图 8-5 所示。与需求曲线 dB 段所对应的边际收益曲线为 MR_d，与需求曲线 BD 段所对应的边际收益曲线为 MR_D，中间有一段不连续的部分 FG。

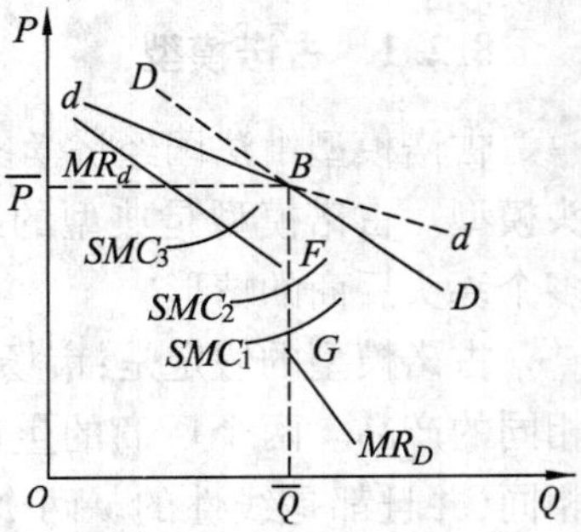

图 8-5 斯威齐模型

利用间断的边际收益曲线，便可以解释寡头市场上的价格刚性现象。如果厂商边际成本 SMC 曲线在垂直的 FG 范围内变动，该寡头厂商的均衡价格和均衡数量也不会发生变动，保持在$\overline{P}$和$\overline{Q}$的水平。即寡头厂商不会轻易改变其均衡价格和均衡数量，除非成本变动很大，比如上升到图中 SMC_3 的位置，才会对均衡价格和均衡数量造成影响。

弯折的需求曲线模型解释了寡头市场的价格刚性现象，但没有说明价格本身是如何确定的，这是该模型的一个缺陷。

与完全垄断厂商和垄断竞争厂商类似，由于在具有垄断性质的市场中，均衡产量和均衡价格不存在一一对应的关系，所以寡头市场不存在一般意义上的供给曲线。只要市场具有一定的垄断特征，这一结论都是成立的。

资料链接

在寡头垄断市场,少数几家大厂商供给整个行业的绝大部分产品,其中每一个大厂商在整个市场上都占有相当大的份额,足以影响市场供求关系和价格。在现实经济中,寡头垄断常见于重工业部门,如汽车、钢铁、造船、石油化工、有色冶金、飞机制造、航空运输等行业。寡头垄断一般具有以下特征:

1. 厂商数量少。在寡头垄断市场上,只有少数几家厂商供给全部或绝大部分产品。每个大厂商都占有相当大的市场份额,能够直接影响或控制市场供求关系和价格。因此,寡头垄断厂商既不是价格的接受者,也不是价格的决定者,而是价格的寻求者(Price Seeker)。

2. 厂商相互依存。在寡头垄断市场上,各厂商相互影响,相互依赖。任何一家大厂商改变产量和价格,都不仅直接牵涉到自身利益,而且会影响到其他厂商的产量和利润,因此每个厂商的一举一动都会受到其他厂商的密切关注,有时还会引起其他厂商的强烈反应,甚至招致报复。

3. 价格稳定。在寡头垄断行业,厂商为了避免激烈的价格竞争造成两败俱伤,往往通过有形或无形的勾结,形成不定的协议或默契等方式决定产品价格,价格一经确定,各厂商都不会轻易改变。在生产技术没有重大突破的情况下,寡头厂商一般不会因需求的变化而调整价格,而只是不断调整产量以适应市场需求的变化,所以,寡头垄断市场上,产品价格相对稳定。

4. 厂商进出不易。厂商进入或者退出寡头垄断行业比较困难,因为寡头垄断行业的有效工厂规模一般较大,外来厂商进入该行业往往需要一次性大规模投资,常常受资金约束。即使新厂商有能力承担大量投资,在信誉、市场信息、原材料供给、专利技术等方面也很难与老厂商匹敌,最终不是被排挤出局,就是被吞并。不仅新厂商进入寡头行业障碍重重,老厂商退出也非易事。寡头厂商因为生产规模大、历史长,调整起来非常困难。

案例评析

中石化发布中期业绩报告,显示其2004年上半年净利润高达150.39亿元,同比增长了54%。此前,国内石油业另外两名巨头中石油和中海油也先后公布了业绩报告,上半年净利润分别达到了452.9亿元和70亿元。这样算来,国内三大石油商上半年一共狂赚了670亿元左右。

国家发改委能源研究所姜克隽博士解释了盈利的原因,他说,我国目前每年原油用量在2.6亿吨左右,其中1亿吨左右靠进口,其余部分靠国内生产。而国内产油的成本虽然不与国际市场挂钩,但最后的成品油价格却参照国际油价来制定,这样就使国内的石油企业出现了巨大的差价利润。因此,与国外石油商相反,我国的石油商恰恰是国际原油价格越高,利润越大。

中石油、中石化与中海油是中国政府控股的国有特大型企业。他们在国内的原油与成品油市场上几乎拥有全部的份额,他们的行为影响国内的原油与成品油价格,他们有共同控制人但又相对独立,厂商数量少便于在产品价格上相互协调,加之进出原油与成品油行业的不容易,在一段时期内价格的相对稳定,他们在国内原油与成品油市场上形成了类似于寡头垄断的结构。3 家石油巨头瓜分了原油与成品油市场的绝大部分份额,他们的行为相互牵制,不会轻易在价格上采取行动,保持产品的相对较高价格而保证获取巨额利润。但这种行政主导下的寡头垄断来自国家能源的战略考虑,从经济的角度来看,国内原油与成品油的市场价格并未真正反映能源的供求关系,而且靠国家垄断的力量跻身于世界500强并不能说明这三家企业的竞争力有多么大,反而更加凸现出资源配置上的扭曲。

(《广州日报》,2004 年 9 月 27 日;《北京青年报》,2004 年 8 月 31 日。)

8.3 寡头厂商之间的博弈:博弈论初步

寡头市场中厂商之间的行为会相互影响,每一个厂商都需要首先推测或了解其他厂商对自己所要采取的某一个行动的反应,然后在考虑到其他厂商这些反应方式的前提下,再采取最有利于自己的行动。对于寡头厂商之间的行动策略,可以用博弈论的知识进行分析和解释。

博弈论是描述和研究行为者之间策略相互依存和相互作用的一种决策理论。博弈论自诞生以来,广泛用于政治、军事、外交、经济、管理等学科领域,并取得丰硕的成果,对微观经济学中的寡头理论的发展作出了突出贡献。以下介绍博弈论的一些初步知识。

8.3.1 博弈

任何一个博弈都有 3 个基本要素:参与者、策略和收益。在每一个博弈中,都至少有两个参与者,每一个参与者都有一组可选择的策略。作为博弈的结局,每个参与者都得到各自的收益,可以为正,也可以为负。每一个参与者所得到的收益都是所有参与者各自所选择的策略共同作用的结果。

博弈所必需的 3 个要素可以用收益矩阵来表示。

假定某寡头市场上有甲、乙两个厂商(即两个参与者),他们都有两个可选择的策略,即合作与不合作。其收益矩阵如图 8-6 所示。在图 8-6 中,甲的两种策略写在左边,乙的两种策略写在上边。图中的每一格表示对应于甲、乙的一个策略组合的一个收益组合,每格中的第一个数字表示甲的收益,第二个数字表示乙的收益。例如,图的左方第一格表示当甲乙均采取合作策略时,甲的收益是 9,乙的收益同样是 9。右边第一格表示甲采取合作、乙采取不合作策略时,甲的收益是 6,乙的收益是 11,以此类推。对于甲和乙而言,共有 4 种不同的策略组合。究竟采用哪种策略组合,取决于各自的收益水平。为了分析双方

		乙			
		合作		不合作	
甲	合作	9	9	6	11
	不合作	12	6	7	7

图 8-6 占优策略均衡

采用策略组合的条件,后文将介绍博弈论中的占优策略均衡和纳什均衡概念。

8.3.2 博弈均衡的基本概念

(1) 占优策略均衡

在此,我们仍以图 8-6 来说明占优策略均衡概念。分析甲的策略选择,可以看到,当乙选择合作策略时,甲若选择合作策略,收益是 9;甲若选择不合作策略,收益是 12。于是,甲会选择不合作策略(因为 12 >9)。当乙选择不合作策略时,甲若选择合作策略,收益是 6;甲若选择不合作策略,收益是 7。于是,甲定会选择不合作策略(因为 7 >6)。由此可见,无论乙采取合作策略还是不合作策略,甲都会采取不合作策略。因此,不合作是甲的占优策略。对于乙而言,当甲采取合作策略时,乙采取合作策略时收益为 9,采取不合作策略时收益为 11。显然,乙应该采取不合作策略(因为 9 <11)。当甲采取不合作策略时乙如果采取合作策略时收益为 6,采取不合作策略时,收益为 7。显然,乙应采取不合作策略(因为 6 <7)。因此,对于乙而言,无论甲是否采用合作策略,乙都不会合作。因此,不合作策略也是乙的占优策略。

由此可以给出占优策略的定义:无论其他参与者采取什么策略,某参与者唯一的最优策略就是他的占优策略。如果某一个参与者具有占优策略,无论其他参与者选择什么策略,该参与者都认为自己选择的唯一策略是最优的。由博弈中的所有参与者的占优策略组合所构成的均衡就是占优策略均衡。

可以通过画线法寻找占优策略。当乙采取合作策略时,甲会选择不合作策略,得收益 12,则在收益 12 下划一横线。当乙采取不合作策略时,甲仍会选择不合作策略,得收益 7,则在收益 7 下划一横线。类似地,再看乙的策略选择。甲选择合作或不合作策略时,乙都会选择不合作策略,则我们分别在相应的乙的收益 11 和 7 下各划一条横线。博弈矩阵中两个数字都划上横线那一格收益组合为(7,7),对应的策略组合为(不合作,不合作)(括号中第一个“不合作”表示甲的策略,第二个“不合作”表示乙的策略)。该策略组合就是甲乙这次博弈的占优策略均衡。

(2) 纳什均衡

博弈论可以证明,只要每一个参与者都具有占优策略,该博弈的占优策略均衡就一定存在。然而,并不是所有的博弈都存在占优策略。在没有占优策略的情况下,仍然可以实现均衡。在图 8-7 中,根据占优策略均衡定义,甲和乙都不存在占优策略。但是,从图中可以看出,只要甲选择合作,那么乙也会选择合作;如果乙选择合作,那么甲肯定选择合作。同样,只要甲选择不合作,那么乙肯定也会选择不合作;只要乙选择不合作,甲也会选择不合作。因此,策略(合作,合作)以及(不合作,不合作)也是一种均衡。以下引入纳什均衡的定义。

		乙	
		合作	不合作
甲	合作	9　11	3　7
	不合作	6　8	7　10

图 8-7 纳什均衡

纳什均衡是指在这一均衡中,每个博弈参与者都确信,在给定其他参与者战略决定的情况下,他选择了最优战略以回应对手的战略。

图 8-7 中所示策略(合作,合作)以及(不合作,不合作)就是纳什均衡。可以看出,占优均衡的条件比纳什均衡更强,是纳什均衡的特殊情况。图 8-6 既是纳什均衡,又是占优策略均

衡,而图 8-7 不满足占优策略均衡条件,但却是纳什均衡。

8.3.3 寡头厂商的共谋及其特征

寡头市场上厂商数量很少,每个厂商对市场的影响很大。寡头之间的恶性竞争通常会导致两败俱伤的结果,因而寡头之间的共谋(例如卡特尔组织)是寡头市场的普遍特点。但是,寡头之间的共谋有时是不稳定的,我们可以用上述博弈论的分析方法对寡头之间共谋的不稳定性加以说明。

(1) 囚徒困境

囚徒困境是著名的博弈模型。有两个盗窃犯罪嫌疑人甲和乙被抓获,并被分别关押,但没有足够的证据证明他们有罪。每个囚徒有两个策略选择:坦白和否认。判决的结果取决于两人的策略组合。如果两人都坦白,则证明两人都有罪,将被判坐牢 2 年。如果两人都否认,则都被判刑 1 年。如果一人坦白,另一人否认,则坦白的一方将被释放,否认的一方将被从严处理,判刑 3 年。

根据上述表述,可以画出博弈矩阵,如图 8-8 所示。

		乙:坦白		乙:否认	
甲	坦白	$\underline{-2}$	$\underline{-2}$	0	-3
甲	否认	-3	0	-1	-1

图 8-8　囚徒困境

利用画线法可以看出,坦白是甲的占优策略,同样,坦白也是乙的占优策略。因此,该博弈的占优策略均衡是(坦白,坦白)。但是,从图 8-8 中可以看出,如果甲和乙都采用否认的策略,则两人都只会被判刑一年,即采用(否认,否认)策略组合明显比占优均衡策略(坦白,坦白)更好。因此,从个人理性的角度出发是最优的策略,从团体的角度而言却未必是最好的。这体现了团体理性和个人理性的冲突。对于寡头厂商而言,如果采取合作的方法,可能比采用不合作的方法要好。因此,在寡头市场上,厂商之间经常会达成协议,成立具有合作性质的卡特尔组织,谋取最大的共同利益,同时,每个成员也会从共同的利益中得到各自的利益。但是,这种合作也是不稳定的,因为,正如图 8-8 中博弈所示,坦白是占优策略,如果一方否认,而另一方坦白,则可以获得更多的收益,即存在作弊的诱惑。在现实中,寡头之间的合作的确也是不稳定的。为了解决个人理性和团体理性的冲突,经济学家引入重复博弈的概念,以走出“囚徒困境”。

(2) 重复博弈

上述博弈是一次性的,每个参与者只有一次策略选择的机会,并且每一个参与者在选择策略时,都不知道对手的策略是什么,即策略的确定是同时的,这类博弈称为静态博弈。除了静态博弈以外,还有动态博弈。重复博弈是动态博弈中的一种,在重复博弈中,一个结构相同的博弈被重复多次。

在重复博弈中,最好的策略称为“以牙还牙”策略或者针锋相对策略。这一策略的具体内容是:在开始的第一轮,一个寡头厂商首先做出友好姿态,比如制定一个较高的价位,即选择合作;如果对手也同样制定较高的价位,选择合作,下一轮该厂商就保持价格不变,继续选择合作;如果对手降低价格,即选择不合作,该厂商也降价,选择不合作,直到竞争对手提高价格选择合作,该厂商也提高价格选择合作为止。

这一策略实际上是在重复竞争对手上一轮策略,即"以其人之道,还治其人之身",其优点在于:

第一,规则简单,容易执行,可以使竞争对手知道合作和不合作的后果;

第二,先礼后兵,不首先搞欺诈,体现诚信;

第三,不放过欺诈行为,具有惩罚的确定性,告诉竞争对手违背合作协议就会受到惩罚,直到改过为止;

第四,对改过行为既往不咎,宽宏大量,体现善意的合作精神。

但是,仅仅只有对策的重复性还不能保证合作的稳定。因为合作中有作弊的诱惑,必须对率先违反协议的参与者给予惩罚才会有利于合作的稳定。此外要查明是否有人违反协议或者作弊也不是容易的事情。比如竞争对手价格下降,可能是因为竞争对手率先作弊,也有可能是因为考虑到市场的需求,很难确定究竟是什么原因。同时,寡头厂商之间的竞争是多方面的,寡头厂商在价格上达成合作共识,在其他领域同样也会展开竞争。比如酒店协会可以制定一个公开统一的价格,起到协调各个酒店价格标准的作用。如果酒店降价,容易引起同行的察觉,因此他们不会随意变动价格,但是可以通过其他方式变相吸引客户。例如,酒店对长期消费的顾客实行优惠,提供免费饮料和食品,提供健身器材,等等。这些措施将会使竞争更加隐蔽,因此,采用重复博弈策略的实际效果会受到一些影响。

(3) 连续对策

一次性策略与重复性策略都是参与者同时采取的行动。但是在实际行动中,参与者往往是依次采取行动的。例如下象棋和围棋,下棋双方采取行动是依次进行,有先有后的。在这种情况下,参与者各自的收益会受到对方的影响。以下用一个例子加以说明。

假设有两家寡头厂商甲和乙,为开发某种新产品进行研发投入。如果他们同时决策,可以单独决定各自的财力投入。财力投入的原则是:投入的财力多,可以缩短研发时间,但开发成本高;投入财力少,开发成功的可能性小。假设每个厂商都有高投入和低投入两种策略,以博弈矩阵表示如图 8-9 所示:

		乙	
		低投入	高投入
甲	低投入	4　3	2　4
	高投入	3　2	1　1

图 8-9　厂商研发投入收益矩阵

可以看出,双方都进行高投入是最差的结果。乙希望的结果是甲低投入,自己高投入,这样自己收益最大,收益情况为(2,4);而甲希望乙和自己都低投入,这样自己收益最大,收益情况为(4,3)。

在博弈中,甲在财力上有困难,但在技术上有优势,决定甲的占优策略为低投入。乙财力情况较好,但技术上没有优势,乙预期甲会采取占优策略,即低投入,因而他将会选择高投入。

以下从连续的角度加以考查。

如果厂商甲选择低投入,厂商乙将考虑采取对自己最有利的策略。从博弈矩阵中可以看出,显然乙应该采用高投入策略。这样,厂商甲的收益将为2。

如果厂商甲选择高投入,厂商乙将选择低投入,因为这样自己的收益为2,而甲高投入,乙也高投入时,乙的收益为1。因此,策略组合是,甲厂商高投入,乙厂商低投入,厂商甲的收益将变为3。

因此,厂商甲将会宣布采用高投入策略,他期待厂商乙采用低投入策略,策略组合将是(高投入,低投入),双方的收益为(3,2)。

可以看出,在采用连续对策的情况下,厂商甲的收益将有所增加。原因在于甲首先采取了行动,并且采取行动之前能正确估计到对方的反应。这种采取行动的方式称为先发制人。先发制人的行动将会使自己的收益增加,对于自己最有利。

8.3.4 威胁和承诺的可信性

在寡头市场上,除了采用先发制人的策略以外,寡头厂商还可以采用威胁或承诺策略。但是,无论是威胁策略,还是承诺策略,都必须是可信的,否则,他的威胁或承诺策略就会失败,他所期望的经济目标就无法实现。

在上述例子中,当甲厂商采用先发制人的策略时,乙厂商的收益为2,对乙厂商而言不高。为了获得更高的收益,乙厂商可以对甲厂商进行威胁:如果甲选择高投入,那么乙也选择高投入,这样两家的收益都为1。但甲厂商要分析一下这一威胁是否可信。如果甲厂商认为这一威胁是可信的,那么将放弃高投入的决定,选择低投入,避免收益为1,这样(2,4)是一种可能的结果,即甲厂商低投入,乙厂商高投入。但是甲厂商可能认为乙厂商的承诺是不可信的,因为如果乙厂商是理性的,不会在甲厂商高投入的情况下也选择高投入。这样乙厂商的威胁将不能改变甲厂商的策略选择。如果乙厂商在提出威胁的同时也提出承诺,即如果甲厂商选择低投入,乙厂商也选择低投入,而这也可能是甲厂商希望看到的结果。如果甲厂商认为这种承诺是可信的,那么将改变选择高投入的策略,而选择低投入策略。

由此可见,威胁和承诺只有在具有可信性的条件下才能影响对方的行为。以下将通过"在位者和进入者"博弈,说明厂商采取威胁或承诺策略的可信性的重要性。"在位者和进入者"博弈,是指寡头厂商面对潜在进入者进入市场时采取抵制的威胁策略。而关键就在于威胁是否可信。

在图8-10的收益矩阵中,可以看出在位者的威胁是不可信的。如果潜在进入者选择进入,在位者抵制的收益是700,不抵制的收益是1 000,显然抵制的威胁是不可信的。而如果博弈矩阵变为图8-11所示,则威胁将是可信的,因为在位者采用抵制策略时的收益是900,不抵制时的收益是800。潜在进入者会相信在位者的威胁,于是,潜在进入者采取的行动只能是不进入。

		进入者			
		进入		不进入	
在位者	抵制	700	600	1 300	900
	不抵制	1 000	1 200	1 300	900

图 8-10 不可信的威胁

		进入者			
		进入		不进入	
在位者	抵制	900	600	1 300	900
	不抵制	800	1 200	1 300	900

图 8-11 可信的威胁

因此,在寡头市场上,威胁策略和承诺策略的可信性是一个很重要的问题。一般而言,商业合同是增强可信性的主要方式。在商业合同中,为了增强承诺的可信性,可以进行违约罚款或者选择第三方仲裁,以保证合同执行。除此以外,商业信誉也是增强承诺可信性的主要方式。

案例评析

小猪与大猪的博弈

在博弈论经济学中,"智猪博弈"是一个著名的纳什均衡例子。假设猪圈里有一头大猪,一头小猪。猪圈的一头有猪食槽,另一头安装着控制猪食供应的按钮,按一下按钮会有 10 个单位的猪食进槽,但是谁按按钮谁就会首先付出 2 个单位成本,若大猪先到槽边,大小猪吃到食物的收益比是 9∶1;大小猪同时到槽边,收益比是 7∶3;小猪先到槽边,收益比是 6∶4;那么,在两头猪都是有智慧的前提下,最终结果是小猪选择等待。实际上小猪选择等待,让大猪去按控制按钮,而自己选择"坐船"(或称为搭便车)的原因很简单:在大猪选择行动的前提下,小猪也行动的话,小猪可得到 1 个单位的纯收益(吃到 3 个单位的食品同时也耗费 2 个单位的成本,以下纯收益计算相同),而小猪等待的话,小猪则可以获得 4 个单位的纯收益,等待优于行动;在大猪选择等待的前提下,小猪如果行动的话,小猪的收入将不抵成本,纯收益为 -1 单位,如果小猪也选择等待的话,那么小猪的收益为零,成本也为零,总之,等待还是要优于行动。

案例中小猪在与大猪的博弈中选择的是等待,获取了最大的利益。这个案例给我们的启示是:在小企业经营中,学会如何"搭便车"是一个精明的职业经理人最为基本的素质。在某些时候,注意等待,让其他大的企业首先开发市场,是一种明智的选择,这时候有所不为才能有所为。

比如,在某种新产品刚上市,其性能和功用还不为人所熟知的情况下,如果进行新产品生产的不仅仅是一家小企业,还有其他生产能力和销售能力更强的企业,那么,小企业完全没有必要首先去投入大量广告做产品宣传,以达到和其他企业品牌竞争并取得优势地位的目的。"搭便车"实际上是职业经理人面对每一项花费时的另一种选择,对它的留意和研究可以给企业节省很多不必要的费用,从而使企业的管理和发展迈上一个新台阶。这种现象在经济生活中非常常见,却很少为小企业的经理人所熟识。

拓展阅读

欧佩克对世界石油市场的垄断

石油输出国组织(Organization of Petroleum Exporting Countries),简称欧佩克(OPEC),是典型的卡特尔组织。

1960 年,当伊朗、伊拉克、科威特、沙特阿拉伯和委内瑞拉 5 个产油国组成该组织时,很少有人关心这个问题,即使到 1973 年成员国扩大到了 13 个(新加入的 8 个国家是卡塔尔、印度尼西亚、利比亚、阿联酋、阿尔及利亚、尼日利亚等)时依然没有引起世人的注意。戏剧性的变化发生在 1973 年的阿以战争,为了报复以色列和西方世界,几乎完全由阿拉伯国家组成的欧佩克骤然大幅度削减石油出口,致使世界原油价格从 1973 年 2.91 美元/桶暴涨到 1974 年的 10.77 美元/桶。这一意外事件让欧佩克看到了组建卡特尔的诱人前景,因此,战争结束后,欧佩克继续执行限产保价政策。1978 年,伊朗发生革命,这个原来占欧佩克石油出口 20% 份额的国家一段时间内石油生产陷于瘫痪,紧接着两伊战争爆发,许多石油设施受到破坏,世界石油价格在 20 世纪 80 年代初进一步上升到 40 美元/桶左右。所以,在近十年的时间里,欧佩克让世人领教了卡特尔的威力。作为一个成功的卡特尔的特例,欧佩克须将其成功归于以下几个得天独厚的条件:

1. 石油的需求弹性在短期内是很低的。在相当长的时间内,石油价格是如此低廉,人们从没考虑过节约能源。当油价一夜暴涨,生产者和消费者无法马上改变已有的高耗能的轿车、取暖设施、生产设备等,所以欧佩克略微限产就会带来价格的大幅度上涨。

2. 欧佩克成员国数目不大,但其石油产量占了全世界的 20% 以上,其中 4 个核心国家又占了欧佩克石油储量的四分之三以上。这给欧佩克带来两个有利条件:一是非欧佩克国家石油供给弹性很小,在 20 世纪 70 年代,其他地区油田基本上已满负荷运转,而开发新油田需要一定的时间,所以外来厂商进入的危险并不大;二是成员国不多,核心国更少,卡特尔内部协调问题还不难解决。再加上这是一个有政府做后盾的合法卡特尔，其稳定性非私人地下卡特尔可比。

3. 石油这种产品产量的可控性很强。石油埋在地下，不会消失、不会腐烂，产量多少完全可以控制，即使开采出来，运输、贮藏成本也不太高，出口量也很容易控制。从这一点，大家也可以明白为什么受欧佩克成功的启发和鼓舞而成立的中美洲香蕉卡特尔就不那么成功。

然而，从1982年起，形势发生了逆转。首先，卡特尔内部欺骗时有发生，这使实际产量大大超过限产计划，并且几个国家一直为市场份额的分配争执不休，卡特尔的每个成员都受到增加生产以得到更大总利润份额的诱惑。欧佩克成员常常就减少产量达成协议，然后又私下违背协议。从20世纪80年代起，产量配额对各个国家的约束力越来越小。其次，世界其他地区的石油产量在高价格的鼓励下开始高速增长，如墨西哥油田、阿拉斯加油田等，即使开发成本是中东油田20多倍的英国北海油田在油价超过30美元/桶时也开始盈利，从1977年到1985年，非欧佩克国家的产量上升了60%以上。最后，欧佩克的限产保价政策将消费者短期内的低需求弹性在长期内“拉”大了，消费者的节能措施和寻找石油替代品的努力大大降低了对高价石油的需求。从1982年起，油价开始节节下滑，从32美元/桶下降到1984年的27美元/桶，到1987年又降至18美元/桶，此后一直在15~18美元/桶附近波动。欧佩克是否彻底失败了，我们暂且不下这个结论，像中东这样的政治、经济、军事敏感地区总是不乏戏剧性事件，不过，目前的欧佩克已失去了往日的威风。

（[美]曼昆：《经济学原理》，机械工业出版社，2003年，第356－358页；黄亚钧，等：《微观经济学教程》，复旦大学出版社，2004年，第162－163页。）

复习思考

1. 简述垄断竞争企业与完全竞争企业、垄断企业的联系和区别。
2. 为什么说垄断竞争市场适合于满足消费者多样化选择需要？
3. 为什么垄断竞争企业可以对价格施加一定的影响？
4. 为什么垄断竞争厂商的需求曲线比市场总的需求曲线平坦？
5. 弯折需求曲线的寡头垄断模型是否意味着没有一个厂商在行业中占支配地位？
6. 寡头的含义及其市场特征是什么？

9 收入分配原理

经济问题

个人收入与长相有关系吗?

美国劳动经济学家丹尼尔·哈莫米斯和杰文·比德尔在《美国经济评论》1994年第4期上发表了一份调查报告。这份调查报告显示,长相漂亮的人的收入比长相一般的人高出约5%,而长相一般的人又比长相丑陋的人的收入高出约5%~10%。该结论对男性和女性都适用。在马克思主义政治经济学中,劳动者的工资由劳动力的价值决定,为什么个人的长相还能在一定程度上影响劳动者的收入呢?

9.1 要素市场价格理论

生产要素价格理论的核心是生产要素的价格决定,而生产要素的价格是由其供求关系决定的。本章从生产要素的需求和供给入手,说明工资、利息、地租、利润的形成,因为这些因素都涉及个人收入的分配,所以称为收入分配理论。西方经济学家认为,社会各界及作为生产要素的所有者为他们所提供的要素各自作出了贡献,并根据贡献的大小而获得收入。

9.1.1 生产要素的分类及特点

生产活动需要投入各种经济资源。为进行生产和服务活动而投入的各种经济资源叫做生产要素。我们通常将生产要素分为两大类:中间生产要素(或者叫中间产品)和原始生产要素。

原始生产要素的所有者是消费者,消费者提供要素的目的是实现效用最大化。在经济学中原始生产要素包括以下4种:

(1)劳动:人类在生产活动中所付出的体力或智力的活动,是所有生产要素中最能动的因素。劳动者是劳动这一生产要素的基本所有者。

(2)资本:人类生产出来又用于生产的经济货物,包括机器、厂房、工具等生产资料。从企业的角度看,既包括有形的资产,也包括无形资产,如商标、信誉和专利权等。通常货币资本并不计入生产要素。

(3)土地:包括土地、河流、森林、矿藏、野生生物等一切自然资源,它们得自于大自然的恩赐,是最稀缺的经济资源。

(4) 企业家才能:综合运用其他生产要素进行生产、革新,从事企业组织和经营管理的能力,以及创新和冒险精神。

中间生产要素是指厂商生产出来又投入到生产过程中去的产品,这类要素的所有者是厂商,厂商提供中间生产要素的目的是实现利润最大化。对某一个企业来说是中间产品的东西,对另一个企业来讲可能就是产品。比如,钢铁对于汽车厂来讲是中间产品,但它对于钢铁厂来讲就是产品。本章主要研究原始生产要素的供求问题,而对中间生产要素的问题不予论述,如不特别指明的话,我们所说的生产要素指的都是原始生产要素。

生产要素市场的需求来自厂商,厂商购买生产要素不是为了满足自己的消费需要,而是为了满足生产上的需要。对生产要素的需求是由对消费物品的需求派生出来的,因而是一种派生需求。同时,由于技术上的原因,生产要素往往不是单独发生作用的,因此,要素需求不仅是一种派生需求,也是一种"联合需求",即对生产要素的需求是共同的、相互依赖的需求。

(1) 引致需求

在产品市场上,厂商是产品的供给方,消费者是产品的需求方。消费者为了直接满足自己的吃、穿、住、行等需要而购买产品,因此消费者对产品需求是所谓的"直接"需求。而转到要素市场上,情况就不一样了,厂商成为生产要素的需求方,消费者成为生产要素的供给方。首先要指出的是,厂商购买生产要素是因为消费者对产品有需求,厂商为了满足消费者对产品的需求,就要使用生产要素来生产出产品。我们把这种由于消费者对于产品的需求而引起的厂商对生产要素的需求,叫做引致需求。这种引致需求可以是直接的,也可以是间接的、迂回的。比如,消费者的直接需求是汽车,这种直接需求引起汽车厂要购买生产要素来生产汽车,从而轮胎厂也要购买生产要素来生产轮胎,钢铁厂也要购买生产要素来生产钢铁才能满足这种需求,进一步说,矿山企业也要购买生产要素生产铁矿石,农场也要购买生产要素以种植更多的橡胶树。不论这种需求经历了怎样的过程,都是由消费者对汽车的需求引起的,厂商购买生产要素的目的只有一个,那就是通过购买生产要素生产出满足消费者需要的产品,从而实现自己的利润最大化。

(2) 联合需求

另外,厂商对生产要素的需求也可以叫做联合需求或共同需求,即对生产要素的需求是共同的、相互依赖的需求。这个特点是由生产技术决定的,因为厂商要进行生产活动,必须同时购买所有的生产要素才能够进行生产,通常只拥有一种或两种生产要素是无法进行生产的。对生产要素需求的这种共同性特点带来了一个重要后果,即对某种生产要素的需求,不仅取决于该生产要素本身的价格,而且取决于其他生产要素的价格。因此,严格地说,生产要素理论应该是关于多种生产要素共同使用的理论。但是,同时研究多种要素的价格和需求,将使分析过于复杂。为了简便起见,往往还是集中分析一种生产要素的情况。

9.1.2 要素市场均衡的一般原则

要素的市场价格与其他商品价格一样,也由其需求和供给两个方面来决定,只是对要素的需求来自于厂商,而要素的供给为居民,且要素的需求和供给具有不同于一般商品的需求和供给的特点,不同要素的供给曲线也不同,因此不同要素均衡价格的决定有着不同特点。

生产要素有两种价格:源泉价格和服务价格。源泉价格指的是买卖生产要素的服务"载体"(或称源泉)的价格;服务价格指的是买卖要素提供的服务本身的价格。比如土地,可以一次性地买断土地的所有权和使用权,这个价格就是源泉价格;也可以租用别人的土地,每年交付一定的租金,这个价格就是服务价格。有的生产要素的源泉及其服务都可以在市场中进行交易,如土地、资本,就具有两种价格;有的生产要素的服务可以交易,而其源泉是不能够交易的,如劳动、企业家才能,所以只有服务价格,而没有源泉价格。为了避免引起混淆,本章所讲的要素价格除非特别指明,指的都是要素的服务价格。

生产要素的价格构成厂商生产的成本,同时也构成生产要素所有者的收入,所以要素的价格决定也是国民收入在要素所有者之间的分配问题。要素的价格决定是经济学分配理论的一个重要部分。生产要素价格决定的主要理论基础是所谓的边际生产率分配论,是由美国经济学家J·B·克拉克最先提出的。这一理论有助于解决由于多种生产要素相互作用共同生产产品时,究竟各种要素在生产中分别作出了多少贡献,从而应当分配到多少收入这样一个难题。边际生产力指的是在其他条件不变的前提下,每增加一个单位某种要素的投入所增加的产量。它决定厂商购买一定数量生产要素所愿支付的价格水平。总的来说,在其他条件不变的情况下,出于利润极大化的目的,厂商对某种生产要素的需求量将会被决定在这样的水平上:在该水平上,最后增加使用的那单位生产要素所带来的收益恰好等于为使用它所支付的成本。

(1) 生产要素的需求

生产要素的需求是指厂商在一定的时间内,每一价格条件下愿意而且能够购买的生产要素量。影响生产要素需求的因素有:市场消费者对产品的需求及产品的价格,生产技术水平状况,生产要素的价格,生产要素的边际生产力,生产要素的需求弹性和可替代程度,等等。

产品市场上厂商利润最大化的原则是:边际收益等于边际成本,即 $MR=MC$。同样地,在要素市场上厂商获得利润最大化的条件是:边际要素收益等于边际要素成本,即 $MFR=MFC$。在不同的市场结构下,边际要素收益、边际要素成本的名称不尽相同。假定生产要素只有劳动力,利润公式为 $\pi(L)=TFR-TFC$,即总利润等于要素总收益减去要素总成本。MFR 与 MFC 计算过程如下:

$$
\begin{aligned}
TFR &= Q(L)\cdot P(L)\\
TFC &= W(L)\cdot L\\
MFR &= \frac{\mathrm{d}Q}{\mathrm{d}L}\cdot P(L)+Q(L)\cdot\frac{\mathrm{d}P}{\mathrm{d}L}\\
&= \frac{\mathrm{d}Q}{\mathrm{d}L}\cdot P(L)+Q(L)\cdot\frac{\mathrm{d}P}{\mathrm{d}L}\cdot\frac{\mathrm{d}Q}{\mathrm{d}Q}\\
&= \frac{\mathrm{d}Q}{\mathrm{d}L}\left(P+Q\cdot\frac{\mathrm{d}P}{\mathrm{d}Q}\right)=MP_L\cdot MR\\
MFC &= \frac{\mathrm{d}W}{\mathrm{d}L}\cdot L+W(L)\\
&= \frac{\mathrm{d}W}{\mathrm{d}L}\cdot\frac{\mathrm{d}Q}{\mathrm{d}Q}\cdot L+W(L)\\
&= \frac{\mathrm{d}Q}{\mathrm{d}L}\left(\frac{\mathrm{d}W}{\mathrm{d}Q}\cdot L+W\cdot\frac{\mathrm{d}L}{\mathrm{d}Q}\right)\\
&= MP_L\cdot MC
\end{aligned}
$$

上述式中,MFR 是边际要素收益,它等于边际产品乘以边际收益,通常也称为边际收益产品(Marginal Revenue Product,MRP)。由于边际产量被定义为每增加一个单位要素所增加的产量,边际收益被定义为每增加一个单位产量所增加的收益,因此,MRP 是指厂商每增加一个单位生产要素所增加的收益,即 $MRP = MP_L \cdot MR$。

边际要素成本(Marginal Factor Cost,MFC)是指每增加一个单位生产要素投入所增加的成本,即要素的价格。由于边际成本被定义为每增加一个单位产量所增加的成本,所以边际要素成本可以表示为边际产量与边际成本的乘积,即 $MFC = MP_L \cdot MC$。

比较 MFC 与 MRP 等式,立即可知,当 $MR = MC$ 时,$MRP = MFC$。由此可见,在要素市场上,利润最大化的原则是边际收益产量等于边际要素成本。若 $MRP > MFC$,意味着增加一个单位生产要素所带来的收益大于所花费的成本,生产者应增加要素的雇佣量;若 $MRP < MFC$,意味着增加一个单位生产要素所带来的收益不足以补偿所花费的成本,生产者应减少要素的雇佣量;只有在 $MRP = MFC$ 时,增加一个单位生产要素所带来的收益与其花费的成本相等,要素的雇佣量达到最佳水平。

(2) 生产要素的供给

在西方经济学的要素需求理论中,要素使用者是"单一"的,即是生产者或厂商,因而其行为目标也是"单一"的,即追求利润的最大化。供给问题稍稍复杂一些:要素所有者既可以是生产者,也可以是消费者。生产者生产许多将要再次投入生产过程的"中间产品"或"中间生产要素"(如钢材、车床等),是中间要素的所有者;消费者则向市场提供"原始生产要素"(如劳动、土地和资本等),是原始要素的所有者。由于要素所有者的身份不同,因而它们的行为目的也不相同。按照西方经济学的假定,生产者和消费者的行为目的分别是利润最大化和效用最大化。

由于资源是既定的,消费者只能将其拥有的全部既定资源的一部分(当然,这部分可以小到零,也可能大到等于其资源总量)作为生产要素来提供给市场。全部既定资源中除去供给市场的生产要素外,剩下的部分可称为"保留自用"(或简称为"自用")的资源。因此,所谓要素供给问题可以看成是:消费者在一定的要素价格水平下,将其全部既定资源在"要素供给"和"保留自用"两种用途上进行分配以获得最大效用。即生产要素的供给是指居民户在一定的时间内,每一价格条件下愿意而且能够供应的生产要素量。影响生产要素供给量的主要因素有:市场对产品的需求及其产品价格的高低,生产要素价格的高低,人口的规模与结构,居民收入水平的高低,生产要素的稀缺和替代程度,等等。

消费者在一定的要素价格水平下,将其全部既定资源在"要素供给"和"保留自用"两种用途上进行分配,以获得最大效用。从基数效用论的角度出发,这个条件可以表述为:消费者提供给市场的要素的边际效用和消费者"保留自用"的要素的边际效用相等。当两者不相等时,要从边际效用小的部分转移一部分要素到边际效用大的要素用途中去,这样才能使生产要素供给的总效用最大。

自用资源既可以带来间接效用(如干家务),也可以带来直接效用(如休息、闲暇),而要素供给的效用是所谓的间接效用,以劳动力 L 为例,要素供给通过收入 Y 而与效用 U 相联系。可用公示表示为:

$$\frac{dU}{dL} = \frac{dU}{dY} \cdot \frac{dY}{dL}$$

即要素供给的边际效用等于要素供给的边际收入与收入的边际效用的乘积。

在序数效用条件下，要素供给的最优点为无差异曲线与消费者预算曲线的切点，在这一切点上，能实现效用最大化。序数效用条件下的要素供给原则与基数效用条件下的要素供给原则的结论是一致的。

生产要素市场的供给曲线主要有以下几种情况：供给量随生产要素价格提高而增加，如图9-1 所示；供给量不随生产要素价格提高而增加，如图 9-2 所示；对某些生产要素而言，当价格上涨时，其供给量增加，而超过一定限度后，供给量反而减少，如图 9-3 所示。

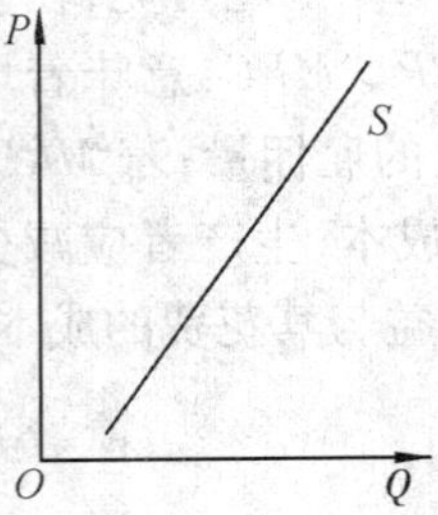

图 9-1　斜率为正的生产要素供给曲线

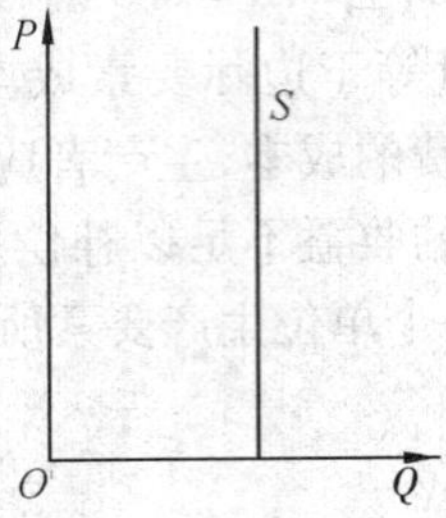

图 9-2　斜率为零的生产要素供给曲线

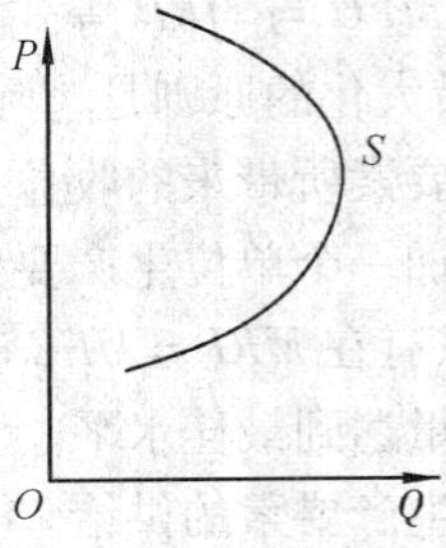

图 9-3　弯曲形状的生产要素供给曲线

(3) 生产要素的供求均衡

当要素供给等于要素需求的时候，要素市场实现均衡。而要素需求、要素供给各有自己的使用原则。在要素需求市场上，厂商的要素使用的原则是利润最大化，而获得利润最大化的条件是：边际要素收益等于边际要素成本。在要素供给市场上，个人出售要素的原则是效用最大化，而效用最大化的条件是：在不同的价格条件下，某种生产要素的不同用途的效用相等。

当生产要素的供给曲线与需求曲线交于 E 点时，就达到了市场均衡状态，如图 9-4 所示。此时，E 点所对应的价格 P_0 是生产要素的供给量与需求量相等时的价格，即生产要素的均衡价格。E 点所对应的生产要素使用量 Q_0 是该生产要素的均衡使用量。个别厂商的均衡需求量 q^* 是由该厂商面临的生产要素供给曲线和需求曲线共同决定的，如图 9-5 所示。

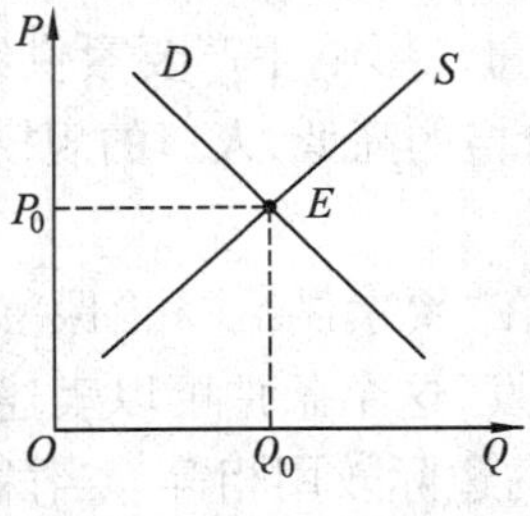

图 9-4　生产要素市场的均衡

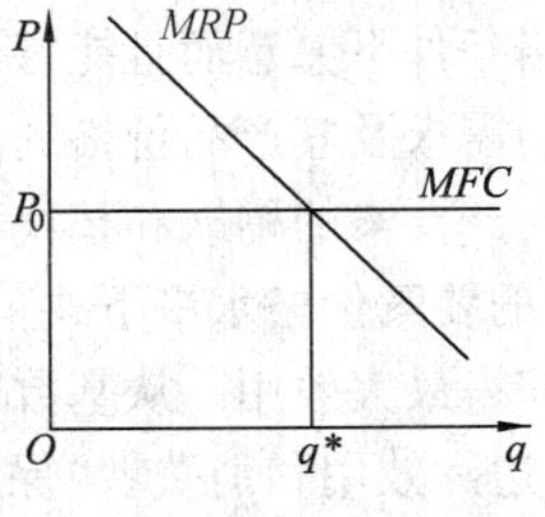

图 9-5　单个厂商使用生产要素的均衡

9.1.3　几种典型的要素市场结构

在产品市场上，按厂商数目、产品性质等因素不同，可以分为完全竞争的市场和不完全竞争的市场。这种划分，都假设买者即消费者有很多，不存在垄断因素，买方市场是完全竞争而卖方市场可分为完全竞争、垄断竞争、寡头垄断和完全垄断。

但是，在生产要素市场上情况不同，买方和卖方都可以分为 4 种类型，即买方需求的完全竞争、完全垄断、垄断竞争和寡头垄断,卖方供给的完全竞争、完全垄断、垄断竞争和寡头垄断。由于需求和供给可以形成不同的组合,每一种组合就构成了一个生产要素市场类型。

在要素市场上的厂商是要素买方,该厂商在产品市场上同时是产品卖方,该厂商在产品市场上的地位直接决定其在要素市场上的要素需求,因此,同一厂商基于产品市场上的不同地位和要素市场上的不同地位,又可以形成不同的厂商组合。如表 9-1 所示。

和完全竞争产品市场一样,完全竞争要素市场的基本性质可以描述为:要素的供求双方人数都很多,要素没有任何区别,要素供求双方都具有完全的信息,要素可以充分自由地流动,等等。显然,完全满足这些要求的要素市场在现实中是不存在的。

为了便于分析,这里明确界定完全竞争厂商是指厂商在产品市场上(作为产品的卖方)、在要素市场上(作为要素的买方)都是完全竞争者。按照这个规定,不完全竞争厂商包括如下 3 种情况:第一,在产品市场上完全竞争,但在要素市场上不完全竞争;第二,在要素市场上完全竞争,但在产品市场上不完全竞争;第三,在产品市场和要素市场上都不完全竞争。

表 9-1　基于产品市场、要素市场不同地位的厂商类型

		产品卖方			
		完全竞争	垄断竞争	寡头垄断	完全垄断
要素买方	完全竞争	完全竞争			卖方垄断
	垄断竞争				
	寡头垄断				
	完全垄断	买方垄断			双向垄断

作为不完全竞争厂商的典型,垄断厂商可以分为 3 种类型:作为产品市场上的垄断卖方、作为要素市场上的垄断买方,以及作为产品市场上的垄断卖方并且作为要素市场上的垄断买方。其中关键的又在于前两种,第三种情况是前两种的简单综合。

这里的卖方垄断厂商是指:厂商在产品市场上(作为产品的卖方)是垄断者,但在要素市场上(作为要素的买方)是完全竞争者。

这里的买方垄断厂商是指:厂商在要素市场上(作为要素的买方)是垄断者,但在产品市场上(作为产品的卖方)是完全竞争者。

这里的双向垄断厂商是指:厂商在要素市场上(作为要素的买方)是垄断者,在产品市场上(作为产品的卖方)也是垄断者。

9.2　要素价格决定的需求方面

本节主要研究 4 种典型的要素市场结构——完全竞争要素市场、买方垄断要素市场、卖方垄断要素市场、双向垄断要素市场。在不同的市场结构下,产品和要素的价格、边际收益、需求线等具有不同的特点,因此,要素的边际收益、边际成本有所变异,从而要素的需求使用量有所不同。

9.2.1 完全竞争要素市场的要素需求

(1) 完全竞争厂商的要素需求原则

对于完全竞争的厂商而言,由于其产品的需求曲线是水平的,即厂商产量的增减并不造成市场价格的变化,价格可以看做常数,因而有 $MR = P$。所以对于完全竞争的厂商有:

$$MRP = MR \cdot MP = P \cdot MP \tag{9-1}$$

式(9-1)的结果叫做边际产品价值,可以用 VMP 来表示。边际产品价值指投入劳动每增加一个单位所增加的产量(即边际物质产品)的销售值。显然 VMP 只是 MRP 的一个特例,即当 MR 为常数时,产品价格与要素的边际产量的乘积,即 $VMP = P \cdot MP$,见图9-6。

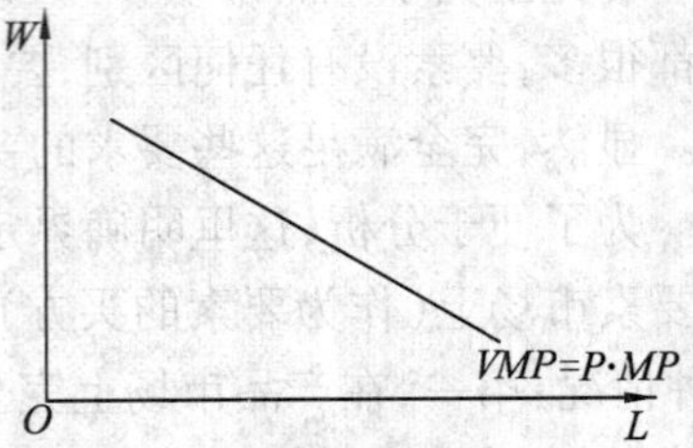

图9-6 完全竞争厂商的 VMP 线

假定其他要素固定不变,生产者只雇佣一种生产要素。由于产品市场属于完全竞争市场,因此产品的销售价格是既定的,即 P 为常数。根据边际生产力递减规律(边际收益递减规律),随着生产要素投入量的增加,边际生产力(边际产量)是递减的。假设投入的是一种生产要素 L,那么边际产品价值 VMP 也是递减的,因此 VMP 线向右下方倾斜。

在完全竞争的要素市场上,厂商只能被动地接受市场形成的要素价格,一个厂商无法影响市场形成的要素价格,所以可以把完全竞争市场的要素价格看成是常数。以 W 代表工资率,即劳动的价格,以 r 代表利息率,即资本的价格。如果我们考虑一个短期过程,假定资本 K 不变,L 可变,那么:

$$VMP = P \cdot MP_L \tag{9-2}$$

$$MFC_L = \frac{dC}{dL} = \frac{d(W \cdot L + r \cdot \overline{K})}{dL} = W \tag{9-3}$$

这时,完全竞争厂商实现均衡条件可写成:$VMP = W$。即完全竞争厂商使用要素的原则是:边际产品价值等于该要素的市场价格。

单个厂商劳动的投入量刚好使得 $VMP = MFC$,这时厂商实现了利润最大化,见图9-7。

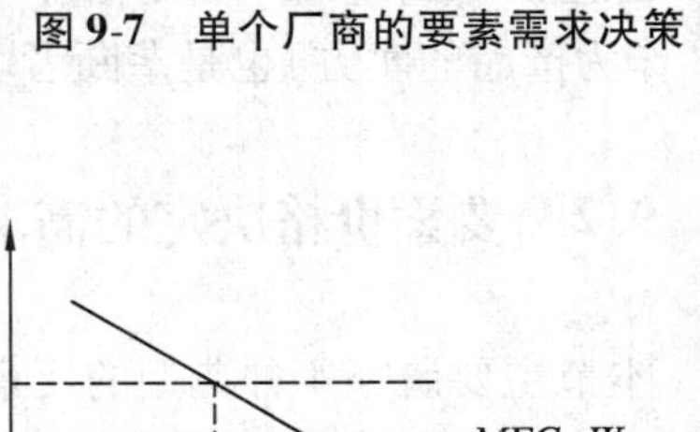

图9-7 单个厂商的要素需求决策

(2) 完全竞争厂商的要素需求曲线

当劳动力的价格(工资)发生变动时,单个厂商对生产要素的需求量也发生了变动。工资和劳动需求量的组合点均在 VMP 线上,因此,VMP 又是单个厂商生产要素的需求曲线,见图9-8。可以看出,厂商对劳动的需求曲线有两个重要特点,一是需求曲线和厂商的边际产品价值曲线即 VMP 曲线是重合的,二是需求曲线向右下方倾斜。

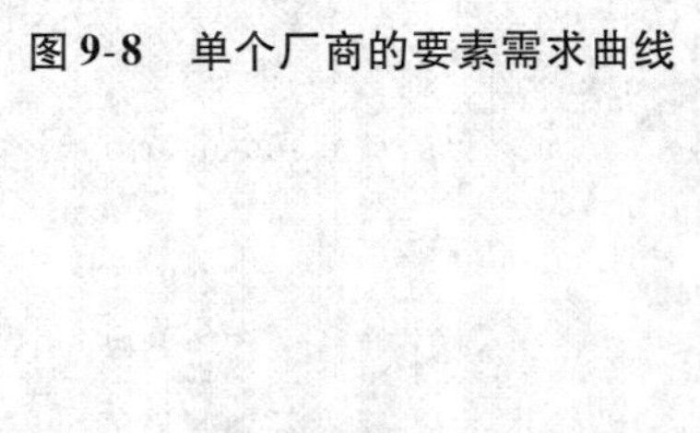

图9-8 单个厂商的要素需求曲线

如果取消其他要素固定不变的假设,在其他要素的数量发生变动的情况下,生产者对某种可变要素的需求又如何呢?为了便于分析,设有两个变动的生产要素,分别为劳动和资本,当市场工资率下降时,生产者会雇佣更多的劳动,用劳动替代资本,劳动的边际产量减少,因此,替代结果将使劳动的 *MRP* 曲线向左移动。同时,由于工资率下降,生产者可以在原有的成本条件下生产较多的产量,产量的增加使得生产者也会增加资本的雇佣量。而当劳动的资本雇佣量增加时,又会使劳动的边际产量 *MP* 上升,从而使劳动的 *MRP* 曲线右移。一般而言,产量增加和要素替代的综合结果使劳动的 *MRP* 曲线右移。由此可得出结论:在完全竞争的要素市场,在其他要素雇佣量不变的条件下,某一可变要素的边际收益产量曲线在平均收益产量曲线最高点以下,在横轴以上的向下倾斜部分,构成了生产者对该要素的需求曲线。

(3) 完全竞争市场的行业要素需求曲线

我们知道,在完全竞争的产品市场上,市场需求曲线可以由单个消费者的需求曲线简单地横向加总得到,那么我们能否通过将单个厂商的要素需求曲线简单地横向加总来得到市场需求曲线呢? 答案是否定的。原因在于,我们前面所推导的需求曲线都附加了一定的前提。我们推导厂商需求曲线的时候,实际上假定了当市场中要素价格变动的时候,其他厂商的要素使用量是不变的,从而产品的供给不变,产品的价格也就是不变的。当我们的研究对象不是单个的厂商而是整个市场的时候,这个假设显然就不适宜了。

我们考虑一个单要素的市场。当完全竞争市场中劳动的价格下降的时候,所有的厂商都会增加劳动的使用量,于是产品的市场供给曲线会向右移动,产品的价格下降,产量上升。产品的价格下降,将会导致边际产品价值曲线的移动,厂商的要素需求曲线进而也会发生变动。当要素的价格上升时,所有厂商都会减少要素的使用量,于是产品的市场供给曲线会向左移动,产品的价格上升,要素的边际产品价值曲线也会发生移动,要素的需求曲线跟着移动。

如图 9-9 所示,厂商原来使用的劳动是 L_0,劳动的价格是 W_0,此时产品的价格是 P_0,边际产品价值 $VMP_0 = P_0 \cdot MP$,因而厂商处于 VMP_0 曲线上的一点 H。如果完全竞争市场中的劳动价格下降到 W_1,则行业内所有厂商都会增加劳动的使用量,从而所有厂商的产品供给曲线都会向右移动,市场的产品供给曲线当然也会向右移动,这样产品的价格将下降到 P_1。由于 $VMP = P \cdot MP$,产品价格的下降将导致边际产品价值曲线也下降为 VMP_1。由图 9-9 可知,在 W_1 的价格下,厂商对生产要素的需求将不是与 $W_1 = VMP_0$ 相对应的 L_2,而是 $W_1 = VMP_1$ 所决定的 VMP_1 上的一点 I,劳动需求量将是 L_1。同样道理,在不同的劳动价格下,我们可以得到一系列劳动需求与劳动价格的组合点,将这些点连接起来就得到厂商对劳动的需求曲线 d_m。由于该需求曲线考虑了要素价格改变时行业内所有厂商共同行动所引起的全部调整,所以又被称为行业调整曲线。行业调整曲线也是向右下方倾斜的,但更陡峭一些。

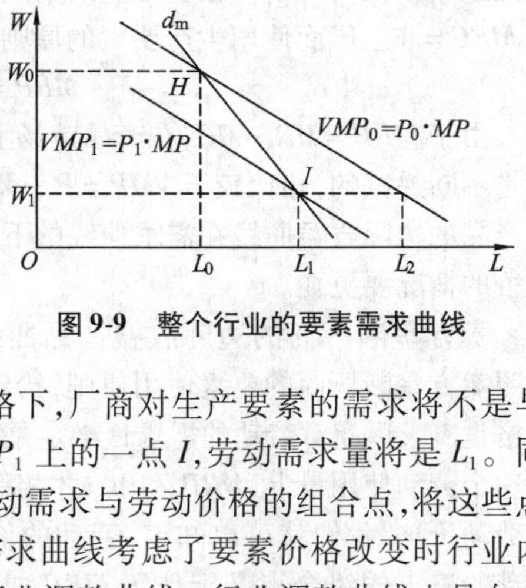

图 9-9　整个行业的要素需求曲线

整个市场的要素需求曲线可以看做行业调整曲线的简单水平相加。如完全竞争的市场共有 n 个厂商,市场需求曲线可以表示为:

$$D = \sum_{i=1}^{n} d_m(i) \tag{9-4}$$

$d_m(i)$ 是第 i 个厂商经行业调整之后的要素需求曲线。

整个生产要素市场的需求曲线也是向右下方倾斜的,且比单个厂商或企业生产要素(如劳动)需求曲线陡峭,这是因为在生产要素市场上,单个厂商或企业对生产要素的需求量取决于该生产要素的 *VMP* 之值,而 $VMP = MP_L P$,也就是说,厂商对生产要素(如劳动)的需求量不仅取决于生产要素的边际生产力 *MP*,而且取决于生产要素所生产出来的产品的价值。在整个市场上,生产要素的价格也是变动的,随着生产要素投入量的增加,一般来说产品产量也增加,产品的价格则是下降的,这一点与完全竞争市场单个厂商产品的销售价格是确定的有所不同。因此在整个生产要素上,行业的需求曲线比单个厂商或企业的生产要素需求曲线陡峭。

9.2.2 不完全竞争要素市场的要素需求

同产品市场类似,生产要素市场也有完全竞争、垄断竞争、寡头垄断和完全垄断之分。研究生产要素市场必须和研究产品市场结合起来,为了简化问题,我们只研究两种最简单的情况:厂商在产品市场上是完全竞争的而在要素市场上是垄断的(买方垄断)、厂商在要素市场上是完全竞争的而在产品市场上是垄断的(卖方垄断)。

(1) 卖方垄断要素市场的要素需求

在产品市场上,厂商作为一个垄断者对产品的价格具有很大影响力,因而其产品的需求曲线是向右下方倾斜的,产品的边际收益曲线也向右下方倾斜,并且位于需求曲线下方。在生产要素市场上,厂商作为一个完全竞争者,只能被动地接受市场决定的要素价格,并且在这个价格下厂商能够得到它想要的任何数量的生产要素,因此,厂商面临的要素供给曲线是水平的。

为了方便,以下我们的研究都以劳动为例,其他生产要素的研究类似。在上一节中,我们已经知道,厂商使用生产要素的原则是 $MRP = MFC$,即边际要素产品等于边际要素成本,这一原则适用于任何厂商。在卖方垄断情况下,要素市场是完全竞争的,因而劳动的价格既定,从而 $MFC = W$。厂商使用生产要素的原则可以写成:

$$MRP = W \text{ 或 } MR \cdot MP = W$$

由于 $MRP = MR \cdot MP$,在产品市场上,*MR* 是不断递减的,*MP* 也是不断递减的,因而 *MRP* 也是不断递减的,相比较于 $VMP = P \cdot MP$,显然 *MRP* 要下降得更快,且总是比 *VMP* 要低(注意产品的边际收益曲线在需求曲线的下方且更陡峭),因此 *MRP* 曲线向右下方倾斜,且比完全竞争的情况要更陡。

卖方垄断厂商的边际收益产品曲线如图 9-10。按照卖方垄断厂商的要素使用原则,给定要素的市场价格是 W_0,厂商对劳动的需求量必定是 L_0,因为只有在这个劳动使用量上,*MRP* 和 W_0 才相等。给定其他的劳动价格,我们就可以知道,劳动的价格与厂商对劳动的需求的组合点必定位于 *MRP* 曲线上。因此,厂商对劳动的需求曲线就是边际收益产品曲线。

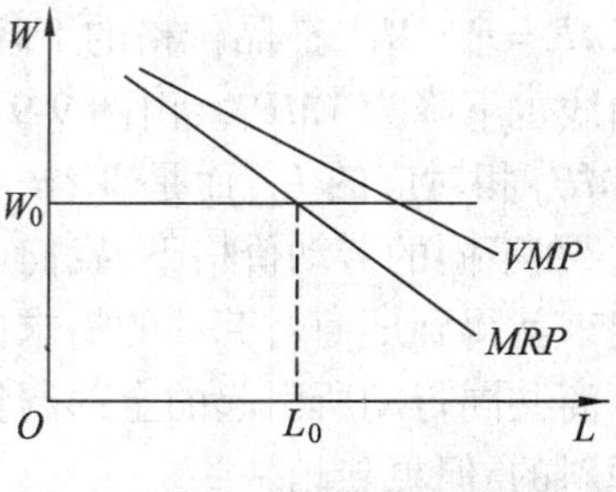

图 9-10 卖方垄断厂商的要素需求曲线

已知单个厂商的要素需求曲线之后,只要将市场中所有厂商的要素需求曲线横向加总就可以得到市场的要素需求曲线。这一点和完全竞争的情况不同,完全竞争市场要先经过调整得到行业调整曲线再将行业调整曲线横向加总。对于卖方垄断厂商来说,在产品市场上它的边际收益 *MR* 是由需求决定的,劳动的边际产量由生产的技术条件决定,因而无论厂商如何调整要素的数量,其 *MRP* 曲线是不变的,因而行业调整曲线仍然是 *MRP* 曲线。

(2) 买方垄断要素市场的要素需求

买方垄断是指厂商在要素市场上作为要素的买方是垄断者，但在产品市场上作为产品的卖方是完全竞争者。要素市场之所以出现买方垄断，可能是由于在一个特定区域只有一家厂商购买生产要素，也可能是由于某个厂商所需要的生产要素并非被其他厂商所需要。

先来研究产品市场。由于产品市场是完全竞争的市场，因而厂商只能被动地接受市场形成的既定的产品价格，在这个价格下厂商可以以不变的价格卖出它所有的产品，因此对厂商来讲，可以将产品的价格看成常数。这样，$MR = AR = P$。

再来看要素市场。我们假定只有一种要素——劳动 L。厂商使用要素的原则还是 $MRP = MFC$，这一点对于买方垄断的厂商仍然适用。结合产品市场，可以得到：

$$MRP = MR \cdot MP_L = P \cdot MP_L = VMP$$

可见，买方垄断条件下，要素的边际产品价值等于要素的边际收益产品。在买方垄断条件下，要素市场中只有一个买方，因而该要素的市场供给曲线就是厂商所面临的要素供给曲线。市场供给曲线必定是向右上方倾斜的，因为站在市场的角度，要素的价格提高，消费者愿意提供的要素的数量也会跟着提高，即要素供给量和价格成正相关。所以厂商所面临的要素供给曲线也是向右上方倾斜的。下面我们再来看要素成本问题。

先引入平均要素成本的概念。平均要素成本（AFC）指厂商为使用每一单位生产要素平均支付的成本。按照定义，可以得到：

$$AFC = \frac{TC}{L} = \frac{W \cdot L}{L} = W \tag{9-5}$$

可以看出，平均要素成本就是厂商使用要素的价格，因此厂商的要素平均成本曲线就是厂商所面对的要素供给曲线，它表示消费者在不同的要素价格下愿意提供的要素数量，同时也表示厂商在不同价格下能够雇佣的要素数量。

再来看厂商的边际要素成本问题，即：

$$\begin{aligned} MFC &= \frac{\mathrm{d}W}{\mathrm{d}L} \cdot L + W(L) \\ &= \frac{\mathrm{d}W}{\mathrm{d}L} \cdot \frac{\mathrm{d}Q}{\mathrm{d}Q} \cdot L + W(L) \\ &= MP_L \cdot \frac{\mathrm{d}W}{\mathrm{d}Q} \cdot L + W(L) \end{aligned}$$

可以知道，边际要素成本总是比要素的价格要高。厂商在买方垄断的市场上所面对的要素供给曲线是向右上方倾斜的，表明随着该厂商要素购买量的增加，它必须支付的要素价格会越来越高。买方垄断的厂商每增加一单位要素的使用，它就必须以新的更高的价格购买所有的要素，由此所导致的总成本增量必然大于平均要素成本的增量。因此，边际要素成本曲线总是位于平均要素成本曲线之上，且其斜率也比平均要素成本大。

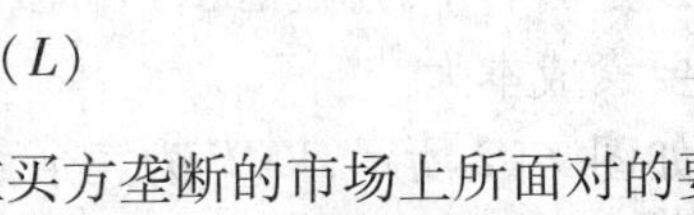

图 9-11 买方垄断厂商的要素需求

如图 9-11 所示，VMP 为要素的边际产品价值曲线，MFC 为厂商的边际要素成本曲线，S_L 为厂商所面临的要素供给曲线。由于 $MRP = VMP$，因而厂商的要素使用原则 $MRP =$

MFC 可以写成：VMP = MFC，因而厂商实现利润最大化的均衡点应位于 VMP 与 MFC 的交点 E 处，厂商在均衡时对要素的需求是 L_0，要素的价格是 W_1。可以看出，要素的价格是按照厂商所面临的要素供给曲线确定的，要素的实际支付价格是 W_0，低于 W_1。既然厂商在 W_0 的要素价格上就可以雇佣到 L_0 的要素量，当然不肯付出比 W_0 更高的价格。

能否推导出买方垄断厂商的要素需求曲线呢？要素需求曲线意味着给出一个要素的价格，厂商可以根据自己利润最大化的原则确定一个最佳的要素需求量，即要素价格与要素需求量之间存在着一种一一对应的关系。如图 9-11，如果我们给定一个要素价格 W_1，厂商实现利润最大化的原则是 VMP = MFC，在 W_1 的价格下，厂商显然无法找到一个要素使用量能够满足这一条件。实际上，要素的价格也不可能是 W_1，因为厂商是要素的垄断买主，根据自己的利润最大化原则，一旦决定使用 L_0 的要素，便不可能再付出高于 W_0 的要素价格。由此可见，垄断厂商的要素需求曲线是不存在的。

可以看出，买方垄断厂商的要素需求理论和垄断厂商的产品供给理论可以类比。垄断厂商根据 MR = MC 的原则确定产量，根据需求曲线确定产品价格，无法推导出有规律的供给曲线；买方垄断厂商根据 VMP = MFC 的原则来确定最佳要素使用量，根据要素供给曲线确定要素价格，且无法推导出厂商对要素的需求曲线。

（3）买卖双向垄断要素市场的要素需求

厂商使用生产要素的原则仍然是 MRP = MFC，在双向垄断情况下，产品和要素市场都是垄断的，因而，

$$MRP = MR \cdot MP$$

$$MFC = MP_L \cdot \frac{dW}{dQ} \cdot L + W(L)$$

于是

$$\begin{aligned} MRP &= MP \cdot MR = MFC \\ &= MP_L \cdot \frac{dW}{dQ} \cdot L + W(L) \end{aligned}$$

在产品市场上，MRP 比 VMP = P · MP 下降得更快，且总是比 VMP 要低，斜率比完全竞争下的情况要更大。在要素市场上，边际要素成本总是比要素的价格要高，厂商所面对的要素供给曲线是向右上方倾斜的，边际要素成本曲线总是位于平均要素成本曲线之上，且其斜率也比平均要素成本大。

如图 9-12 所示，VMP 为完全竞争厂商的要素的边际产品价值曲线，MRP 为垄断厂商的要素的边际收益产品曲线，MFC 为厂商的边际要素成本曲线，S_L 为厂商所面临的要素供给曲线。

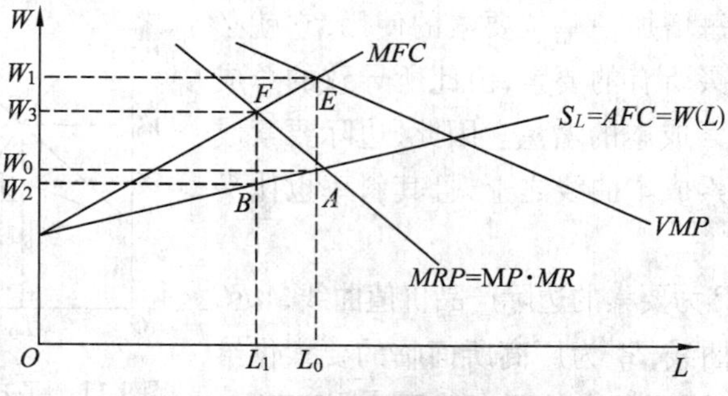

图 9-12　双向垄断厂商的要素需求

厂商的要素使用原则是:$MRP = MFC$,因而厂商实现利润最大化的均衡点应位于 MRP 与 MFC 的交点 F 处,厂商在均衡时对要素的需求是 L_1,要素的价格是 W_3。可以看出,要素的价格是按照厂商所面临的要素供给曲线确定的,要素的实际支付价格是 W_2,显然低于 W_3。既然厂商在 W_2 的要素价格上就可以雇佣到 L_1 的要素量,它当然不肯付出比 W_2 更高的价格。

同单纯的卖方垄断或买方垄断厂商相比,双向垄断厂商在要素的需求量、要素的实际支付价格上都比较低,这说明该厂商在产品市场和要素市场都能获得垄断利润。

资料链接

中国与全球三大铁矿石巨头的价格之争

2008 年 3 月 19 日上午,中国钢铁工业协会(以下简称钢协)紧急召集中国几家大型钢铁企业的副总进行沟通。此前由于澳洲要求中国以“到岸价”结算,双方迟迟没有达成最后的铁矿石价格协议。据近距离接触铁矿石谈判人士向记者透露,此举将令中国钢铁业损失数十亿美元。

由于中国对进口铁矿石依存度超过 50%,三大铁矿石巨头必和必拓、力拓以及淡水河谷今年试图通过改变规则来抬高价码。如果三大卖家同时提出这种方式,中方将很难制止。因为按照铁矿石长期协议的规则,由于不可抗力的影响,供应量减少 10% 在允许的范围之内。而这意味着,2008 年铁矿石长期协议只能执行 90%。“平均计算下来的话,三个铁矿石卖方,每一方都将减少 1 000 万吨以上的供应量。”而按照 2007 年的行情,铁矿石现货价格与长期协议价格价差最高时每吨近 100 美元。照 3 000 万吨的量推算,三大铁矿石卖家如果同时减少长期协议供应量,转投现货市场,将导致中国钢铁企业损失超过十亿美元。

而对于中国钢铁企业目前在铁矿石谈判中的被动地位,钢协人士认为:“由于中国钢铁业的集中度不高,铁矿石供应处于垄断地位,因此卖家会店大欺客。”在该钢协人士看来,中小钢厂和贸易商扰乱市场也是导致现货市场价格飙升的原因之一。

(《中国经营报》,2008 年 3 月 24 日。)

案例评析

在国际铁矿石市场中为什么中国不能控制定价?

第一,全球铁矿石消费中心在中国,但铁矿石市场仍是垄断竞争市场,中国只能被迫接受市场定价。铁矿石主要用于钢铁工业中铁的生产,包括高炉生铁、直接还原铁(即海绵铁)、热压块铁等。根据国际钢铁协会公布的数据,2008 年全球铁产量达到 9. 84 亿吨,折合成品矿需求约 15. 7 亿吨,较 1999 年增加了 69. 8%,年均增速 6. 1%。全球铁产量约 94% 为高炉生铁。2008 年全球高炉生铁产量为 9. 3 亿吨,折合成品矿需求约14.9亿吨,较1999年增长71.4%,年均增速为6.2%。从分布来看,全球铁的生产主要集中在亚洲、欧洲和独联体国家,2008年,这三大地区高炉生铁、直接还原铁及热压块铁产量占全球铁总产量的86%。其中,中国占全球的比重就高达47.8%。中国已成为真正意义上的全球铁矿石消费中心。除了中国以外,亚洲其他国家(主要是日本、韩国、印度三个国家)消费比例为18%;欧洲消费比例为12%;独联体国家消费比例为8%;由于美国炼钢主要是以废钢为主,所以其铁矿石消费比例仅占全球的6%。从全球铁矿石的供需来看,不考虑库存因素,2004年前全球铁矿石供应都是基本平衡的,2004—2007年,全球铁矿石消费快速增加,导致供应紧张。而在2008全球经济危机的影响下铁矿石供应出现过剩。但这一局面很快得以扭转,进入2010年,全球铁矿石供应再度紧张,最终导致铁矿价格的大幅上涨。中国消化了全球铁矿石增量的90%,绝对用量占全球铁矿石产量的50%。

第二,全球三大铁矿石生产商垄断铁矿石供应,形成要素卖方的垄断,可以索要垄断高价。淡水河谷(Vale):巴西淡水河谷是全球最大的铁矿石生产企业,其产量占巴西国内铁矿石总产量的75%,拥有86亿吨高品位铁矿石储量,每年公司80%的铁矿石产量用来出口。虽然巴西到欧洲海运市场要比亚洲便宜得多,但产量的30%用来供给中国,10%供给日本,欧洲的需求量只占产量的25%。力拓(Rio Tinto):力拓公司是澳洲第一和世界第二铁矿石生产企业,目前拥有110亿吨铁矿石储量,公司大部分资源都在澳洲皮尔巴拉地区,2007年公司50%以上的矿石销往中国,30%以上出口给日本,只有5%被运往欧洲。必和必拓(BHP):必和必拓是三大巨头中产量最小的一个,目前拥有70亿吨铁矿石储量,其中97%的铁矿石产量用于出口。

9.3 要素价格决定的供给方面

要素供给考察的是要素市场供给量与要素价格之间的函数关系。不同种类的生产要素各有自己的特点。西方经济学中一般假定自然资源的供给是既定不变的;资本这种生产要素的供给曲线遵循产品分析的原则;非物质的人的劳动又有不同于物质的生产要素的特点。此外,还有一些共同的特点:要素供给只提供其使用特性,而不是要素本身;要素供给在短期内是固定的。

所谓要素供给问题,可以看成消费者在一定的要素价格水平下,将其全部既定资源在“要素供给”和“保留自用”两种用途上进行分配以获得最大效用。

9.3.1 劳动力要素的供给

劳动供给是指劳动者所提供的一定劳动(工作)或服务的时间数,它涉及消费者对其拥有的既定时间资源在劳动和闲暇两个方面的分配。劳动可得到工资收入,工资收入给劳动者带来效用,闲暇也给他带来效用,而劳动作为闲暇的牺牲会给劳动者带来负效用,即痛苦和不舒适的感觉,劳动多,工资收入也多,但闲暇会减少,可见收入和闲暇之间存在着替代关系。消费者将多少时间用于闲暇,将多少时间提供给市场,实际就是消费者的效用最大化决策。因此,从基数效用理论角度来看,劳动的最优供给原则是:收入与闲暇的边际效用替代率等于工资的效用。工资是劳动这一生产要素提供的劳务的报酬,它是由劳动市场上的劳动的供求所共同决定的。

（1）劳动的供给曲线

我们知道，一个消费者每天能够利用的时间资源最多不可能超过 24 小时，消费者可以把 24 小时中的一部分用于给市场提供劳动，而把其他部分用于睡觉、吃饭、娱乐、休闲等项活动，我们可以把劳动之外的时间都称作闲暇。

我们可以从图 9-13 来看消费者劳动供给曲线的推导过程。图 9-13(a)是用无差异曲线分析来决定消费者的时间资源在闲暇和劳动供给之间的分配。图中横轴 H 为消费者闲暇的时间，纵轴 Y 为消费者的要素收入。我们研究的劳动市场是竞争性市场，因而劳动的价格是市场决定的。当劳动的价格是 W_1 时，消费者的均衡点位于无差异曲线 U_1 和预算线的切点 A，对应的闲暇时间是 H_1，因此，劳动供给是 $24-H_1$；当市场上劳动的价格提高到 W_2 时，消费者的预算线绕横轴顺时针旋转，无差异曲线 U_2 与预算线相切于 B 点，对应的闲暇时间是 H_2，因此劳动的供给提高到 $24-H_2$；当市场上劳动价格再上升至 W_3 时，消费者的无差异曲线 U_3 与预算线相交于 C 点，均衡的闲暇时间是 H_3，劳动供给降低到 $24-H_3$。同样道理可得一系列的均衡点。将这些均衡点的劳动价格和劳动供给的组合投影在图 9-13(b)中，就可以得到消费者的劳动供给曲线。可以看到，消费者的劳动供给曲线具有明显的特点，在 b 点以下的部分是正常的向右上方倾斜的曲线，而在 b 点以上供给曲线是“向后弯曲”的，即向左上方倾斜。

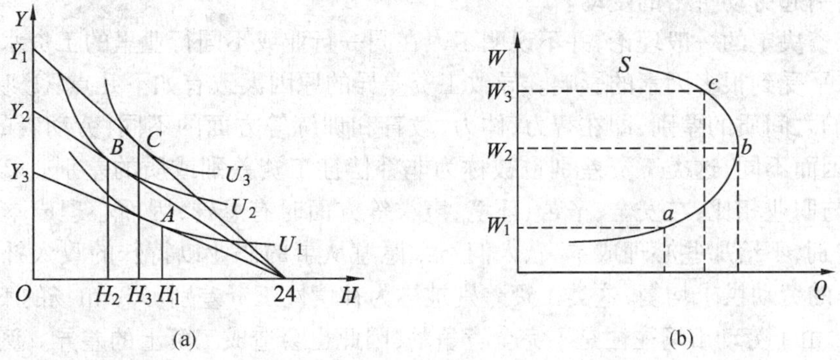

图 9-13 劳动供给曲线的推导

（2）劳动供给的替代效应与收入效应

向后弯曲的劳动供给曲线意味着当劳动的价格上升时，劳动的供给非但不上升，反而下降。如何解释这一异常的供给曲线呢？为了理解这一问题，我们不妨将闲暇看做一种能够给消费者带来效用的商品。一个消费者在一定时间内要增加闲暇就必须减少劳动投入，从而收入就会降低，所以劳动收入就是闲暇的机会成本。这样，我们可以将劳动的价格即工资率看做闲暇这种特殊商品的价格。于是我们在消费者行为理论中所讲的价格变化对消费者均衡的影响的分析，完全适用于消费者对工作和闲暇的选择。

工资变动的替代效应，指的是工资率越高，对牺牲闲暇的补偿越大，劳动者就越愿意用多劳动来代替多休闲。工资变动的收入效应，反映的则是工资率越高，个人越有条件以较少的劳动换得所需要的收入和消费品，因而就越不愿意增加工作时间即劳动的供给。这两种效应都是工资率提高的效应。当收入效应小于替代效应时，劳动供给则会随着工资率的提高而增加，劳动供给曲线向右上方倾斜，即曲线斜率为正值。当收入效应大于替代效应时，劳动供给量则可能随着工资率的提高而减少,劳动供给曲线向左上方倾斜,即曲线斜率为负值。工资率较低时,替代效应大于收入效应;工资率很高时,收入效应将会大于替代效应。

一般来说,正常商品的替代效应是大于收入效应的。这是因为在消费者的购物篮子里通常某种商品只占很小一个比例,这种商品的价格变动通常对消费者的实际收入水平影响不大,但对商品之间的相对价格影响较大,因此,替代效应总是大于收入效应。但对闲暇来讲则不同。由于消费者的收入大部分来自于劳动供给,工资的上升会大大增加消费者的收入水平,因而具有较大的收入效应。当消费者的工资率处于较低水平时,收入效应尚不足以抵消替代效应,但当消费者的工资率处于较高水平时,工资率的上升导致消费者的收入增加,消费者比以前更珍视闲暇而宁愿放弃收入,这时劳动供给不是增加而是减少。随着工资率的提高,劳动供给曲线会从向右上倾斜转为向左上倾斜,将所有单位劳动者的供给曲线加总而形成的劳动的市场供给曲线,也就会呈向右上方倾斜转向向左上方倾斜的后弯曲的曲线。

(3) 劳动市场的均衡与工资率的决定

将所有单个消费者的劳动供给曲线水平相加,即得到整个劳动市场的供给曲线。总的劳动市场的供给随着工资的上升而增加,从而劳动市场供给曲线仍然是向右上方倾斜的。劳动需求曲线和劳动供给曲线的交点是劳动市场的均衡点。该点决定了均衡工资和均衡劳动数量。劳动的价格即工资率是由劳动的市场供给和市场需求共同决定的,劳动的市场供给和需求的变动就会引起劳动价格的变动。

前文是工资决定的一般理论,并不说明工人在同一行业或不同行业里的工资水平都一样。实际的工资水平受到很多因素的影响。导致工资差异的原因大致有如下几点:① 劳动的质量不同:由于人们之间质的差别,即在智力、体力、教育和训练等方面的不同,劳动者的边际生产力不同,工资因而不同,这类工资差别也被称为非补偿性工资差别或质的差别。② 非货币利益不同:职业与职业相比,在安全、辛苦、环境、声誉等方面时有悬殊,因而心理成本不同,如果不保持工资差别,不给那些心理成本高、人们不太愿意从事的职业以特殊的收入补偿,就难以保证这些部门的劳动供求均衡,这类工资差别被称为补偿性工资差别。③ 市场的不完全竞争:在现实生活中,由于劳动市场往往是不完全竞争的,因此也会造成工资上的差异。例如,人们对不同职业收入差异的信息缺乏了解,由于乡土观念较重以及担心搬迁的费用和在新环境生活的不便,工会在劳动市场上发挥一定作用,政府颁布最低工资法,妇女歧视和种族歧视的存在,等等,都会造成劳动者在不同地区、不同行业之间的流动受阻,劳动市场处在不完全竞争状态,因此工资水平不同。

9.3.2 土地要素的供给

土地可以泛指生产中使用的自然资源,为明确起见,假定下面讨论的土地供给的价格是指土地服务的供给价格。地租就是土地这种生产要素的服务价格,土地所有者提供了土地,得到了地租。

(1) 土地的供给曲线

土地是大自然赐予的,数量有限,但它除了供人使用外,别无选择。虽然长期来看,人类可以通过改造沙漠、移山填海、围海造田等增加土地的自然供给,也可能由于洪涝、风沙等自然灾害和污染、毁林、对土地的破坏性使用等人为因素导致土地的有效供给减少。但从整体来看,在短时期内,土地自然供给的增减在总的土地自然供给中所占的比例毕竟非常之小,可以看做一个固定不变的量,土地供给量是固定的,土地的供给曲线完全没有弹性,其供给曲线表现为一条垂直线。这意味着即便把土地的价格降低到接近零,也不会导致它的供给量的减少。

但是,土地的自然供给固定不变并不意味着土地的市场供给一定也是固定不变的。我们知道土地所有者将多少土地供给市场、将多少土地保留自用,取决于土地所有者的效用最大化决策。与劳动的供给类似,土地所有者将土地供给市场并不直接获得效用,而是通过供应土地获得收入,通过增加收入而增加消费,从而提高了自己的效用水平,所以可以认为土地所有者的效用是由收入带来的。通常情况下,土地所有者保留自用的土地在所有土地中所占的比例是相当小的,因此可以认为土地所有者的效用绝大部分来自于出租土地所获得的收入。这样在研究问题时,可以忽略保留自用的土地数量,而假定土地对土地所有者来说只有一种用途,就是出租以获得收入,这样土地所有者的效用只与出租土地的收入有关,收入越高,效用越大。在竞争性的土地市场上,土地的价格由市场决定,即地租对于土地所有者来说是既定的,这样出租的土地越多,土地所有者的效用也越高,不论土地的价格高低如何,土地所有者会把他拥有的土地全部出租出去,以获取最大的收入。

综上所述,当土地市场是完全竞争的时候,无论土地的价格如何,土地所有者都会将他拥有的全部土地提供给市场。因此,土地的供给曲线是垂直的。土地的市场供给曲线是由个人需求曲线加总而成,因此土地的市场供给曲线也是垂直的。图 9-14 是土地的供给曲线的示意图。图中横轴为土地的供给量 Q,纵轴为土地的价格——地租 R,S 为土地的供给曲线,Q_0 表示土地的自然供给。

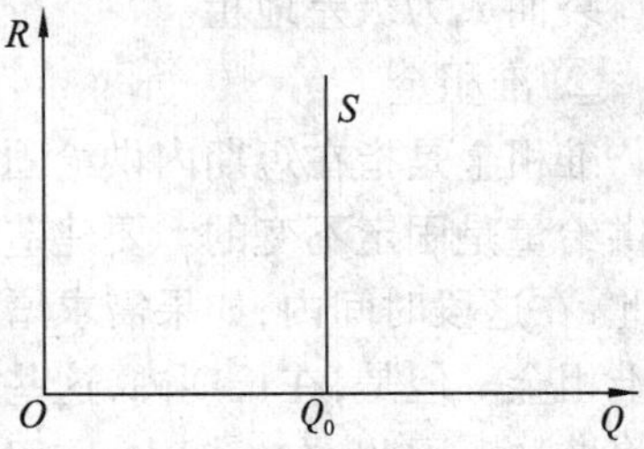

图 9-14　土地的供给曲线

对一个行业来说,土地的供给是可变的,土地的供给与使用土地的机会成本有关。如果一块土地使用于某种用途比使用于别的用途所取得的收益高,即该用途可以取得较高的地租,这种用途的土地的供给量就会增加,即通过减少其他用途的土地量来增加该用途的土地供给量。从一个特定行业看,地租的上升可以引起土地供给量的增加。在这种情况下,土地的供给曲线就是一条向右上方倾斜的曲线。

(2) 土地市场的均衡与地租的决定

地租是使用土地而支付的价格。它是由土地的供给和需求决定的。土地的需求取决于土地的边际生产力,土地的边际生产力也是递减的。所以,土地的需求曲线是一条向右下方倾斜的曲线。但土地的供给是固定的,因为在每个地区,可以利用的土地总有一定的限度。这样,土地的供给曲线就是一条与横轴垂直的线。

地租的决定可以用图 9-15 来说明:在该图中,横轴代表土地量 Q,纵轴代表地租 R,垂直曲线 S 为土地的供给曲线,表示土地的供给量固定,D 为土地的需求曲线。D 与 S 相交,决定了地租 R_E。

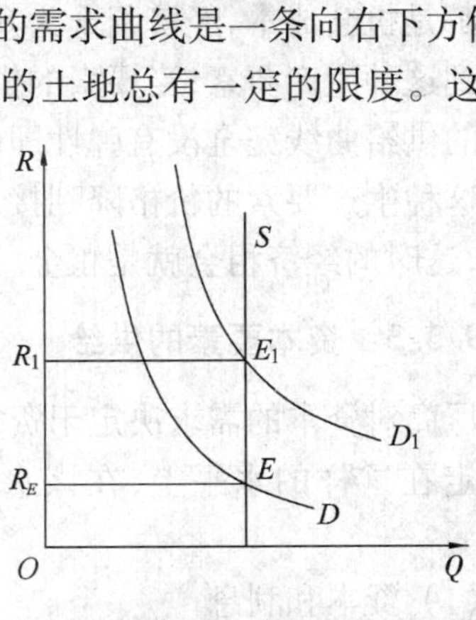

图 9-15　土地市场均衡及地租变化图

随着经济的发展,市场对土地的需求不断增加,而土地的供给不能增加,这样,地租就有不断上升的趋势。如图 9-15 中,土地的需求曲线由 D 移动到 D_1 就表明土地的需求增加了,但土地的供给仍为 S,S 与 D_1 相交于 E_1,决

定了地租为 R_1，R_1 高于原来的地租 R_E，说明由于土地的需求增加，地租上升了。

（3）租金、准租金和经济租金

① 租金与级差地租

租金指供给同样固定不变的一般资源的服务价格。如前所述，土地的供给曲线是固定不变的。我们看到，地租提高，土地的供给量也不会提高；地租降低，土地的供给量也不会减少。在经济中还存在着其他的一些要素，比如某些人的天赋才能，它们的供给数量也是不变的，不受价格涨落的影响，这些要素所得到的价格，我们统称为租金。可以看出，土地是一种特有的资源，所以地租只是租金的一个特例，是租金的一种，而租金是一般化的地租。

土地有肥瘠之分，矿藏亦有贫富之别，再加上地理位置、气候等条件的差别，土地可以分为不同等级。一般来说，对土地的利用，会根据土地上产品需求的大小，自优至劣依次进行。使用同样大小的土地，在土地上投入同样多资本和劳动，劣等地上收获的农产品数量比中等地和优等地上收获的要少。农产品市场价格是由劣等地产品的成本决定的，经营中等地、优等地的生产者就会获得超额利润，这一超额利润通过租种优等地和中等地的竞争，必然落到土地所有者口袋而成为级差地租。

② 准租金

准租金是指在短期内供给固定不变的生产要素的报酬。例如，在短期内，工厂或机器设备的供给量是固定不变的。要建造一座新的工厂或增加一部分新的机器设备都需要一段时间。因此，在这段时间内，如果需求增加了，生产要素所得到的报酬就要提高，这部分增加的报酬就是准租金。但是，在长期内，这些生产要素的供给不是固定不变的。随着需求增加，它的供给也将增加。因此，在长期内，准租金将消失。这种生产要素报酬之所以被称为"准租金"，是因为它在短期内和地租的特点相似，它在长期内将消失。

③ 经济租金

经济租金可以定义为生产要素所得到的收入超过其在其他场所可能得到的收入部分，也可以理解为要素的当前收入超过其机会成本的部分，即经济租金等于要素收入减去机会成本。

有许多要素的收入尽管从总体上看不同于租金，但其收入的一部分却可能类似于租金，即如果从该要素的全部收入中减去这一部分并不会影响要素的供给。我们将这一部分要素收入叫做"经济租金"。当生产要素的供给曲线完全有弹性即水平的时候，对生产要素支付的报酬全部都是机会成本，经济租金为0，这意味着如果对这种生产要素不按既定的价格支付，就不能得到这种生产要素；当要素的供给弹性降低，即供给曲线变陡时，经济租金就会增大；当生产要素的供给曲线完全没有弹性即垂直时，对生产要素支付的报酬全部是经济租金，这意味着即使把这种生产要素的价格降到接近于零，也不会导致它的供给量的减少。这时经济租金变得最大，这时的经济租金就是租金。可以看出，租金只是经济租金的一个特例。

9.3.3 资本要素的供给

厂商对资本的需求决定于资本的边际生产力。如果利息率既定，厂商对资本的需求量将被决定在这样的水平上，在该水平上，资本的边际生产力即资本的预期利润率恰好等于利息率。

（1）资本和利息

资本是由经济制度本身所生产出来的并被用作投入要素以便进一步生产更多的商品和劳

务的物品。因此,作为资本需具备如下特征:① 资本是由人类的经济活动创造的,因而它的总量是可以改变的;② 它之所以被生产出来,并非为了消费,而是为了能够生产出更多的商品和劳务;③ 它在生产过程中被作为投入要素长期使用。因此资本区别于一般的消费品,也区别于土地和劳动等要素。资本的供给来自于消费者的储蓄。我们把消费者的货币收入中除消费以外的部分叫做储蓄,消费者的储蓄被企业借贷之后用于购买资本品,便转化为资本。

利息是资本这种生产要素的价格。资本家提供了资本,得到了利息。利息与工资的计算方式不同,它不是用货币的绝对量来表示,而是用利息率来表示,利息率是利息在每一单位时间内(例如一年内)在货币资本中所占的比率。R 表示利息率,Z 表示年收入,K 表示资本价值,则:

$$R=\frac{Z}{K}$$

例如,货币资本为 10 000 元,利息为一年 1 000 元,则利息率为 10%,或称年息 10%。这 1 000 元就是货币资本在一年内提供生产性服务的报酬,即这一定量货币资本的价格。

(2) 资本的供给曲线和利息的决定

消费者提供给厂商的资本是他们的收入中扣除消费后的剩余部分,也就是消费者的储蓄。因此,资本供给理论实际上是储蓄决策理论。个人的储蓄决策,实际上也就是关于何时消费的决策。消费者现在消费越少,即现在储蓄越多,将来消费就越多。因此,消费者的储蓄决策可以看做对现在消费和未来消费之间的选择。经历时间的消费选择叫做跨时期选择。

储蓄是资本供给的源泉,但资本供给曲线并不等于储蓄曲线。假定只有两个时期:今年和明年。改变利率相当于改变今年消费与明年消费的相对价格,例如,提高利率相当于提高今年的消费价格,降低明年的消费价格。根据前面关于价格变动的效应分析,利率变动的效应分为两部分:一部分为替代效应,利率上升,替代效应趋于减少今年消费,增加明年消费,即利率上升时,替代效应趋于鼓励储蓄;另一部分为收入效应,利率上升,收入效应趋于增加今年消费,减少明年消费,即利率上升时,收入效应趋于减少储蓄。利率下降时的效应恰恰相反,利率的总体效应是不确定的。一般而言,人们认为利率提高会提高人们的储蓄水平。由此可以得到一个向右上方倾斜的可贷资金供给曲线。将单个消费者的资本供给曲线水平加总就可以得到市场供给曲线,市场供给曲线是正常的向右上方倾斜的曲线。

就一个社会、一定时期而言,资本的供给量取决于过去已形成的储蓄量,同时假定资本的自用价值为 0,在短期里,资本供给曲线为一条垂直于横轴的直线。但长期内,随着利率的上升,储蓄量的增加,则资本供给曲线则被不断推向右方。

利息指资本作为生产要素所获得的市场报酬,它由资本要素的供求关系决定。在某一时点上资本供给量是固定的,因而资本的供给曲线是一条垂直线,当资本增多时,资本供给曲线右移。把向右下方倾斜的资本需求曲线和垂直的资本供给曲线结合起来可以得到利息的决定,如图 9-16 所示。在图中,资本需求曲线 D 和供给曲线 S 的交点 E 为均衡点,此时均衡利息为 R_0。

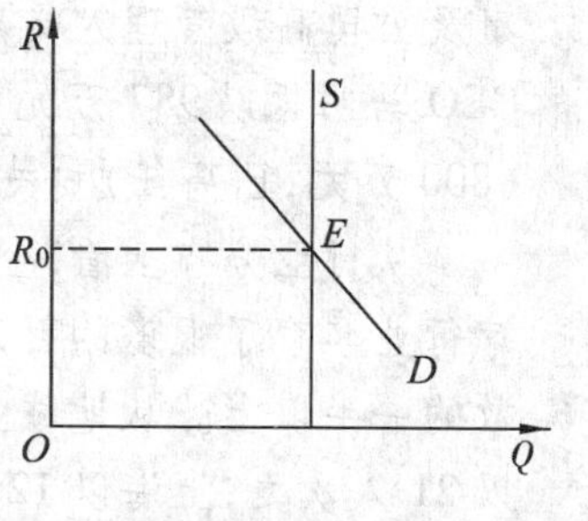

图 9-16　短期资本市场的均衡

(3) 正常利润与超额利润

西方经济学者将利润分为正常利润和超额利润。正常利润是企业家才能的价格，它包括在成本之中，其性质与工资相类似，也是由企业家才能的需求与供给所决定的。超额利润是指超过正常利润的那部分利润，这主要来源于企业家才能的创新、冒险经营的风险以及市场竞争的不完全性。

超额利润分为3种：

① 承担风险的超额利润。风险是从事某项事业时失败的可能性。由于未来具有不确定性，人们对未来的预测有可能发生错误，风险的存在就是普遍的。由于供求关系难以预料的变动、自然灾害、政治动乱以及其他偶然事件的影响，在生产中也存在着风险，而且并不是所有的风险都可以用保险的方法加以弥补。这样，从事具有风险的生产就应该以超额利润的形式得到补偿。

② 创新的超额利润。创新是指企业家对生产要素实行新的组合。它包括5种情况：引入一种新产品；采用一种新的生产方法；开辟一个新市场；获得一种原料的新来源；采用一种新的企业组织形式。

③ 垄断的超额利润。由垄断而产生的超额利润，又称为垄断利润。垄断的形式可以分为两种：卖方垄断与买方垄断。卖方垄断也称垄断或专卖，指对某种产品出售权的垄断。垄断者可以抬高售价以损害消费者的利益而获得超额利润。在厂商理论中分析的垄断竞争的短期均衡、完全垄断的短期与长期均衡，以及寡头垄断下的超额利润，都是这种情况。买方垄断也称专买，指对某种产品或生产要素购买权的垄断。在这种情况下，垄断者可以压低收购价格，以损害生产者或生产要素供给者的利益而获得超额利润。垄断所引起的超额利润是垄断者对消费者、生产者或生产要素供给者的剥削，是不合理的。这种超额利润也是不完全市场竞争的结果。

资料链接

A股国有、非国有上市公司年薪过百万的CEO

根据统计，2010年年薪过百万的国有上市公司CEO共121位，其平均薪酬为191万元，在人数与平均薪酬上与A股非国有上市公司旗鼓相当。榜单上，华锐风电董事长兼总裁韩俊良以858万元拔得头筹，中集集团总裁麦伯良以596万元紧随其后，招商银行行长马蔚华以531万元名列第三。据A股上市公司2008年、2009年、2010年3年年报显示，薪酬总额在100万元以上的非国有上市公司高管（含董事、监事及公司高级管理人员）人数分别为599人、792人及1203人。中国平安董事长兼CEO马明哲以987万元税前年薪冠绝A股，紧随其后的是广发证券总经理李建勇（800万元，已离任）和民生银行行长洪崎（684万元）。

从行业分布上看，金融、能源及矿产贸易与加工、房地产开发、信息技术及医药医疗行业孕育了很多的百万薪酬CEO，分别有18人、17人、13人、10人、10人，占总人数的一半以上。从地域上看，广东以33人占据最多份额，北京凭借央企总部的优势以21人次之，上海以12人排第三。以民营企业见长的江苏、浙江不再占据优势，仅有7人、6人入围。在公司业绩方面，121位CEO领导的公司（剔除2011年上市的华锐风电)在2010年取得了33%的营业额增长率及47%的净利润增长率,明显好于非国有上市公司的表现。另外,截至2010年12月31日,剔除2011年上市的公司,国有上市公司CEO管理的平均市值为485亿元,而非国有上市公司CEO管理的平均市值为195亿元,后者仅为前者的2/5。国有上市公司CEO领取高薪理所应当。

(《福布斯》(中文版),2011年8月3日。)

9.4 欧拉定理与收入公平

生产要素价格决定是分配论的一个主要部分,但并不构成分配论的全部内容。除了生产要素的价格决定之外,分配论还包括收入分配的不平等程度以及收入之间差异的形成原因,等等。

9.4.1 欧拉定理

欧拉定理,又称为产量分配净尽定理,是指在完全竞争的条件下,假设长期内规模收益不变,则全部产品正好足够分配给各个要素。该定理又叫做边际生产力分配理论。假设有两种生产要素劳动 L 和资本 K,生产函数为 $Q=Q(L,K)$,若生产规模不变,则有:$Q=K\cdot MP_K+L\cdot MP_L$,它表明在所给条件下,全部产品 Q 恰好足够分配给劳动要素 L 和资本要素 K,这就是欧拉定理。其中 MP_K 为资本 K 的边际产品,MP_L 为劳动 L 的边际产品。

需要指出的是,产品分配净尽定理只有在规模报酬不变的条件下才成立。如果规模收益递增,则 $Q< K\cdot MP_K+L\cdot MP_L$,即如果按边际生产力分配,产品不够分配给各个生产要素。在规模收益递减的情况下,则 $Q> K\cdot MP_K+L\cdot MP_L$,即如果按边际生产力分配,产品在分配给各个生产要素之后,还会有部分剩余。

9.4.2 洛伦兹曲线

生产要素价格决定理论是经济学中分配理论的重要基础,但是每个人在经济社会中所拥有的土地和资本要素不一样,个人的天赋和禀赋也不同,因而在经济社会中人们所能得到的收入存在很大的差别,这就是收入分配的不平等问题。一个经济社会如果收入分配过于不平等,国民收入过于集中到少数人手里,这样的社会必然不稳定。反之,如果一个经济社会收入分配过于平均化,这个社会一定是一个缺乏效率的社会。正因为如此,建立一个能够测度一个国家收入分配不平等程度的标准或指标就是至关重要的。

洛伦兹曲线(Lorenz Curve)是由美国统计学家M·O·洛伦兹于1905年提出来的,旨在用以比较和分析一个国家在不同时代,或者不同国家在同一时代的收入和财富的平等情况。具体做法是:① 将一定地区(如一个国家、一个省、一个县等)内的全部调查人口按收入由低到高顺序排队,并按人数相等的原则平均分为若干组。一般比较常见的是将全部调查人口分为5组,每组人口占总人口的20%。② 分别计算每一组人口总收入占全部人口总收入的百分比。③ 按收入由低到高的顺序,计算从第1组直到第 i 组的累计人口总收入占全部人口总收入的百分比。④ 以各组累计人口百分比为横轴,累计收入百分比为纵轴,作出表示每一组的累计人口总收入占全部人口总收入的百分比随累计人口百分比变化而变化的曲线,这就是洛伦兹曲线。在图9-17中,ODY 曲线就是洛伦兹曲线。

图 9-17 中的对角线 OY 具有特殊的含义，因为 OY 是 45°线，在这条线上横坐标与纵坐标相等，表示经济社会中每个人得到了同样的收入，因而 OY 又被叫做绝对平均线。而折线 OPY 则表示了相反的收入分配状况，它意味着经济社会中极少数的人得到了社会 100% 的收入，因而这条线又叫做绝对不平均线。洛伦兹曲线将 $\triangle OYP$ 分成了 A，B 两部分，A 的面积越小，洛伦兹曲线与绝对平均线越接近，说明收入分配越平等；A 的面积越大，即洛伦兹曲线弯曲的弧度越大，它与绝对不平均线越接近，说明收入分配就越不平等。

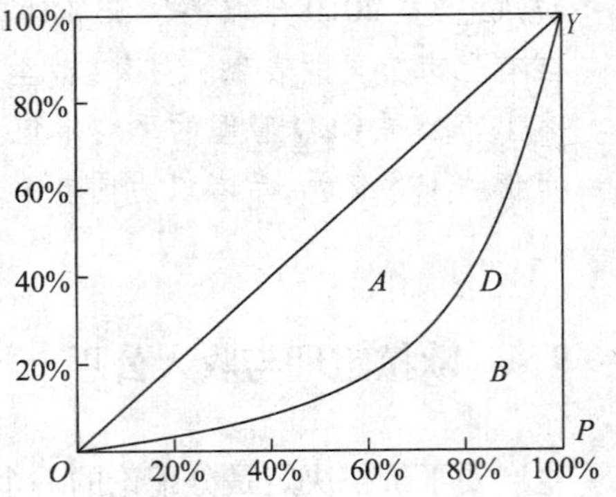

图 9-17　洛伦兹曲线

9.4.3　基尼系数

基尼系数（Gini Coefficient）是 20 世纪初意大利经济学家基尼根据洛伦兹曲线来判断收入分配平均程度的指标。

在图 9-17 中，A 表示实际收入分配曲线与绝对平均线之间的面积；B 表示实际收入分配曲线与绝对不平均线之间的面积。基尼系数的表达式为：

$$G=\frac{A}{A+B} \tag{9-6}$$

可见，基尼系数是在洛伦兹曲线图形上，洛伦兹曲线与三角形斜边之间的面积与整个三角形之间的面积的比例。若 $A=0$，基尼系数为 0，收入绝对平均；若 $B=0$，基尼系数等于 1，收入绝对不平均，即全社会收入为一人所有。实际基尼系数在 0 与 1 之间。基尼系数越大，收入分配越不平均。实际的基尼系数介于 0 和 1 之间。

如果基尼系数在 0. 19 以下，则收入分配相当平均；如果基尼系数在 0. 19 ~ 0. 25，则收入分配比较平均；如果基尼系数在 0. 25 ~ 0. 40，则收入分配基本平均；如果基尼系数在 0. 40 以上，则收入分配很不平均，会出现社会动乱。

国际上通常将 0. 40 作为警戒线。将基尼系数 0. 40 作为监控贫富差距的警戒线，是对许多国家实践经验的一种抽象与概括，具有一定的普遍意义。但是，各国国情千差万别，居民的承受能力及社会价值观念都不尽相同，所以，这种数量界限只能用作各国宏观调控的参照，而不能成为禁锢和教条。在现实生活中，也确实有一些国家的基尼系数超过 0. 40 却并没有出现大的社会动荡。我国改革开放 30 多年来，随着商品经济建设与发展的不断加快，社会各阶层的收入差距呈扩大趋势。目前我国个人消费者可支配收入的基尼系数从 1978 年的 0. 16 提高到 2010 年的 0. 35，已经超过了国际上中等不平等程度。表 9-2 是对我国 2000—2010 年基尼系数的估算。

收入分配失衡将引发一系列问题：富有者阶层和相对贫困者阶层开始形成；基层社区的权力结构发生变化，引发了广大基层干部群体构成的富人化趋势和无官衔富翁在社区生活中的地位开始上升；引起人们的心理失衡，出现“仇富”心理，严重者出现行为变态；社会伦理道德问题、违法乱纪问题大量产生；等等。

表 9-2 2000—2010 年我国基尼系数估算

年份	农村基尼系数	城镇基尼系数
2000	0.353 0	0.245 1
2001	0.359 8	0.255 7
2002	0.364 4	0.306 7
2003	0.371 7	0.316 7
2004	0.358 3	0.323 9
2005	0.361 0	0.321 6
2006	0.373 2	0.335 6
2007	0.373 6	0.331 5
2008	0.377 3	0.339 3
2009	0.385 0	0.335 0
2010	0.378 3	0.330 0

（洪兴建:《一个新的基尼系数子群分解公式》,《经济学》,2008 年第 1 期。李吉雄:《我国财政对居民收入再分配的绩效分析》,《经济问题》,2010 年第 12 期。王萍萍:《2010 年城乡居民收入稳定增长》,《经济日报》,2011 年 2 月 16 日。）

西方经济学家认为收入分配有三种标准:第一个是贡献标准,即按生产要素的价格进行分配;第二个是需要标准,即按社会成员对生活必需品的需要来分配国民收入;第三个是平均标准,即按公平的准则来分配国民收入。第一个标准有利于提高经济效率,但会引起社会的不平等;第二、三个标准有利于社会平等,却有损于经济效率。于是引出了经济学中永恒的矛盾:公平与效率问题。但在市场经济国家中,分配原则是效率优先,收入不公问题主要通过经济政策来解决。

拓展阅读

茅台酒的双向垄断

凭借其特有的工艺和得天独厚的自然环境,茅台酒已销往 100 多个国家和地区,在竞争异常激烈的白酒行业中其经营业绩保持稳步增长。2011 年 4 月 10 日,在贵州省拍卖公司举办的“首届陈年茅台酒专场拍卖会”上,一瓶“精装汉帝茅台酒”以 890 万元成交,刷新了茅台酒拍卖成交价格的历史纪录。第一代王子酒上市的时候售价只有四五十元,现在它的市价已经涨到 800 多元了。1997 年香港回归纪念茅台酒也算第一代,现在已从 860 元涨到了 28 万元。

经过长期科学严密的比较研究,专家们认为,作为我国大曲酱香型白酒鼻祖,与其他名白酒相比,茅台酒除共同继承了中国白酒传统的基础酿造工艺和原理外,还拥有众多更为复杂的独门绝技。如严格按照节气,端午踩曲,重阳投料,一年一个生产周期再经三年陈酿,加上原料进厂、勾兑存放的时间,至少五年才能出厂;全年分两次投料,其他名白酒则一年四季都投料;同一批原料要经过九次蒸煮(烤酒)、加曲、堆积发酵、入池发酵、七次取酒,历时整整一年。凡此种种独一无二的工艺,无不是千百年来茅台人因地制宜,引自然之物、自然之理为我所用,不断丰富总结形成的智慧结晶,即或是在世界名酒之乡的法国,白兰地和葡萄酒的酿造,如今亦虚心借鉴了茅台的发酵与回沙技术。

茅台酒不可复制,根本原因是其具有极强的资源垄断性,拥有的得天独厚的酿造自然环境。不知多少人感叹茅台酒的珍贵,明里暗里,挖空心思偷师学艺,结果终是南橘北枳。研究显示,在茅台酒的酿造自然环境系统中,最特殊、也是对茅台酒的不可克隆最具决定性的因素是其微生物环境,而这种环境的形成,是地理与历史两方面条件综合叠加、天机巧合的结果。此外,茅台地区的土壤、水质、原料等条件,亦是其他地区的白酒生产所难以具备的。对于所有的茅台酒异地克隆而言,离开了茅台镇也就酿不出茅台酒的关键之处就在于,实验者可以搬走茅台酒酿造的所有的其他部件配方,但无论如何也搬不走其微生物环境,可以说,茅台酒股份公司周围整个大自然,都在为茅台酒保守秘密。

我们可分析卖方垄断和买方垄断同时并存的情形。茅台酒是用特殊和复杂工艺生产出来的,其他同类企业无法模仿,因而它在产品市场上具有垄断性。另外,茅台酒不可克隆、不可复制的根本原因是其具有极强的资源垄断性,拥有的得天独厚的酿造自然环境不可克隆。这说明它在购买和使用要素时具有垄断力量。由于买方垄断的厂商是生产要素的唯一购买者,所以它所面临的要素供给曲线是整个要素市场的供给曲线,而在一般情况下,这条曲线可表示为 $W=f(L)$。容易验证,$W=f(L)$ 曲线位于 MFC 曲线的下方。$W=f(L)$ 曲线向右上方倾斜,表示要素的供给量随要素价格的上升而增加。

由于厂商是产品市场上的垄断者,故它对生产要素的需求曲线为边际收益产品曲线 MRP;而作为生产要素市场上的垄断者,其要素投入的边际成本曲线 MFC 位于 $W=f(L)$ 的上方。此时,厂商利润最大化的条件为 $MFC=MRP$,该条件决定了垄断条件下生产要素市场的均衡状况。茅台厂商会以较低的价格购入生产要素,但以较高的价格销售茅台酒。

复习思考

1. 试述厂商的要素使用原则。要素使用原则和利润最大化产量原则有何关系?

2. 不完全竞争市场与完全竞争市场上,厂商对生产要素的需求有什么不同?

3. 假设某厂商使用的可变要素为劳动 L,其生产函数为:$Q=-0.01L^3+L^2+36L$。其中,Q 为每日产量,L 是每日投入的劳动小时数,所有市场(劳动市场及产品市场)都是完全竞争的,单位产品价格是10美分,工资为4.80美元/小时,厂商要求利润最大化。问厂商每天要雇佣多少小时劳动?

4. 某生产厂商使用单一的可变要素,其投入产出关系为 $Q=4L^{1/2}$,Q 为厂商每月的产量,L 为每月要素的投入量。要素市场是完全竞争的。

(1) 若产品市场是完全竞争的,产品价格为 $P=5$,求厂商每月对要素的需求函数。

(2) 若产品市场是非完全竞争的,市场上每月对产品需求为 $Q=200-10P$,求厂商每月对要素的需求函数。

5. 某种生产要素的边际收益产品曲线为 $MRP=32-0.02L$,该要素的供给函数为 $L_s=100P_L-200$。

(1) 要素市场是完全竞争市场时,要素投入量和价格是多少?

(2) 要素市场是非完全竞争市场时,要素投入量和价格是多少?

(3) 比较前两种情况的结果,说明非完全竞争市场的现象。

6. 简析生产要素供给的原则。如何从要素供给原则推导要素供给曲线?

7. 劳动供给曲线为什么向后弯曲?

8. 某劳动市场的供求曲线分别为 $D_L=4\,000-50W$;$S_L=50W$。请问:

(1) 均衡工资为多少?

(2) 假如政府对工人提供的每单位劳动征税 10 美元,则新的均衡工资为多少?

(3) 实际上对单位劳动征收的 10 美元税收由谁支付?

(4) 政府征收到的税收总额为多少?

9. 某消费者的效用函数为 $U=IY+I$,其中,I 为闲暇,Y 为收入(他以固定的工资率出售其劳动所获得的收入)。求该消费者的劳动供给函数。他的劳动供给曲线是不是向上倾斜的?

10　一般均衡原理

经济问题

如果其他条件变化了

在前面的章节中,我们总是强调"在其他条件不变的情况下"这一假设前提。例如,在考察一个消费者的行为时,通常假定消费者的收入和其他商品的价格保持不变,在此基础上分析消费者效用最大化的行为及其经济结果。同样地,在考察某一产品或要素市场均衡和价格决定时,则把市场的需求和供给仅仅看成其本身价格的函数,而其他相关经济变量则通过比较静态方式影响市场均衡价格。那么如果允许其他条件变化,结果会怎么样呢?

10.1　一般均衡理论

10.1.1　一般均衡的含义

通过前面的学习,我们知道在市场机制中,任何一种产品(包括生产要素,下同)的价格与供求之间有这样的相互依存关系:价格规定或会影响有关经济主体的需求和供给;经济主体的需求和供给则决定着产品的成交价格。这样,产品的价格与其供求之间的相互关系,在现实生活中就不是互为因果,循环推理。相反,任一商品和生产要素的均衡价格和均衡供销数量,确实是在相互作用中同时决定的,均衡价格出现了,均衡的供求数量也同时得出来了。

在实际生活中,社会经济的各个部门是相互依存、相互制约、相互促进的。可以这样说,一个经济系统中,任何一种变化都会产生3种效应:由于任何原因引起的对A部门的需求变化,首先对A产生冲击效应;这种效应将扩散到其他部门,从而使其余部门受到冲击而发生变化;这些部门的变化将反馈到A部门而使A部门再发生变化。如此循环往复,永无止境。例如,就产品市场而言,某种产品A的价格上升将引起其替代商品B和补充商品C的需求曲线右移和左移,从而使B价格上升和C价格下降。进一步分析,B和C的价格变化一方面会继续影响它们各自的替代商品和补充商品的价格,另一方面又反过来影响产品A的价格。于是,某种产品价格的变化将波及其他产品市场。同样地,就要素市场而言,某种要素的价格变化将改变其替代要素和补充要素的需求曲线的价格。进一步分析,这些替代要素和补充要素的价格变化也会继续影响它们各自的替代要素和补充要素价格的变化,并反过来影响初始要素的价格。于是，某种要素价格的变化也将波及其他要素市场。最后，产品市场和要素市场之间也是相互联系、相互影响的：产品价格的提高将提高相应要素的需求曲线，而要素价格的提高则降低相应产品的供给曲线。

所谓一般均衡分析是经济分析中所采用的一种（与局部均衡相对应的）理论分析方法。它假定一个社会的所有各种产品的供给、需求和价格，所有各种生产要素的供给、需求和价格，以及产品和生产要素的供求和价格，都是相互依存、相互作用的。同局部均衡分析一样，一般均衡分析方法也是从微观经济主体（作为消费者的个人或家庭、作为生产者的厂商和各种产品市场）的行为角度出发，来考察每一种产品和每一种要素的供给与需求同时达于均衡状态所需具备的条件以及相应的均衡价格和均衡供销量应有的量值。而局部均衡分析方法在分析任一商品的供求和价格时，抽象掉其他商品的价格（和供求）对该商品的供求和价格的影响，也就是假定影响该商品的价格（和供求）的所有其他因素是既定不变的，这包括其他商品的价格以及人们的收入和偏好等。这样，任一种商品价格的变化，唯一地取决于该商品供求的变化，而该商品供求的变化，唯一地由该商品价格的变化所决定。

10.1.2 瓦尔拉斯的一般均衡模型

由上一小节可知，任何一种商品的供给和需求实际上不仅取决于该商品本身的价格高低，而且取决于许多其他商品的价格高低。因此，每种商品的供求均可以看成所有价格即所谓价格体系的函数。与局部均衡分析相似的一个问题便是：是否存在一组均衡价格，在该价格体系中，所有商品的供求均相等呢？这就是所谓一般均衡的存在性问题。法国经济学家里昂·瓦尔拉斯在经济学说史上最先充分地认识到一般均衡问题的重要性，他在 1874 年出版的《纯粹政治经济学纲要》一书中首先提出了一般均衡的数学模型并试图解决一般均衡的存在性问题。

瓦尔拉斯的一般均衡体系是按照从简单到复杂的路线一步步建立起来的。他先撇开生产、资本积累和货币流通等复杂因素，集中考察所谓交换的一般均衡。在解决了交换的一般均衡之后，他加入更加现实一些的假定——商品是生产出来的，从而讨论了生产（以及交换）的一般均衡。但是，生产的一般均衡仍然不够“一般”，它只考虑了消费品的生产而忽略了资本品的生产和再生产。因此，瓦尔拉斯进一步提出关于“资本积累”的第三个一般均衡模型。他的最后一个模型是“货币和流通理论”，该模型考虑了货币交换和货币窖藏的作用，从而把一般均衡理论从实物经济推广到了货币经济。

瓦尔拉斯一般均衡模型假设经济由厂商与消费者组成，厂商供给产品并需求生产要素，消费者供给生产要素并需求产品，共有 $1,2,3,\cdots,n$ 种商品和 $1,2,3,\cdots,m$ 种生产要素。用 X_1，$X_2,\cdots,X_n$ 代表 n 种商品各自的数量，用 $P_1,P_2,\cdots,P_n$ 代表 n 种商品各自的价格，用 $Q_1,Q_2,\cdots$，Q_m 代表 m 种生产要素各自的数量，用 $W_1,W_2,\cdots,W_m$ 代表 m 种生产要素各自的价格。

（1）对商品的需求方程（共 n 个方程）

假定每个人对所有各种商品的偏好是已知和既定的，对每种商品的个人需求加总即构成对该商品的市场需求；假定人们对每一种商品的需求量不仅取决于该商品的价格，还取决于其余所有商品的价格；假定人们对一种商品的需求还取决于人们的收入，而要素所有者的收入由 $W_1,W_2,\cdots,W_m$ 决定。因此，对商品的需求方程为：

$$X_1=f_1(P_1,P_2,\cdots,P_n;W_1,W_2,\cdots,W_m)$$

$$X_2=f_2(P_1,P_2,\cdots,P_n;W_1,W_2,\cdots,W_m)$$
$$\cdots$$
$$X_n=f_n(P_1,P_2,\cdots,P_n;W_1,W_2,\cdots,W_m)$$

(2) 对生产要素的需求方程(共 m 个方程)

$$Q_1=a_{11}X_1+a_{12}X_2+\cdots+a_{1n}X_n$$
$$Q_2=a_{21}X_1+a_{22}X_2+\cdots+a_{2n}X_n$$
$$\cdots$$
$$Q_m=a_{m1}X_1+a_{m2}X_2+\cdots+a_{mn}X_n$$

方程组中,a_{mn}为技术系数,表示生产一单位的商品 n 所耗用的要素 m 的数量。假定生产技术不变,即 a_{mn} 固定不变。第一个方程表示生产出 $X_1,X_2,\cdots,X_n$ 等 n 种商品所耗用的要素 1 的数量,第二个方程表示生产出 $X_1,X_2,\cdots,X_n$ 等 n 种商品所耗用的要素 2 的数量,以此类推,最后一个方程表示生产出 $X_1,X_2,\cdots,X_n$ 等 n 种商品所耗用的要素 m 的数量。如果方程式的右边代表厂商对要素的需求,方程式左边的 $Q_1,Q_2,\cdots,Q_m$ 代表每种生产要素的供给,每个方程式表示该要素的供求平衡,则 $Q_1,Q_2,\cdots,Q_m$ 表示每种生产要素的均衡量值。这里实际上假定每种要素都被使用,即不存在失业和资源闲置未用的情况。

上列方程组的每一行实际上表示所有产品对某一种生产要素的需求和供给的平衡,每一列表示每种产品所耗用的各种生产要素(假如某种产品没有使用某一生产要素,则其生产系数值为零)。

(3) 厂商的成本方程(也是厂商的供给方程,共 n 个方程)

$$P_1=a_{11}W_1+a_{21}W_2+\cdots+a_{m1}W_m$$
$$P_2=a_{12}W_1+a_{22}W_2+\cdots+a_{m2}W_m$$
$$\cdots$$
$$P_n=a_{1n}W_1+a_{2n}W_2+\cdots+a_{mn}W_m$$

第一方程式的右边表示生产出一个单位的商品 1 所费成本,第二个方程式的右边表示生产出一个单位的商品 2 所费成本,以此类推,最后一个方程式的右边表示生产出一个单位的商品 n 所费成本。由于假定产品市场是完全竞争,因而长期均衡的产品价格 $P_1,P_2,\cdots,P_n$ 等于各种产品每一单位的成本。所以 $P_1,P_2,\cdots,P_n$ 实际上是表示每种产品的均衡价格。

(4) 生产要素的供给方程(共 m 个方程)

假定任何一种生产要素的供给决定于该要素的价格,其他要素的价格和各种商品的价格记为下列方程组:

$$Q_1=g_1(P_1,P_2,\cdots,P_n;W_1,W_2,\cdots,W_m)$$
$$Q_2=g_2(P_1,P_2,\cdots,P_n;W_1,W_2,\cdots,W_m)$$
$$\cdots$$
$$Q_n=g_n(P_1,P_2,\cdots,P_n;W_1,W_2,\cdots,W_m)$$

以上 4 组方程合计为$(2n+2m)$个方程。方程式的未知数也是$(2n+2m)$个,n 种商品的数量 $X_1,X_2,\cdots,X_n$ 和 n 种商品的价格 $P_1,P_2,\cdots,P_n$,m 种要素的数量 $Q_1,Q_2,\cdots,Q_m$ 和 m 种要素的价格 $W_1,W_2,\cdots,W_m$。

在这$(2n+2m)$个方程中,相互独立的方程有$(2n+2m-1)$个。这是因为,首先我们假定生产要素所有者的收入全部用来购买产品，即要素收入 = 产品销售价值。其次，第(1)组方程(共有 n 个方程)的 $X_1, X_2, \cdots, X_n$ 乘以各自的价格，再加总求和 $X_1P_1, X_2P_2, \cdots, X_nP_n$，即是全部产品的销售价值。而第(2)组的 m 个方程的 $Q_1, Q_2, \cdots, Q_m$ 乘以各自的价格相加即是所有要素的收入。因此，

$$Q_1W_1 + Q_2W_2 + \cdots + Q_mW_m = X_1P_1 + X_2P_2 + \cdots + X_nP_n \tag{10-1}$$

式(10-1)意味着，当它左边的 m 个方程之和(即所有各要素收入之和)为已知时，上式右边的 n 个方程之和(即所有产品销售价值之和)也为已知，因而其中必然有一个方程可以从其余的$(n-1)$个方程中得出来。就是说，第(1)组的 n 个方程中只有$(n-1)$个方程是独立的。这样，在上列4组一共有$(2n+2m)$个方程中，只有$(2n+2m-1)$个相互独立的方程。但在$(2n+2m)$个未知数中，把任一种商品，如商品1的一个单位作为货币，则该商品的价格 $P_1=1$，因而用货币商品表达的所有产品价格和所有要素价格实际上只有$(n+m-1)$个，因而未知数的数目也减少一个。由于未知数的数目和相互独立的方程式的数目相同，满足了方程组有解的必要条件，即可以解出 n 个商品的供求平衡时的数量，m 个生产要素的供求平衡时的数量，m 个用商品1作为货币表达的要素的均衡价格和$(n-1)$个用商品1表达的商品的均衡价格，合起来一共有$(2n+2m-1)$个未知数。

尽管瓦尔拉斯最先认识到一般均衡问题的重要性，但他关于一般均衡存在性的证明却是错误的。按照瓦尔拉斯的看法，由于在所有市场的供给和需求都相等的均衡条件中，独立的方程数目与变量数目相等，故一般均衡的存在是有保证的。

虽然瓦尔拉斯计算方程数目和变量数目的方法不尽如人意，但它在很长时间里被人们所接受，无人提出疑问。这种情况直到20世纪二三十年代才有所改变。后来的西方经济学家利用集合论、拓扑学等数学方法，在相当严格的假定条件下证明：一般均衡体系存在着均衡解，而且这种均衡可以处于稳定状态，并同时满足经济效率的要求。这些假设条件有：任何厂商都不存在规模报酬递增；每一种商品的生产至少必须使用一种原始生产要素；任何消费者所提供的原始生产要素都不得大于它的初始存量；每个消费者都可以提供所有的原始生产要素；每个消费者的序数效用函数都是连续的；消费者的欲望是无限的；无差异曲线凸向原点；等等。总之，在一定的假设条件全部得到满足时，一般均衡体系就有均衡解存在。

即使在理论上确实存在着一般均衡状态，即存在着一组价格，能使每一个市场的供求相等，也还有一个问题需要解决，即实际的经济体系是否会达到这个一般均衡状态。如果现行价格恰好为均衡价格，使得所有市场都达到供求一致，则在这种情况下，实际经济体系当然就处于一般均衡状态不再变化。但是，如果现行价格并不等于均衡值呢？这时，麻烦就可能出现：实际的交易可能会发生在“错误”的价格水平上。交易者并不知道均衡价格在什么水平上；或者，他们可以通过价格的不断调整来确定均衡状态，但这种调整过程也许需要很长时间，在其完成之前不能保证不发生交易。一旦发生“错误”的交易，则西方经济学的一般均衡体系就未必能成立。

为了避免上述困难，瓦尔拉斯假定，在市场上存在一位“拍卖人”。该拍卖人的任务是寻找并确定能使市场供求一致的均衡价格。他寻找均衡价格的方法如下：首先，他随意报出一组价格，居民和厂商根据该价格申报自己的需求和供给。如果所有市场供求均一致，他就将该组价格固定下来，居民和厂商就在此组价格上成交；如果供求不一致，居民和厂商就可以抽回自

己的申报，而不必在错误的价格上进行交易，拍卖者则修正自己的价格，报出另一组价格。改变价格的具体做法是：当某个市场的需求大于供给时，就提高该市场的价格，反之，则降低其价格。这就可以保证新的价格比原先的价格更加接近于均衡价格。如果新报出的价格仍然不是均衡价格，则重复上述过程，直到找到均衡价格为止。这就是瓦尔拉斯体系中达到均衡的所谓“试探过程”。

10.2 一般均衡与效率

10.2.1 判断经济效率的标准

意大利经济学家帕累托在撰写《政治经济学讲义》时，在基数效应论基础上考察“集合体效用”极大化问题时提出关于生产资源之最优配置的问题。他在1906年出版的《政治经济学教程》一书中，在序数效应论基础上，根据英国经济学家埃奇沃斯在《数学的心理学》一书中提出的契约曲线（Contract Curve）概念引申出无差异曲线这一概念分析工具，来分析经济问题。帕累托指出，一个社会的生产资源的配置是否已达于最优状态，从而“集合体效用”是否已达于极大值，可以按照如下标准来检验：假如任何重新改变资源配置的方法已经不可能在无损于任何一个人的前提下使任何一个人的处境较前变好，就意味着一个社会在既定的生产技术和既定的每个消费者偏好函数条件下，生产资源的配置情况已达于最优状况。而所谓资源配置的最优配置，也就是指耗用一定总量的生产资源于各种不同途径所生产出来的国民收入的“集合体效用”已达于极大值。帕累托所说的生产资源的配置达到了最大效率或称最优的经济状态，经济学文献中称为“帕累托最优”（Pareto Optimum）状态。

由帕累托定义的“帕累托最优”状态作为检验一个社会的经济福利的大小及其增减的一种准则（或标准），其含义换用另一种不同的说法是：生产资源之任何重新配置如果出现了如下两种情况当中的任一种，即意味着这样的资源重新配置导致社会经济福利有所增进（因而也就是原来的资源配置还没有达到最优状态）：（1）它使得每个人的处境都较前变好；（2）至少有一个人的处境变好，同时没有一个人的处境变坏。后一个条件蕴含着，假如从A状态变为B状态导致成千上万的人处境更好但同时使得一个亿万富翁损失了一美元，则AB两种状态何者较优是不可比较的，因为“帕累托最优”的定义本身包含的前提是没有任何一个人的处境较前变坏。其次，由此可以进一步推论：所谓“帕累托最优”状态，实际上是把国民收入的分配作为既定的前提来考察生产资源之最优配置的，也就是说，如果说，“帕累托最优”状态作为检验社会福利的一种准则或标准，它实际上是把影响社会福利的收入分配这个因素抽象掉，单纯从资源配置的效率这个因素来论证“集合体效用”或社会福利极大化。我们知道，在一个社会中，每一种收入分配状况会有一种相应的资源配置的最优状态。这是因为，收入分配状况的变化会引起消费需求结构的变化，从而导致资源配置的最优状态相应发生变化。所以，假如把收入分配这个因素考虑进去，要确定哪一种资源配置是最优的（即提供了极大值的社会福利），这取决于亿万种可能的收入分配状态中哪一种收入分配状况从整个社会的角度来看是最优的。

利用“帕累托最优”状态标准，可以对资源配置状态的任意变化作出“好”与“坏”的判断：如果既定的资源配置状态的改变使得至少有一个人的状况变好，而没有使任何人的状况变坏，则认为这种资源配置状态的变化是“好”的；否则认为是“坏”的。这种以帕累托标准来衡量为“好”的状态改变称为“帕累托改进”。更进一步，利用帕累托标准和“帕累托改进”，可以来定义所谓“最优”资源配置，即如果对于某种既定的资源配置状态，所有的“帕累托改进”均不存在，即在该状态上，何意改变都不可能使至少有一个人的状况变好而又不使任何人的状况变坏，则称这种资源配置状态为帕累托最优状态。换言之，如果对于某种既定的资源配置状态，还存在“帕累托改进”，即在该状态上，还存在某种（或某些）改变可以使至少一个人的状况变好而不使任何人的状况变坏，则这种状态就不是“帕累托最优”状态。

“帕累托最优”状态又称做经济效率。满足“帕累托最优”状态就是具有经济效率的；反之，不满足“帕累托最优”状态就是缺乏经济效率的。例如，如果产品在消费者之间的分配已经达到这样一种状态，即任何重新分配都会至少降低一个消费者的满足水平，那么，这种状态就是最优的或最有效率的状态。同样地，如果要素在厂商之间的配置已经达到这样一种状态，即任何重新配置都会至少降低一个厂商的产量，那么，这种状态就是最优的或最有效率的状态。

资料链接

快乐的“帕累托改进”

我国在经济改革中大量地应用了帕累托改进的理论，使改革能够比较顺利地推进。因为谁也没有受损，改革的阻力就比较小。

帕累托最优的想法是从多目标数学规划中得到的。如果我们要做的一件事有多个目标，比如要保护环境，又要发展经济。这时候就可以用帕累托改进的方法，只要不破坏环境，同时又能够有利于经济增长，这就是帕累托改进。或者不损害经济而又能有助于环境的保护，也是帕累托改进。如果我们把多目标规定为社会中每一个人的财富增长，帕累托改进就是不损害任何一个人的利益，而至少有一个人得益。

帕累托改进“只增不减会使总量趋于极大”的观点，有极为广泛的应用。试举一例如下。当前我国的经济增长成绩很好，但是大家没感觉满意，矛盾特别多。怎么办？中央提出建立和谐社会的目标，很好。但是如何达到和谐？用帕累托的理论，我们可以把社会的目标定为“全社会快乐总量的极大化”，来代替“财富总量的极大化”。怎么实现这个目标？用帕累托的通俗说法来讲，就是不要使任何一个人不快乐，同时至少有一个人更快乐。这种改进的结果必定使全社会的快乐总量趋于极大。

自愿的慈善活动是一种快乐的帕累托改进。一个人把自己的钱给别人，从财富的角度看不是帕累托改进，因为有一个人的财富减少了，财富的总量没有增加。但是从快乐的角度来看，这是帕累托改进，因为给钱是自愿的，没有给他增加痛苦，而别人得到了利益，快乐总量显然是增加的。但是强迫的慈善活动就不是帕累托改进了。不用花钱也能够实现快乐的帕累托改进。再如表扬别人，把自己心里的赞同或爱慕表达出来，于己无损，于人有利。礼貌待人也是一种帕累托改进的行为；而出口伤人则是逆向的帕累托改进，是损人不利己的，全社会的快乐会因此而减少。

（http://blog.ifeng.com/1115527.html）

10.2.2 交换的帕累托最优

假定两种产品分别为 X 和 Y,其既定数量为 $\bar{X}$ 和 $\bar{Y}$,两个消费者分别为 A 和 B。我们用埃奇沃斯盒状图工具来分析这两种产品在两个消费者之间的分配。

由图 10-1 所示,盒子的水平长度表示整个经济中第一种产品 X 的数量 $\bar{X}$,盒子的垂直高度表示第二种产品 Y 的数量 $\bar{Y}$。O_A 为第一个消费者 A 的原点,O_B为第二个消费者 B 的原点。从 O_A 水平向右测量消费者 A 对第一种商品 X 的消费量 X_A,垂直向上测量它对第二种商品 Y 的消费量 Y_A;从 O_B 水平向左测量消费者 B 对第一种商品 X 的消费量 X_B,垂直向下测量它对第二种商品 Y 的消费量 Y_B。现在考虑盒中的任意一点,如 a。a 对应于消费者 A 的消费量 (X_A, Y_A) 和消费者 B 的消费量 (X_B, Y_B)。有下面的等式成立:

$$\begin{aligned} X_A + X_B &= \bar{X} \\ Y_A + Y_B &= \bar{Y} \end{aligned} \tag{10-2}$$

盒中任意一点确定了一套数量,表示每一个消费者对每一种商品的消费,且满足式(10-2)。图 10-1 中,O_A 是消费者 A 的原点,故 A 的无差异曲线向右下方倾斜且向 O_A 点凸出。图中 I_A, II_A 和III_A 是消费者 A 的 3 条代表性无差异曲线。其中,III_A 代表较高的效用水平,而 I_A 代表较低的效用水平。一般来说,从 O_A点向右移动,标志着消费者 A 的效用水平增加。O_B 是消费者 B 的原点,故 B 的无差异曲线向右下方倾斜,且向 O_B 点凸出。图中,I_B, II_B 和III_B 是消费者 B 的 3 条代表性无差异曲线。III_B 代表较高的效用水平,而 I_B 代表较低的效用水平。

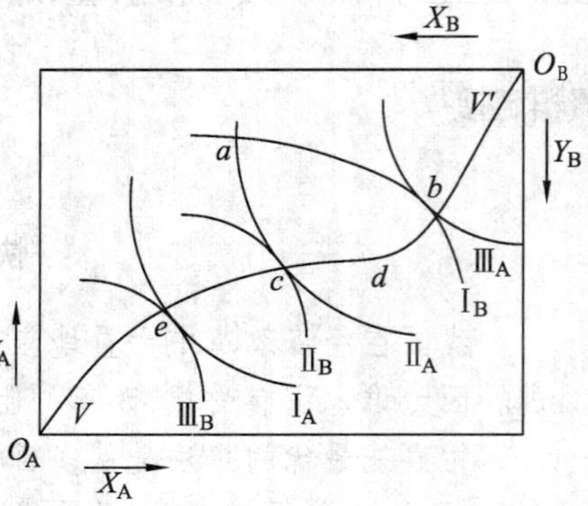

图 10-1 交换的埃奇沃斯盒状图

现在在埃奇沃斯盒状图中任选一点表示两种商品在两个消费者之间的一个初始分配。例如,选择一点 a。由于假定效用函数是连续的,故点 a 必然处于消费者 A 的某条无差异曲线上,同时也处于消费者 B 的某条无差异曲线上,即消费者 A 和 B 分别有一条无差异曲线经过 a 点。因此,这两条无差异曲线或者在 a 点相交,或者在 a 点相切。假定两条无差异曲线在 a 点相交(如图 10-1 所示,a 是无差异曲线 II_A 和 I_B 的交点)。可以看出,a 点不可能是帕累托最优状态。这是因为,通过改变该初始分配状态,例如从 a 点变动到 b 点,则消费者 A 的效用水平从无差异曲线 II_A 提高到III_A,而消费者 B 的效用水平并未变化,仍然停留在无差异曲线 I_B 上。因此,在点 a 仍然存在帕累托改进的余地。当然,在点 a 还存在其他形式的帕累托改进。例如,从 a 点变动到 c 点,则消费者 A 的效用水平不变,它仍然在无差异曲线 II_A 上,但消费者 B 的效用水平却得到了提高:从无差异曲线 I_B 提高到 II_B。而如果从 a 点变动到 d 点,则消费者 A 和 B 的效用水平均会提高。由此得到结论:在交换的埃奇沃斯盒状图中,任意一点,如果它处在消费者 A 和 B 的两条无差异曲线的交点上,则它就不是帕累托最优状态,因为在这种情况下,总存在帕累托改进的余地,即总可以改变该状态,使至少有一个人的状况变好而没有人的状况变坏。另一方面,如果假定初始的产品分配状态处于两条无差异曲线的切点,如点 c 上,则容易看出,此时不存在任何帕累托改进的余地,即它们均为帕累托最优状态。

由此可得结论:在交换的埃奇沃斯盒状图中,任意一点,如果它处在消费者 A 和 B 的两条无差异曲线的切点上，则它就是帕累托最优状态，并称之为交换的帕累托最优状态。在这种情况下不存在帕累托改进的余地，即任何改变都不能使至少一个人的状况变好而没有人的状况变坏。无差异曲线的切点不只是点 c 一个。b 和 e 以及其他许多未在图 10-1 中画出的点也都是无差异曲线的切点，从而都代表帕累托最优状态。所有无差异曲线的切点的轨迹构成曲线 VV'，叫做交换的契约曲线（或效率曲线），它表示两种产品在两个消费者之间的所有最优分配（即帕累托最优状态）的集合。

从交换的帕累托最优状态可以得到交换的帕累托最优条件。我们知道，交换的帕累托最优状态是无差异曲线的切点，而无差异曲线的切点的条件是在该点上两条无差异曲线的斜率相等。而无差异曲线的斜率的绝对值又叫做两种商品的边际替代率（更准确地说，是商品 X 代替商品 Y 的边际替代率）。因此，交换的帕累托最优状态的条件可以用边际替代率的术语来表示：要使两种商品 X 和 Y 在两个消费者 A 和 B 之间的分配达到帕累托最优状态，则对于这两个消费者来说，这两种商品的边际替代率必须相等。如设对于消费者 A 和 B 来说，X 代替 Y 的边际替代率分别用 MRS_{XY}^{A} 与 MRS_{XY}^{B} 来表示，则交换的帕累托最优状态条件的公式就是：

$$MRS_{XY}^{A}=MRS_{XY}^{B} \tag{10-3}$$

10.2.3　生产的帕累托最优

生产的帕累托最优则要研究两种既定数量的要素在两个生产者之间的分配情况。假定这两种要素分别为 L 和 K，其既定数量为 $\bar{L}$ 和 $\bar{K}$，两个生产者分别为 C 和 D。于是要素 L 和 K 在生产者 C 和 D 之间的分配状况也可以用埃奇沃斯盒状图来表示。

由图 10-2 所示，盒子的水平长度表示整个经济中第一种要素 L 的数量 $\bar{L}$，盒子的垂直高度表示第二种要素 K 的数量 $\bar{K}$。O_C 为第一个生产者 C 的原点，O_D 为第二个生产者 D 的原点。从 O_C 水平向右测量生产者 C 对第一种要素的生产消费量 L_C，垂直向上测量它对第二种要素的生产消费量 K_C；从 O_D 水平向左测量生产者 D 对第一种要素 L 的生产消费量 L_D，垂直向下测量它对第二种要素 K 的生产消费量 K_D。考虑盒中任意一点如 a'。点 a' 对应于生产者 C 的生产消费量（L_C，K_C）和生产者 D 的生产消费量（L_D，K_D）。很明显有：

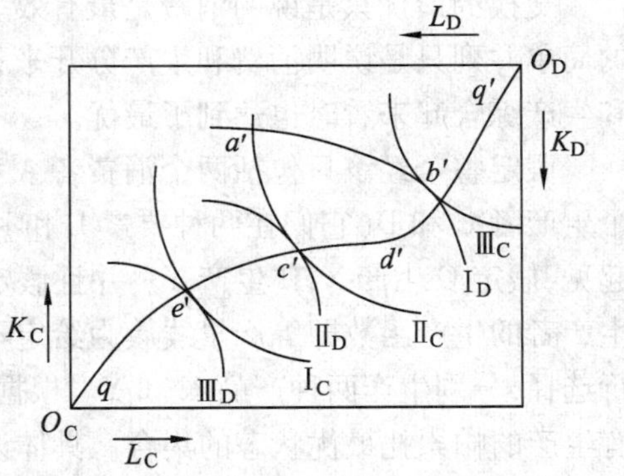

图 10-2　生产的埃奇沃斯盒状图

$$\begin{aligned} L_C+L_D&=\bar{L} \\ K_C+K_D&=\bar{K} \end{aligned} \tag{10-4}$$

盒中任意一点确定了两种要素在两个生产者之间所有可能的分配情况。O_C 是生产者 C 的原点，故 C 的等产量线如 I_C，II_C 和 III_C 所示。其中 III_C 代表较高的产量水平，I_C 代表较低的产量水平。另一方面，由于 O_D 是生产者 D 的原点，故 D 的等产量线如 I_D，II_D 和 III_D 所示。其中，值得注意的是，III_D 代表较高的产量水平，I_D 代表较低的产量水平。

在埃奇沃斯盒中任选一点如 a'。由于假定生产函数是连续的，故点 a' 必然处于生产者 C 和 D 的等产量线的交点或切点上。如图 10-2 所示，点 a' 是等产量线 II_C 和 I_D 的交点。我们知道，a' 点不可能是帕累托最优状态。这是因为，通过改变该初始分配状态，例如让 a' 点变动到

b'点,则生产者 C 的产量水平从等产量线 $Ⅱ_C$ 提高到 $Ⅲ_C$,而生产者 D 的产量水平并未变化,仍然停留在等产量线 $Ⅰ_D$ 上。因此,在点 a'上仍然存在帕累托改进的余地。此外,让 a'点变动到 c'点,则生产者 C 的产量未提高,但生产者 D 的产量却提高了。如果让 a'点变动到 d',则生产者 C 和 D 的产量均会提高。由此得到结论:在生产的埃奇沃斯盒状图中,任意一点,如果它处在生产者 C 和 D 的两条等产量线的交点上,则它就不是帕累托最优状态。等产量线的切点不只是点 c',点 b'和点 e'等也都是等产量线的切点,从而也都是帕累托最优状态。所有等产量线的切点的轨迹构成曲线 qq'。qq'曲线叫做生产的契约曲线(或效率曲线),它表示两种要素在两个生产者之间的所有最优分配(即帕累托最优)状态的集合。

从生产的帕累托最优状态可以得到生产的帕累托最优条件。生产的帕累托最优状态是等产量线的切点,而等产量线的切点的条件是在该点上,两条等产量线的斜率相等。我们知道,等产量线的斜率的绝对值又叫做两种要素的边际技术替代率(更准确地说,是要素 L 代替要素 K 的边际技术替代率)。因此,生产的帕累托最优状态的条件可以用边际技术替代率的术语来表示:要使两种要素 L 和 K 在两个生产者 C 和 D 之间的分配达到帕累托最优状态,则对于这两个生产者来说,这两种要素的边际技术替代率必须相等。如假设对于生产者 C 和 D 来说,L 代替 K 的边际技术替代率分别用 $MRTS_{LK}^{C}$与 $MRTS_{LK}^{D}$来表示,则生产的帕累托最优状态条件的公式就是:

$$MRTS_{LK}^{C}=MRTS_{LK}^{D} \tag{10-5}$$

10.2.4 交换与生产的帕累托最优

交换的最优只是说明消费是最有效率的,生产的最优只是说明生产是最有效率的。两者的简单并列只是说明消费和生产分开来看时各自独立地达到了最优,但并不能说明当将交换和生产综合起来看时也达到了最优。

假定整个经济只包括两个消费者 A 和 B(它们在两种产品 X 和 Y 之间进行选择),以及两个生产者 C 和 D(它们在两种要素 L 和 K 之间进行选择以生产两种产品 X 和 Y)。为了方便起见,假定 C 生产 X,D 生产 Y。并且假定消费者的效用函数亦即无差异曲线簇为给定不变,生产者的生产函数即等产量线簇为给定不变。两个生产者 C 和 D 在两种要素 L 和 K 之间进行选择,分别生产两种产品 X 和 Y。根据图 10-2,我们知道图中的生产契约曲线 qq'代表了所有生产的帕累托最优状态的集合。具体说来,生产契约曲线 qq'上的每一点均表示两种投入在两个生产者之间的分配为最优,即表示最优投入。此外,生产契约曲线上的每一点还表示了一定量投入要素在最优配置时所能生产的一对最优的产出:曲线上每一点均为两个生产者的等产量线的切点,故它同时处在(两个生产者的)两条等产量线上,从而代表了两种产品的产量;这两种产出还是帕累托意义上的最优产出,即此时要增加某一产出的数量,就不得不减少另一种产出的数量。现在考虑所有最优产出量的集合的特点。

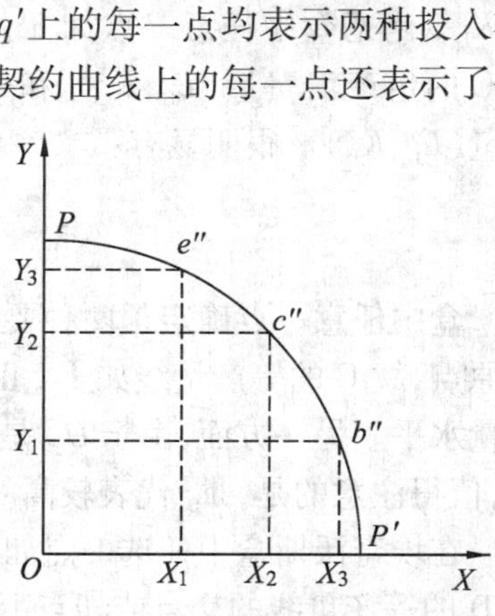

图 10-3 生产可能性边界

如图 10-3 所示,图中横轴表示最优产出量中 X 的数量,纵轴表示最优产出量中 Y 的数量。对应于图 10-2 中生产契约曲线上的点 e',最优产出量为(X_1,Y_3),该产出量在图 10-3 中用点 e''表示。同样地,对应于生产契约曲线上的 c',最优产出量为(X_2, Y_2),该产出量在图 10-3 中就是 c''点;对应于生产契约曲线上的 b',最优产出量为(X_3, Y_1),该产出量在图 10-3 中就是 b''点。将生产契约曲线上每一点均通过这种方法"变换"到图 10-3 中来,便得到曲线 PP'。曲线 PP'通常称作生产可能性边界(或产品转换曲线)。生产可能性边界 PP'就是最优产出量集合的几何表示。

图 10-3 中的生产可能性边界 PP'具有两个特点:第一,它向右下方倾斜;第二,它向右上方凸出。第一个特点容易解释。从生产的契约曲线可知,当沿着该曲线运动时,一种产出的增加必然伴随着另一种产出的减少,即在最优产出量中,两种最优产出的变化是相反的。例如,当我们从点 e'' 移到点 c'' 时,X 的产出增加了,但 Y 的产出却下降了。这种反方向变化说明两种最优产出之间的一种"转换"关系,即可以通过减少某种产出的数量来增加另一种产出的数量。这也正是生产可能性曲线又称为产品转换曲线的原因。如果设产出 X 的变动量为 ΔX,产出 Y 的变动量为 ΔY,则它们的比率的绝对值 $\Delta Y/\Delta X$ 可以衡量 1 单位 X 商品转换为 Y 商品的比率。该比率的极限则定义为 X 商品对 Y 商品的边际转换率 MRT,亦即:

$$MRT = \lim_{\Delta X \to 0} \frac{\Delta Y}{\Delta X} = \frac{dY}{dX} \tag{10-6}$$

接下来,我们利用生产可能性边界将生产和交换两个方面综合在一起,从而得到生产和交换的帕累托最优条件。如图 10-4 所示,在图中的生产可能性曲线上任选一点,例如 B 点。由生产可能性曲线的性质可知,B 点是生产契约曲线上的一点,故满足生产的帕累托最优条件。另一方面,B 点表示一对产出的最优组合,即图 10-4 生产和交换的最优$(\bar{X}, \bar{Y})$。如果从 B 点出发分别引一条垂直线到 $\bar{X}$ 和一条水平线到 $\bar{Y}$,则得到一个矩形 $A\bar{Y}B\bar{X}$。该矩形正好是交换的埃奇沃斯盒状图。

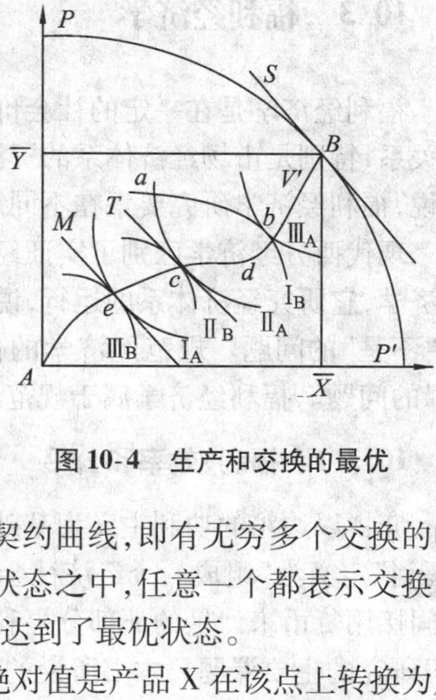

图 10-4 生产和交换的最优

埃奇沃斯盒状图中的交换契约曲线 VV'上任意一点均为交换的帕累托最优状态。因此,给定生产契约曲线上一点,即给定一个生产的帕累托最优状态,现在有一条交换的契约曲线,即有无穷多个交换的帕累托最优状态与之对应。在这无穷多个交换的帕累托最优状态之中,任意一个都表示交换已经处于最优状态,但并不一定表示在与生产联合起来看时也达到了最优状态。

在图 10-4 中,生产可能性曲线上 B 点的切线 S 的斜率绝对值是产品 X 在该点上转换为产品 Y 的边际转换率 MRT,交换契约曲线上 c 点是无差异曲线 $Ⅱ_A$ 和 $Ⅱ_B$ 的切点。$Ⅱ_A$ 和 $Ⅱ_B$ 的共同切线 T 的斜率绝对值是产品 X 在该点上替代产品 Y 的边际替代率 MRS。切线 S 和 T 可能平行,也可能不平行,即产品的边际转换率与边际替代率可能相等,也可能不等。如果边际转换率与边际替代率不相等,则可以证明这时并未达到生产和交换的帕累托最优状态。我们举例说明如下。假定产品的边际转换率为 3,边际替代率为 1,即边际转换率大于边际替代率。边际转换率等于 3 意味着生产者通过减少 1 单位 X 的生产可以增加 2 单位的 Y。边际替代率等于 1 意味着消费者愿意通过减少 1 单位 X 的消费来增加 1 单位 Y 的消费。在这种情况下,如果生产者少生产 1 单位 X,从而少给消费者 1 单位 X,但却多生产出 3 单位的 Y。从多增加的两个单位 Y 中拿出 1 个单位给消费者即可维持消费者的满足程度不变,从而多余的 1 单位 Y 就代表了社会福利的净增加。这就说明了如果产品的边际转换率大于边际替代率,则仍然存在帕累托改进的余地，即仍未达到生产和交换的帕累托最优状态。同样可以分析产品的边际转换率小于边际替代率的情况。例如假定产品的边际转换率为1，边际替代率为3。此时如果生产者减少1单位Y的生产，从而少给消费者1单位Y，但却多生产出1单位的X。从多增加的1单位X中拿出0.5单位X给消费者即可维持消费者的满足程度不变，从而多余的半个单位X就代表了社会福利的净增加。这就说明了，如果产品的边际转换率小于边际替代率，则仍然存在帕累托改进的余地，即仍然未达到生产和交换的帕累托最优状态。

给定生产可能性曲线上一点B和与B相应的交换契约曲线上一点C，只要B点的产品的边际转换率不等于C点的产品边际替代率，则点C就仅表示交换的帕累托最优状态，而非生产和交换的帕累托最优状态。由此即得生产和交换的帕累托最优条件为：

$$MRS_{XY} = MRT_{XY} \tag{10-7}$$

即产品的边际替代率等于边际转换率。例如，在图10-4中的交换契约曲线上，点e的边际替代率与生产可能性曲线上点B的边际转换率相等，因为过点e的无差异曲线的切线M与过点B的生产可能性曲线的切线S恰好平行。因此，点e满足生产和交换的帕累托最优条件。

10.3 福利经济学

福利经济学是在一定的社会价值判断标准条件下，研究整个经济的资源配置与个人福利的关系，特别是市场经济体系的资源配置与福利的关系，以及与此有关的各种政策问题。换句话说，福利经济学研究要素在不同厂商之间的最优分配以及产品在不同家户之间的最优分配。

现代西方经济学区别了实证经济学和规范经济学，实证经济学是排除了社会评价的理论经济学，它研究经济体系的运行，说明经济体系是怎样运行的以及为什么这样运行，回答“是”和“不是”的问题。规范经济学的任务是对经济体系的运行作出社会评价，回答“好”和“不好”的问题。福利经济学属于规范经济学。

10.3.1 福利、效率和公平

庇古以边沁的功利主义为基础，认为福利是指个人获得的效用和满足。莱夫特威奇则把“福利”定义为“组成一个经济社会的人们的幸福状态”。但从经济涵义上来说，只有可以直接或间接用货币来计量的那部分福利才称得上“经济福利”，而只有“经济福利”才是“福利经济学”研究的主要课题。本书所说的福利是指在经济社会中对经济主体有用的、有形的和无形的财富。

如何判断一项有关社会福利的政策实施是好还是坏，或如何判别一项变革是一种改进或是相反，对这些问题的看法存在很多分歧。对这类问题有4个不同的判别标准：

第一种是帕累托改善的标准，即一项变革如果它不使任何人受损而使一些人获益，那就是一种改进。然而，在现实中，这条标准是受到严重限制的。

第二种是卡尔多改善的标准，即从变革中获益的人们看待他们所得的利益，比从变革受损的人们看待他们所受的损失，用货币价值来衡量，评价要高些，那么这一变革就是一种改进。

第三种是席托夫斯基提出的，是针对卡尔多标准而言的。卡尔多标准虽然表明一项变革是一种改进，但是它又会表明，在变革之后回到变革以前原来状态的一项变动也是一件好事。比如，卡尔多标准可能表明增加一项课税是一件好事；但是在增加了这项课税之后，卡尔多标准可能又认为减少这项课税到从前的水平也是一件好事。为了避免这种情况的发生,席托夫斯基建议只有当我们把从原点到新点的变动看做一种改进,而把从新点到原点的变动看做不是一种改进时,一项变革才算得上是一种改进。

第四种是柏格森提出的,建立在一种明确的"社会福利函数"之上。柏格森认为,只有组成了一系列"明确的价值判断",并把它们结合到"社会福利函数"中去,判别标准问题才能解决。

社会福利函数由柏格森最先提出,而后萨缪尔森、阿罗等人进行了不断补充和进一步的阐述。在阐述这个问题之前,让我们先看看社会选择问题及其所反映的个人偏好问题。

社会福利函数建立在个人的偏好基础之上,但是又不同于个人偏好函数。因为个人偏好函数具有若干良好的特性,比如完备性、传递性等。然而,基于个人偏好的社会福利函数就可能不再具有这样的性质了。下面举例说明这个道理。

我们用投票的方法来加总个人偏好。如果大多数消费者偏好 x 胜于 y,我们就可以一致认为"社会偏好"是 x 而不是 y。如表 10-1,列出了 3 个人,每个人作出了 3 种选择 x,y 和 z 的排列。可以看到大多数人偏好 x 胜于 y,偏好 y 胜于 z,并且同时大多数人偏好 z 胜于 x。因此,通过多数投票加总消费者偏好是行不通的。

阿罗不可能定理(Arrow's Impossibility Theorem)指出,通过反映社会中所有个体的偏好而进行的民主投票是不能产生社会福利函数的。这一定理是由诺贝尔奖获得者阿罗在 20 世纪 50 年代出版的《社会选择和个人价值》一书中提出的。

表 10-1　不同个人偏好的社会选择

消费者 A	消费者 B	消费者 C
x	y	z
y	z	x
z	x	y

阿罗认为,任何建立在个人偏好基础上的公众决策机制必须满足一些基本要求:(1)集体理性:如果所有个人的偏好具备完备性、传递性和自反性,则任何决策机制所导出的集体偏好也必须具备这些特性。(2)无限制性:公众决策机制不得排斥任何形式的个人偏好,只要该偏好具备完备性、传递性和自反性。(3)帕累托较优性:如果每个人都认为方案 A 比方案 B 优越,那么集体偏好也必须认为 A 比 B 优越。(4)偏好独立性:集体偏好对 A 和 B 之间的排名只取决于人们对这两种选择的排名,而跟人们对其他选择的排名无关。

阿罗不可能定理指出,完全满足上述条件的公众决策必然是一个独裁决策,即以一个人的偏好顺序代替所有的社会偏好顺序,而这是与建立在个人偏好基础上的公众决策机制相违背的。因此,满足上述 4 个条件的公众决策机制是不存在的。

下面我们构造社会福利函数,假设 x 是资源的两种配置形式,社会福利函数是指各消费者个人效用函数的函数,可以用 $W[u_1(x),u_2(x),\cdots,u_n(x)]$ 来表示,其中 $u_i(x)$ 表示资源配置形式 x 给消费者 i 的效用,而 W 表示资源配置 x 给整个社会带来的效用。

比如,可以认为 W 是个体效用的一种加权形式,即 $W(u_1,u_2,\cdots,u_n) = \sum_{i=1}^{n} a_i u_i$,权数被定

义为个体效用在整个社会福利中的重要性。这种形式的社会福利函数也被称作古典效用主义。另外一个福利函数是罗尔斯社会福利函数：$W(u_1,u_2,\cdots,u_n)=\min(u_1,u_2,\cdots,u_n)$，这一福利函数说明社会福利的配置唯一地由境况较差的经济行为人的福利决定。一旦给定了社会福利函数的具体形式，我们就可以找到社会福利最大化的均衡解。

在前面消费与生产的一般均衡中，我们知道，给定生产可能性曲线上的一点，就可以得到一条交易的埃奇沃斯方框图与之对应，因而也就可以得到一条交易的契约曲线，这样就可以得到一条效用可能性曲线，如图 10-5 中的曲线 U_MU_M，其中，E 点为生产与交易的一般均衡点。如果在生产可能性曲线上另取一点，则经过同样的过程又可以得到曲线 $U_N\,U_N$，同样，H 点也为生产与交易的一般均衡点。这样我们可以得到类似的很多点，将这些点连起来，得到图 10-5 的曲线 $GEHG$。

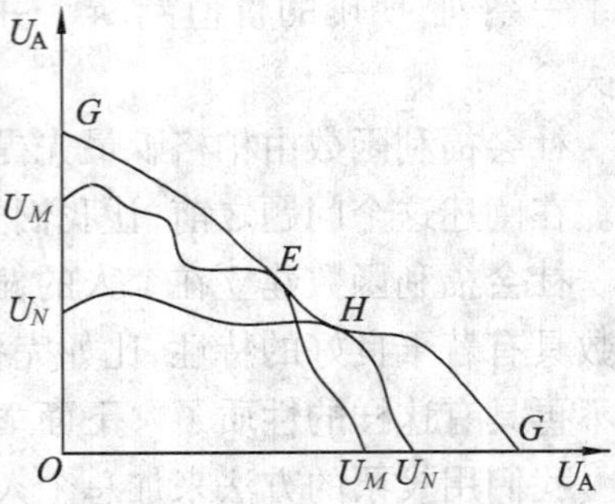

图 10-5　最大效用可能曲线

最大效用可能性曲线是指连接效用曲线上的所有满足生产与交易一般均衡条件的点。它表明重新改变生产与交易的过程，如果使一部分人的状况变好的话，那么一定会使另一部分人的状况变坏。接下来利用社会福利函数我们就可以得到社会福利最大化的帕累托最优点。

假设根据前面所述我们已经得到了社会福利函数，并且构造了如图 10-6 所示的社会无差异曲线 W_1,W_2,W_3。离开原点越远，说明效用越高。

如图 10-6，无差异曲线和最大效用曲线的切点为 E，就是社会福利最大化的均衡点，同时很显然，这一点也是帕累托最优均衡点。

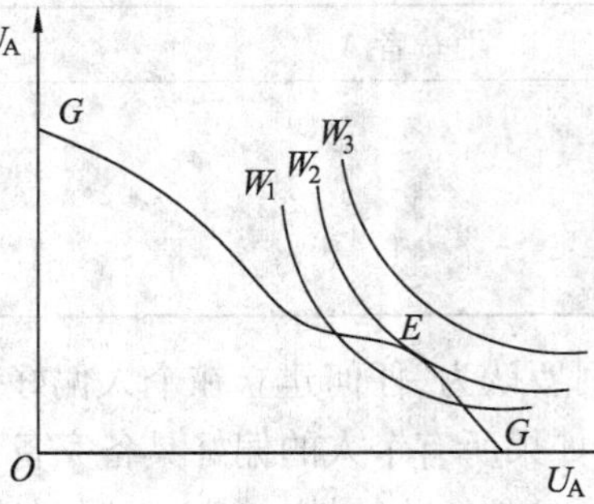

图 10-6　社会福利最大化

10.3.2　福利经济学定理

前面说过，我们可能达到一般均衡状态，可是下面的这个问题很重要，就是如何使这一均衡成为帕累托最优。因为均衡点是在契约曲线上，而契约曲线上的点都是帕累托最优配置的。即完全竞争的市场经济的一般均衡都是帕累托最优的，这就是福利经济学第一定理。下面，我们来证明这一结论。用(X_a^*,Y_a^*)和(X_b^*,Y_b^*)来表示一般均衡的配置。假设有另外一个帕累托较优配置为(X_a,Y_a)和 (X_b,Y_b)，这样就有：

$$(X_a,Y_a)>(X_a^*,Y_a^*)$$
$$(X_b,Y_b)>(X_b^*,Y_b^*)$$

初始禀赋是对于 a 来说是(X_a^0,Y_a^0)，对于 b 来说是(X_b^0,Y_b^0)。供求平衡有：

$$X_a+X_b=X_a^0,X_b^0$$
$$Y_a+Y_b=Y_a^0,Y_b^0$$

实际上，这样的配置是不存在的。

设均衡的价格为(P_x^*,P_y^*)，这时 A 选择了(X_a^*,Y_a^*)而不是(X_a,Y_a)，说明在此价格下，A

买不起(X_a, Y_a)，即：

$$P_x^* X_a + P_y^* Y_a > P_x^* X_b^0 + P_y^* Y_b^0 \tag{10-8}$$

对于 B，也一定有：

$$P_x^* X_b + P_y^* Y_b > P_x^* X_b^0 + P_y^* Y_b^0 \tag{10-9}$$

将式(10-8)与式(10-9)相加，得到：

$$P_x^* (X_a + X_b) + P_y^* (Y_a + Y_b) > P_x^* (X_a^0 + X_b^0) + P_y^* (Y_a^0 + Y_b^0)$$

再根据供求平衡式，得到：

$$P_x^* (X_a^0 + X_b^0) + P_y^* (Y_a^0 + Y_b^0) > P_x^* (X_a^0 + X_b^0) + P_y^* (Y_a^0 + Y_b^0) \tag{10-10}$$

式(10-10)显然是不可能成立的。由此可知，假设存在另一个帕累托较优的配置是不可能的。

福利经济学第一定理保证了竞争市场可以使贸易利益达到最大，即一组竞争市场所达到的均衡分配必定是帕累托有效配置。在完全竞争条件下，市场竞争能够通过价格有效率地协调经济活动，从而配置有限的稀缺资源。

另外一个相反的问题是，如果给定了一个帕累托最优配置，可不可以通过完全竞争的市场机制来达到这一配置？这就是我们所说的福利经济学第二定理。

福利经济学第二定理就是说任何一个帕累托最优配置都可以从适当的初始配置出发，通过完全竞争市场实现。其中，有一些消费者偏好的凸性假设和一些别的假设。第二定理表明市场经济可以实现反映社会意愿的任何一个帕累托最优配置。这在政策方面的启示实际上是要求政府不必用干预市场的方法来达到政策目的，而可以通过再分配的方法来达到同样的目的。因为市场受到政府的干预就会导致价格扭曲进而改变实际决策行为，造成效率损失。

拓展阅读

帕累托是19世纪初的意大利经济学家，他是新福利经济学家代表人物。以他的名字命名的“帕累托最优”是现代经济学中的一个重要概念，也是经济学的一个美好的理想境界。

这一命题是判断福利优劣的新标准，其含义是：在其他条件不变的情况下，如果某一经济变动改善了一些人的状况，同时又不使一些人蒙受损失，这个变动就增进了社会福利，称为帕累托改进；在其他条件不变的情况下，如果不减少一些人的经济福利，就不能改善另一些人的经济福利，则标志着社会经济福利达到了最大化的状态，实现了帕累托最优状态。

这个概念非常令人费解。假如原来甲有一个苹果，乙有一个梨，他们是否就是帕累托最优呢？取决于甲乙二人对苹果和梨的喜欢程度，如果甲喜欢苹果大于梨，乙喜欢梨大于苹果，这样就已经达到了最满意的结果，也就已经是帕累托最优了。如果甲喜欢梨大于苹果，乙喜欢苹果大于梨，甲乙之间可以进行交换，交换后甲乙的效用都有所增加，这就是帕累托改进。我国经济学家盛洪在他的著作《满意即最佳》里说过一句话：“一个简单的标准就是，看这项交易是否双方同意，双方是否对交易结果感到满意。”而真是谁也不愿意改变的状态，就是“帕累托最优”。

我们通俗地讲“帕累托改进”是在不损害他人福利的前提下进一步改善自己的福利,俗话说就是“利己不能损人”。同样,只有在不损害生产者和经营者权利的前提下维护消费者的权益,才能在市场经济的各个主体之间达到“帕累托最优”的均衡状态。

市场经济有两个最本质的特征,其一是提高资源配置效率,其二是实现充分竞争。所谓帕累托最优,通俗地解释就是指在资源配置过程中,经济活动的各个方面不但没有任何一方受到损害,而且社会福利要尽可能实现最大化,社会发展要达到最佳状态。西方经济学中的帕累托最优,实际上就是要求不断提高资源的配置效率。

复习思考

1. 什么是边际产品转换率? 当它与这两种产品对消费者的边际替代率不等时,市场将怎样调整?

2. 帕累托效率与帕累托改进的区别是什么?

3. 什么叫一般均衡? 一般均衡实现的基本条件是什么? 一般均衡分析的核心结论是什么?

4. 在一个经济社会中,实现帕累托最优状态的条件是什么?

5. 为什么说完全竞争的市场机制符合帕累托最优状态?

6. 什么是生产和交换的帕累托最优条件? 为什么完全竞争的一般均衡价格能满足生产和交换的帕累托最优条件?

11 市场失灵与微观经济政策

经济问题

市场是万能的吗?

大部分时候,市场看起来是万能的,“无形的手”总能使资源的配置趋于合理。但我们该如何解释危机期间,大量的人饿死街头,仓库里的粮食却在发霉,成吨的鲜奶却在被倒掉这一事实呢? 为什么当人们都要吃猪肉的时候,却没有人养猪,而只能通过国家提供补贴才能使百姓吃到猪肉?

自由市场里,每一个人都只会趋向于使自己个人的利益最大化,得不到多少利润的商品就没人愿意提供。从需求方面看,谁不想拥有宽敞的马路、便捷的交通、清新的空气? 从另一方面看,却没有人愿意提供这些公共产品,所有人都想免费搭便车,市场机制失灵了。

如今我国的河流污染严重。为什么这么多的河流都被污染了? 谁来为环境破坏做出赔偿? 谁来治理这些被污染了的环境? 单靠市场机制是不能解决这些问题的。当人们做出巨大贡献时,市场并不对他们实行补偿,这也是市场机制不能解决的。

亚当·斯密在其名著《国富论》中提出了“看不见的手”,认为在市场体系中仿佛存在一只看不见的手,引导着各种追求私利的人们最终达到经济和谐。前述各章的西方微观经济学部分的主旨就在于论证这种“看不见的手”的原理,即:完全竞争市场经济在一系列理想化假定条件下,可以引导整个经济达到一般均衡,使资源配置达到帕累托最优状态。

但是,由于完全竞争市场以及其他一系列理想化假定条件(完全竞争假定、经济人行为假定、完全信息假定)并不是现实资本主义经济的真实写照。因此,西方学者认为,在现实资本主义经济中,“看不见的手”的定理一般来说并不成立,帕累托最优状态通常难以实现。换句话说,现实的资本主义市场机制在很多场合不能使资源得到有效配置。这种情况就是市场失灵(Market Failure)。

本章将讨论社会资源实现有效配置的标准——是否存在帕累托改进,在此基础上分析市场机制在很多情况下不能使资源得到有效配置的原因,进而提出相关的微观经济政策。

11.1 帕累托改进与市场失灵

11.1.1 帕累托改进

所谓帕累托改进(Pareto Improvement)是以意大利经济学家帕累托(Vilfredo Pareto)的名字命名的,并基于帕累托最优基础之上的。帕累托最优又称经济效率,是指在不减少一方福利的情况下,就不可能增加另外一方的福利;而帕累托改进是指在不减少一方的福利时,通过改变现有的资源配置而提高另一方的福利。在某种经济境况下如果可以通过适当的制度安排或交换,对某种资源配置状态进行调整,至少能提高一部分人的福利或满足程度而不会降低所有其他人的福利或满足程度。使一些人的境况得到改善,而其他人的状况至少不变坏,符合这一性质的调整被称为帕累托改进。

对于某种既定的资源配置状态,如果所有的帕累托改进均不存在,即在该状态下,任何改变都不可能使至少一个人的状况变好而又不使任何人的状况变坏,则称这种资源配置状态为帕累托最优状态。即是否存在帕累托改进的可能,可以用来判定资源是否处于最优配置状态。

事实上,没有一个经济能够实现所有的帕累托改进,也就意味着没有一个社会能够实现完全的经济效率。社会的目标是发掘所有的帕累托改进,从而接近最大的经济效率。

11.1.2 市场失灵

市场失灵是价格机制和市场机制的自发作用已无法使资源达到最有效配置的现象,市场处于未完全利用帕累托改进的均衡状态。当市场参与者本身不能利用每一个帕累托改进时,市场失灵就会发生。

帕累托最优必要条件之一是所有资源的边际社会收益与边际社会成本相等。一般来说,市场机制本身至多能保证资源配置的边际私人收益等于边际私人成本,而无法保证边际社会收益和边际社会成本相等。这是由私人成本与社会成本、私人收益与社会收益不一致造成的。比如,运煤卡车超载,固然可以减少经营者私人的“私人成本”,但却使社会付出了很多代价。其中道路的加速损坏和沿路的环境污染都是成本,这些成本不需要由厂商负担,而由全社会吸收,称为“社会成本”。同样,如果一楼住户装设门灯,一方面夜间行车更安全,一方面行人夜行也不容易受到匪徒侵犯。但由于这些好处是由路人享有的,而装设门灯的家庭只会考虑自身是否需要。如果他觉得装设门灯的收益小于自己支出的成本,他就不会装。然而此时由于有很大的“社会收益”存在,从效率的观点来看,应该安装门灯,但不应由私人而应由政府部门来安装。

上述两个例子反映了只由私人成本与私人收益决定的产量无法保证全社会收益最大,此时我们称为“市场失灵”。本章将分别讨论市场失灵的几种情况,即:垄断(Monopoly)、外部性(Externalities)和公共产品(Public Goods),并研究当市场失灵存在,即存在个人未能利用的帕累托改进时,政府如何通过帕累托改进帮助实现经济效率。

11.2　垄断

11.2.1　垄断的低效率

我们所说的垄断是指完全的卖方垄断，行业内只有一家厂商，这家厂商生产的产品缺少相近的替代品，并且该行业也缺乏潜在的进入者。这是与完全竞争极端对立的情形。与完全竞争相比，垄断经常被认为是低效率的。下面通过与完全竞争条件下的厂商均衡比较分析，来说明垄断产生低效率的原因。

（1）垄断厂商的利润最大化及其定价

作为一种产品的唯一生产者，垄断者地位独特。如果垄断者决定提高产品价格，不用担心竞争者通过低价抢走市场份额。但是，这并不意味着垄断者可以任意定价。为了实现利润最大化，垄断者要考虑其成本以及市场需求的特征。也就是说，根据市场需求曲线来决定价格以及在该价格水平下的产量。

为简便起见，假定平均成本和边际成本相等且固定不变，在图 11-1 中，$AC=MC$。根据利润最大化原则，此时垄断厂商的产量为 Q_M，价格为 P_M，即消费者购买该商品需支付的价格为 P_M，这个价格高于完全竞争市场下的价格，也高于垄断者的成本 P_C。在此垄断条件下，消费者剩余为 ABP_M 区域面积，相比于完全竞争市场，消费者的福利减少了 P_MBEP_C 区域面积，而此时厂商的垄断利润为 P_MBCP_C 区域面积，BEC 区域面积即为无谓损失。

（2）垄断的福利损失

图 11-1 中，消费者为增加额外的一单位产量所支付的数量超过了生产该单位的成本，因此存在帕累托改进的余地。是否可以有某种方式使垄断厂商和消费者的状况都变好？帕累托最优状态在哪里可以实现？答案是：在 Q_C 的产量水平上。此时消费者为额外一单位产品愿意支付等于生产该额外一单位产品的成本，并且不再有任何帕累托改进的余地。因此，Q_C 是帕累托最优意义上的最优产量。如果能够设法使产量从垄断水平 Q_M 增加到最优水平 Q_C，则实现了帕累托最优。

如果厂商同意生产 Q_C，并在等于边际成本 P_C 的价格上出售该产量，这样做的结果是垄断厂商的垄断利润部分没有了。为了弥补其损失，消费者之间达成一项协议，共同给予垄断厂商至少等于该损失的一揽子支付。在给予这一揽子支付之后，消费者的福利与垄断条件下的情况相比仍然有所改善，因为此时消费者剩余增加的部分即 P_MBEP_C 区域面积减去一揽子支付的 P_MBCP_C 区域面积所得剩余仍有 BEC 区域面积。BEC 区域面积就是当产量从垄断的 Q_M 增加到最优的 Q_C 时所产生的全部收益。这个收益可以在垄断厂商和消费者之间进行适当分配，从而使双方都得到好处，实现帕累托改进。

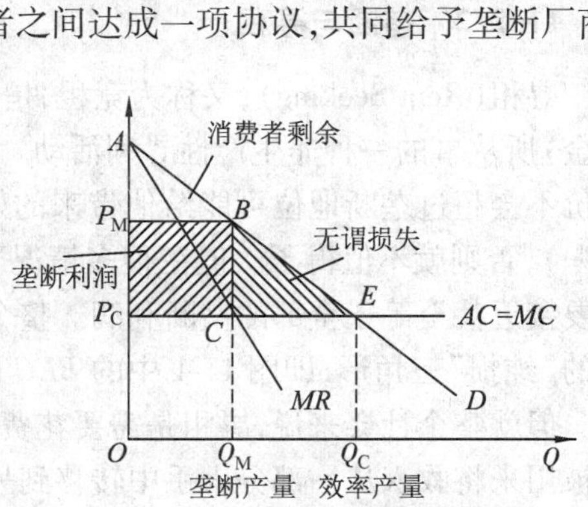

图 11-1　垄断下的消费者剩余及垄断净损失

然而现实中，垄断厂商与消费者之间以及各消费者之间难以达成令彼此都满意的一致意见，因而均衡产量往往不是发生在帕累托最优状态 Q_C 上。实际中还可能无法防止某些消费者不负担一揽子支付而享受低价格的好处,即无法防止“搭便车者”。所以最终经济通常处在无效率的垄断情况。

资料链接

银行垄断越来越成为一个痛

银行垄断、霸道,已经成了众矢之的,尤其是银行垄断暴露出来的积弊,深深地刺痛了民众。比如,7 年间银行收费增加 10 倍,银行乱收费项目越清越多。2003 年 10 月 1 日出台的《商业银行服务价格管理暂行办法》明确银行收费项目仅 300 多种,而《商业银行服务价格管理办法(征求意见稿)》中列出的收费项目已多达 3 000 种!

与银行收费越来越多成反比的是银行的服务质量。态度蛮横,拒收零钞,对小面额要收取点钞费;嫌贫爱富,收取小额账户管理费,开通 VIP 窗口,为有钱人优先办理……而银行人均利润约 50 万元,是工业企业的 12 倍,高于烟草行业和“两桶油”。

(东方网,2012 年 3 月 6 日。)

垄断直接导致的后果之一就是效率的降低,从我国银行业的资产收益率(*ROA*)要普遍低于国际性银行便可见一斑。效率的低下还反映在资源配置上。今年以来人民币新增贷款显得较为薄弱,普遍的看法是实体经济减速导致企业对资金需求的减弱。但是与此同时,中小企业的融资难问题并没有随之解决反而是愈演愈烈。金融资源被垄断在少数大型国有银行手中,导致“不差钱”的大型企业手里握着大量超过自身需求的银行授信额度,为手头的多余资金找不到好的去处而头疼,而中小企业却苦于拿不到银行贷款,无奈之下只能转投地下钱庄,这是多大的资源浪费。

(财新网,2012 年 6 月 18 日。)

11.2.2 垄断与寻租

寻租(Rent Seeking),又称为竞租,是为获得或维持垄断地位从而得到垄断利润(亦即垄断租金)所从事的一种非生产性寻利活动。寻租行为符合个人理性,就单个寻租者而言,其寻租代价不会超过垄断地位可能给他带来的好处(即垄断利润或垄断租金,图 11-1 中 $P_M BCP_C$ 的面积),否则就不值得了。但在很多情况下,由于争夺垄断地位的竞争非常激烈,寻租代价常常要接近甚至等于全部的垄断利润。整个寻租活动的全部经济损失要远远超过传统垄断理论中的“纯损”三角形,即图 11-1 中的 BEC 区域面积。

但就整个社会来说,寻租是需要花费资源的,而这些资源不会生产出任何产品和服务,只是被用来将收入从一部分人手中转移到另一部分人手中。垄断厂商花费时间和金钱来游说政府官员授予其垄断特权从而获取超额利润,还会加剧社会收入分配的不公。

11.2.3 垄断的公共政策

垄断常常导致资源配置缺乏效率，还加剧了社会不公。但垄断，特别是自然垄断能更好地获取规模经济，并更具有技术创新的能力。所以，目前许多国家对垄断是实行管制而不是禁止。政府对垄断管制的形式多种多样。在此，我们主要讨论政府对垄断的价格管制和法律约束。

(1) 价格管制

从有利于社会及资源配置的角度出发，政府会对垄断企业制定价格上限。但政府究竟该确定多高的价格呢？我们分别按边际成本定价法（$P=MC$）和平均成本定价法（$P=AC$）来分析。

① 边际成本定价法

图 11-2 反映的是某垄断厂商平均成本曲线不断下降的自然垄断情况。一般地铁、通信、供水和供电等都属于自然垄断行业。在这些行业中，建造基础设施需要巨大的固定投资，然而多增加一名用户或乘客的边际成本是可以忽略不计的，这就导致这些行业最初的平均成本很高，但随着规模的扩张，其平均成本不断下降。故边际成本曲线 MC 总位于平均成本曲线 AC 的下方。在不存在价格管制时，垄断厂商的定价为 P_1，产量为 Q_1，厂商获得垄断利润，不是帕累托最优。当政府管制，按 $P=MC$ 定价方法时，定价为 P_2，最优产量为 Q_2，达到帕累托最优。

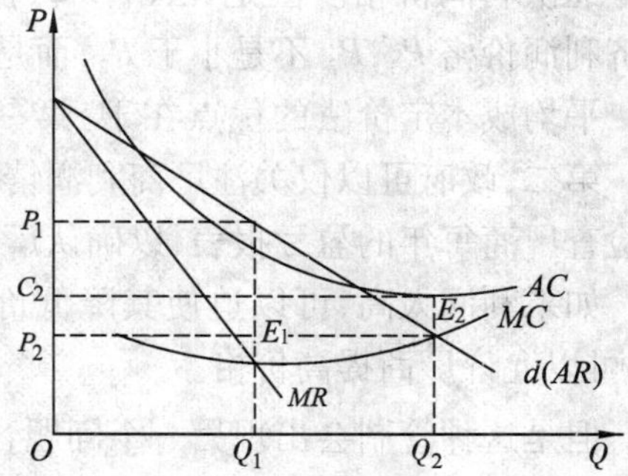

图 11-2 自然垄断下的价格管制

但是，在帕累托最优的产量上，厂商的平均成本 C_2 大于平均收益 P_2，厂商亏损。在这种情况下，政府想要得到高效率的定价，就必须对垄断厂商进行补贴，其补贴额至少为 $Q_2(C_2-P_2)$。

资料链接

公交补贴 机制待“补”

公共交通关乎民生。近年来，国家大力发展公共交通，公交企业在让利于民的同时，运营亏损问题也不能回避。与之相应的补贴问题，就成为公交可持续发展的重要议题。

城市要节能减排、减少交通拥堵，实施低票价等优惠政策的确是非常有益的，但政府应该给予财政支持。据了解，目前我国各地主要有 3 种对公共交通的补贴模式。

第一种是“政府购买公共交通服务型”，属于规范型的，代表城市有北京、上海和深圳。这些城市管理部门对公交成本和利润详细核算，确实该政府出的就由政府出。

第二种模式叫预算约束型，是定额型补贴，一般只能弥补公交企业的部分亏损，这种模式在我国比较普遍。因为很多地方没有能力具体核算，一些地区甚至采取了基数包干法，即根据年度预算，每年为公交补贴拿出一定的预算额，不用和公交企业细算，其他就不管了。

第三种比较随意,大致可视为谈判型的补贴方式。这种模式在中小城市很常见,不少公交企业负责人的重要工作内容就是跑补贴。谈判能力强的就可能多要到一些,遇到领导换届时就会遭遇变动,不确定性很大。这种模式下,政府往往没有足够的时间和精力与企业详细核算补贴额度,很多时候都是"一口价"。

(《中国交通报》,2012 年 5 月 27 日。)

② 平均成本定价法

在图 11-3 中,按照平均成本定价,价格定为 P_3,产量为 Q_3。此时,平均收益恰好等于平均成本。P_3 可称为零经济利润价格。但是在图 11-2 中,如果要制定零经济利润价格 P_3,P_3 不是小于 P_2,而是要稍高一些。

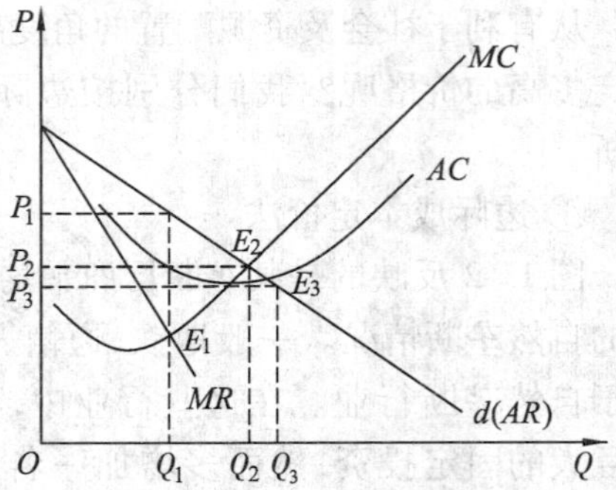

图 11-3　平均成本定价法

平均成本定价法的优点在于:第一,不必补贴垄断者。第二,政府可以仅关注厂商利润情况。即政府只需要检查厂商每年的盈亏报表,以确认厂商仅获得正常利润。如果利润太高,可以迫使其降低价格;如果利润太低,可以允许厂商提高价格。

但是这种管制会出现另一个问题,即在零经济利润价格水平上,边际成本大于价格,违反了帕累托最优条件。对帕累托效率而言,在垄断情况下,产量太低而价格太高;在零利润情况下,正好相反——价格太低而产量太高。而且在实践中,按平均成本定价,往往会导致垄断厂商夸大其平均成本或使厂商丧失降低成本的积极性,即垄断厂商会"虚报成本"。

(2) 反托拉斯法

当垄断有害时,政府可以采取立法手段来打破或制止垄断。例如,国家可以缩短专利的期限或者使专利的延期更为困难,也可以通过公司法,要求厂商公布利润报告表,以便使其他厂商能够很快确定其是否获得超过正常水平的利润。政府对垄断的更加强烈的反应是制定反垄断法或反托拉斯法。西方很多国家都不同程度地制定了反托拉斯法,其中,最为突出的是美国。

在 19 世纪末和 20 世纪初,美国企业界出现了第一次大兼并。正如列宁在《帝国主义论》中所指出的那样,结果形成了一大批经济实力雄厚的大企业。如 1870—1899 年,洛克菲勒和合伙人控制了 90% 的美国石油销售额;20 世纪早期,安德鲁·卡内基和 J·P·摩根将许多较小的钢铁公司结合在一起形成了美国钢铁公司。这些大企业被叫做垄断厂商或托拉斯。这里的"垄断"不只局限于指一个企业控制一个行业的全部供给的"纯粹"的情况,而且也包括几个大企业控制一个行业的大部分供给的情况。按照这一定义,美国的汽车工业、钢铁工业、化学工业等都属于垄断市场。垄断的形成和发展,深刻地影响到美国社会各个阶级和阶层的利益。

从 1890 年到 1950 年,美国国会通过了一系列反对垄断法案,其中包括谢尔曼法(1890 年)、克莱顿法(1914 年)、联邦贸易委员会法(1914 年)、罗宾逊—帕特曼法(1936 年)、惠特—李法(1938 年)和塞勒—凯弗维尔法(1950 年),以上法案统称反托拉斯法。在其他西方国家中也先后出现了类似的法律规定。美国的这些反托拉斯法规定,限制贸易的协议或共谋、垄断或企图垄断市场、兼并、排他性规定、价格歧视、不正当的竞争或欺诈行为等都是非法的。例如,谢尔曼法规定:任何以托拉斯或其他形式进行的兼并或共谋,任何限制州际或国际贸易或商业活动的合同,均属非法;任何人垄断或企图垄断、同其他个人或多人联合或共谋垄断州际或国际的一部分商业和贸易,均应认为是犯罪。违法者要受到罚款或判刑。谢尔曼法曾成功地肢解了美国标准石油公司和美国烟草公司这两个最有名的托拉斯组织。克莱顿法修正和加强了谢尔曼法,它禁止不公平竞争,宣布导致削弱竞争或造成垄断的不正当做法为非法。这些不正当的做法包括价格歧视、排他性或限制性契约、公司相互持有股票和董事会成员相互兼任。联邦贸易委员会法规定:建立联邦贸易委员会作为独立的管理机构,授权防止不公平竞争以及商业欺骗行为,包括禁止虚假广告和商标等。罗宾逊—帕特曼法宣布卖主为消除竞争而实行的各种形式的价格歧视为非法,以保护独立的零售商和批发商。惠特—李法修正和补充了联邦贸易委员会法,宣布损害消费者利益的不公平交易为非法,以保护消费者。塞勒—凯弗维尔法补充了谢尔曼法,宣布任何公司购买竞争者的股票或资产从而实质上减少竞争或企图造成垄断的做法为非法。塞勒—凯弗维尔法禁止一切形式的兼并,包括横向兼并、纵向兼并和混合兼并。这类兼并指大公司之间的兼并和大公司对小公司的兼并,而不包括小公司之间的兼并。历史上,美国政府对 AT&T 的拆分也是政府成功运用反托拉斯法的一个著名案例,在这个占有 96% 的长途电话市场份额和 80% 以上的本地电话市场份额的电信巨头被拆分为 8 个公司之后,美国的电话设备、服务质量以及价格都有了革命性的变化。

美国反托拉斯法的执行机构是联邦贸易委员会和司法部反托拉斯局。前者主要反对不正当的贸易行为,后者主要反对垄断活动。对违反者可以由法院提出警告、罚款、改组公司直至判刑。

11.3 外部效应

外部性(Externality)是一种非常重要的市场失灵现象,本章我们将讨论为什么外部性会导致低效率,以及如何解决由外部性导致的低效率问题。

环境问题是能够帮助大家理解外部性的最好例子。2006 年夏天,南水北调中线调水源头泗河以及上游两条支流——马家河和茅塔河再次发生污染事件,水质受到威胁。泗河既是河边企业的排污渠道,又是渔民养鱼的场所,还是丹江口水库的水源。河边的企业在生产时,不会考虑到下游渔民和水库受到的损失。在这种情况下,一个人的行为给他人造成了损失,但却没有为此付费,这就是外部性,而且是一种负外部性。由于渔民和水库的损失没有通过价格机制进入排污企业的生产决策,于是企业的排污活动不会充分考虑洁净的水作为一种稀缺资源的社会价值,因此从社会的角度来看,企业将过度排污,从而导致污染产生。

个人和企业一样可能产生外部性。如果有人在公共场所吸烟,整个房间的空气都会被污染,被动吸烟比主动吸烟的危害更大,但这个房间里不吸烟的人却得不到补偿。

外部性也可以是正的。在经济学里,最为经典的正外部性的例子就是养蜂人和果农之间的相互提供正外部性。养蜂人养蜜蜂有益于果树开花以后的授粉,而果农的果树开花又给蜜蜂提供了采蜜的来源。

11.3.1 外部效应及其分类

到目前为止,我们讨论的微观经济理论都依赖于一个隐含的假定:单个消费者或生产者的经济行为对社会上其他人的福利没有影响,即不存在外部影响。换句话说,单个经济单位从其经济行为中产生的私人成本和私人利益就等于该行为所造成的社会成本和社会利益。但是，在实际经济中，这个假定往往并不能够成立。在很多时候，某个人（生产者或消费者）的一项经济活动会给社会上其他成员带来好处，但他自己却不能由此而得到补偿。此时，这个人从其活动中得到的私人利益就小于该活动所带来的社会利益。这种性质的外部影响被称为所谓“外部经济”。根据经济活动的主体是生产者还是消费者的不同，外部经济可以分为“生产的外部经济”和“消费的外部经济”。另一方面，在很多时候，某个人（生产者或消费者）的一项经济活动会给社会上其他成员带来危害，但他自己却并不为此支付足够补偿这种危害的成本。此时，这个人为其活动所付出的私人成本就小于该活动所造成的社会成本。这种性质的外部影响被称为所谓“外部不经济”。外部不经济也可以视经济活动主体的不同而分为“生产的外部不经济”和“消费的外部不经济”。据此，我们可以将外部效应定义为当一个消费者的福利或者一家企业的生产可能直接受到经济中的另一个当事人的行为影响时，我们说该经济里出现了外部效应。

（1）生产的外部经济与外部不经济

当一个生产者采取的经济行动对他人产生了有利的影响，而自己却不能从中得到报酬时，便产生了生产的外部经济。生产的外部经济例子很多。例如，一个企业对其所雇佣的工人进行培训，而这些工人可能转到其他单位去工作。该企业并不能从其他单位索回培训费用或得到其他形式的补偿。因此，该企业从培训工人中得到的私人利益就小于该活动的社会利益。

当一个生产者采取的行动使他人付出了代价而又未给他人以补偿时，便产生了生产的外部不经济。生产的外部不经济的例子也很多。例如，一个企业可能因为排放污水而污染了河流，或者因为排放烟尘而污染了空气。这种行为使附近的人们和整个社会都遭到了损失。再如，因生产的扩大可能造成交通拥挤及对风景的破坏，航空公司的飞机给机场附近的居民带来了噪音，等等。

（2）消费的外部经济与外部不经济

当一个消费者采取的行动对他人产生了有利的影响，而自己却不能从中得到补偿时，便产生了消费的外部经济。例如，当某个人对自己的房屋和草坪进行保养时，他的隔壁邻居也从中得到了不用支付报酬的好处。此外，一个人对自己的孩子进行教育，把他们培养成更值得信赖的公民，这显然也使其隔壁邻居甚至整个社会都得到了好处。

当一个消费者采取的行动使他人付出了代价而又未给他人以补偿时，便产生了消费的外部不经济。和生产者造成污染的情况类似，消费者也可能造成污染而损害他人。例如，在公共场所随意丢弃果皮、瓜壳等，都属于消费的外部不经济现象。

资料链接

当火车驶过农田的时候

20世纪初的一天，列车在绿草如茵的英格兰大地上飞驰。车上坐着英国经济学家庇古。他边欣赏风光，边对同伴说：列车在田间经过，机车喷出的火花（当时是蒸汽机）飞到麦穗上，给农民造成了损失，但铁路公司并不用向农民赔偿。这正是市场经济的无能为力之处,称为"市场失灵"。

将近70年后的1971年,美国经济学家乔治·斯蒂格勒和阿尔钦同游日本。他们在高速列车(这时已是电气机车)上见到窗外的禾田,想起了庇古当年的感慨,就问列车员,铁路附近的农田是否受到列车的损害而减产。列车员说,恰恰相反,飞速驰过的列车把吃稻谷的飞鸟吓走了,农民反而受益。当然铁路公司也不能向农民收"赶鸟费"。这同样是市场经济无能为力的,也称为"市场失灵"。

同样一件事情在不同的时代与地点结果不同。两代经济学家的感慨也不同。但从经济学的角度看,火车通过农田无论结果如何,其实都说明了同一件事:市场经济中外部性与市场失灵的关系。

11.3.2 外部影响与资源配置失当

(1) 负外部性与无效率

图11-4具体说明了在完全竞争条件下,生产的外部不经济是如何造成社会资源配置失当的(其他类型的外部影响亦可同样分析)。图中水平直线 $D = MR$ 是某竞争厂商的需求曲线和边际收益曲线,MPC 则为其边际私人成本曲线。厂商根据 $MR = MPC$ 的自身利润最大化要求,将其生产均衡点调整为 E_1,其均衡产出为 Q_1,即提供市场 Q_1 产出。假定该厂商的生产对社会造成外部不经济(例如生产造成污染),如果该厂商对社会造成的边际外部成本为 MEC,边际外部成本可定义为厂商每增加一单位产品所引起的社会其他人所增加的成本,这样,边际社会成本 $MSC = MPC + MEC$,故 $MSC > MPC$,从而边际社会成本曲线位于边际私人成本曲线的上方。如果该厂商考虑了外部不经济造成的外部成本,就应当使社会的边际收益等于社会的边际成本,则其均衡点为 E_2,这时的均衡产出为 Q_2,即使社会利益最大化的产出应该是 Q_2。因此生产的外部不经济造成产品生产过多,超过了帕累托效率所要求的 Q_2。由此造成的净损失为图中阴影部分面积。一般而言,在存在外部不经济的情况下,私人活动的水平常常要高于社会所要求的最优水平。

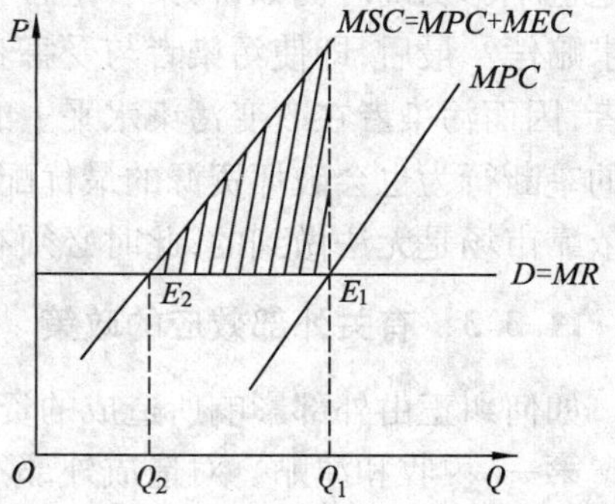

图11-4 外部不经济下的资源配置失当

(2) 正外部性与无效率

图11-5说明了在完全竞争条件下,生产的外部经济是如何造成社会资源配置失当的(其他类型的外部影响亦可同样分析)。图中水平直线 $D_1 = MPB$ 是某竞争厂商的需求曲线和边际私人收益曲线,MC 则为其边际成本曲线。厂商根据 $MPB = MC$ 的自身利润最大化要求,将其生产均衡点调整为 E_1,其均衡产出为 Q_1,即提供市场 Q_1 产出。现在假定该厂商的生产为社会带来了外部经济,边际外部收益为 MEB,边际外部收益可以定义为厂商增加一单位产品生产给社会其他人所带来的收益,这样整个社会的边际社会收益 $MSB = MPB + MEB$。因此图中的 $D_2 = MSB$ 表示社会边际收益曲线。如果厂商考虑了所有的收益,根据利润最大化原则 $MSB = MC$,其均衡点为 E_2,这时的均衡产出为 Q_2,即使社会利益最大化的产出应该是 Q_2。由此造成

的净损失为图中阴影部分面积。一般而言，在存在外部不经济的情况下，私人活动的水平常常要低于社会所要求的最优水平。

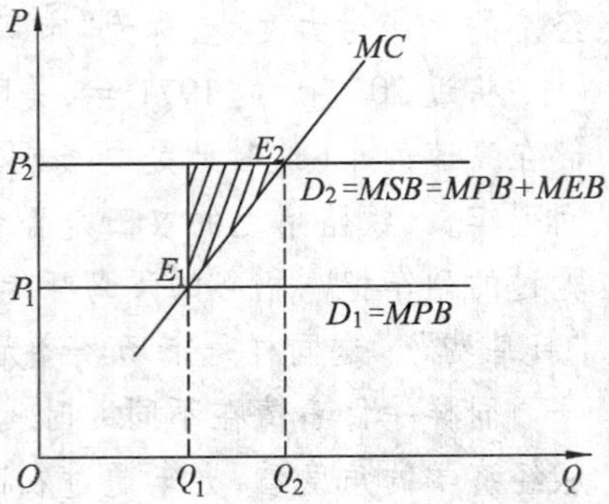

图 11-5　外部经济下的资源配置失当

以上净损失的存在均证明了市场失灵，资源配置严重偏离帕累托最优状态。为什么在存在外部影响的条件下，潜在的帕累托改进机会不能得到实现呢？以生产的外部不经济如污染问题来说明：如果污染涉及面小，即污染只对少数人的福利造成影响，则此时污染者和少数受害者可能在如何分配“重新安排生产计划”所得到好处问题上不能达成协议；如果污染涉及面大，即污染的受害者众多，则此时污染者和受害者以及受害者之间要达成协议就更加困难（特别是在这种情况下，很难避免“免费乘车者”）。此外，在很多情况下，有关污染问题的法律界定也不够明确。例如，污染者是否有污染权？有权进行多大程度的污染？受害者是否有权要求赔偿？最后，即使污染者与受害者有可能达成协议，但由于通常是一个污染者面对众多受害者，因而污染者在改变污染水平上的行为就像一个垄断者。在这种情况下，由外部影响所产生的垄断行为也会破坏资源的最优配置。由此可见，要改变这样的情况，实现帕累托改进，仅仅依靠市场是无法做到的，此时必须有政府的干预。

11.3.3　有关外部效应的政策

如何纠正由外部影响所造成的资源配置不当？西方微观经济学理论提出如下政策建议。

第一，税收和津贴。对造成外部不经济的企业，国家应该征税，其数额应该等于该企业给社会其他成员造成的损失，从而使该企业的私人成本恰好等于社会成本。例如，在生产污染情况下，政府向污染者征税，其税额等于治理污染所需要的费用。反之，对造成外部经济的企业，国家则可以采取津贴的办法，使得企业的私人利益与社会利益相等。无论是何种情况，只要政府采取措施使得私人成本和私人利益与相应的社会成本和社会利益相等，资源配置便可达到帕累托最优状态。

第二，企业合并。例如，一个企业的生产影响到另外一个企业。如果影响是正的（外部经济），则第一个企业的生产就会低于社会最优水平；反之，如果影响是负的（外部不经济），则第一个企业的生产就会超过社会最优水平。但是如果把这两个企业合并为一个企业，则此时的外部影响就“消失”了，即被“内部化”了。合并后的单个企业为了自己的利益将使自己的生产确定在其边际成本等于边际收益的水平上。而由于此时不存在外部影响，故合并企业的成本与收益就等于社会的成本与收益。于是资源配置达到帕累托最优状态。

第三，规定财产权。在许多情况下，外部影响之所以导致资源配置失当，是由于财产权不明确。如果财产权是完全确定的并得到充分保障，则有些外部影响就可能不会发生。例如，某条河流的上游污染者使下游用水者受到损害。如果给予下游用水者以使用一定质量水源的财产权，则上游的污染者将因把下游水质降到特定质量之下而受罚。在这种情况下，上游污染者便会同下游用水者协商，将这种权利从他们那里买过来，然后再让河流受到一定程度的污染。同时，遭到损害的下游用水者也会使用他出售污染权而得到的收入来治理河水。总之，由于污染者为其不好的外部影响支付了代价，故其私人成本与社会成本之间不存在差别。

资料链接

排污权的有偿使用

从今年2月1日起，绍兴市区开始实行新的排污权有偿使用和交易政策。根据新规定，市区企业的排污权有效期限最长可为5年，交易指标由先前的两项扩展到4项。

早在2008年，绍兴市就出台了《绍兴市区排污权有偿使用和交易实施办法（试行）》。截至2011年底，绍兴市区1 164家单位持有排污许可证1 320份（其中545家工业单位持有排污许可证555份），这些许可证在控制市区污染物排放总量上发挥了重要作用。为进一步调动企业减排的积极性，绍兴市出台了《绍兴市区排污权有偿使用和交易试点工作实施办法》。

新政策以排污许可证的形式对排污单位的排污权予以确认，规定排污权的有效期限与排污许可证有效期限一致，最长为5年，与国民经济和社会发展5年规划年限同步。

新办法还明确了排污权的储备和调控制度，环保部门可储备一定的初始排污权指标，用于保障重大建设项目的排污权指标和调控排污权交易市场。储备的排污权指标不超过绍兴市区工业污染物排放控制总量的5%。政府可对排污单位在排污许可权限内削减的排污权指标、闲置3年以上的排污权指标、新改扩项目取消后通过政府出让获得的排污权指标进行强制回购。对破产、关停、被取缔或迁出行政辖区的排污单位，其无偿取得的排污指标可由环保部门无偿收回，作为政府排污权储备。

（《中国环境报》,2012年7月20日。）

11.3.4 关于科斯定理

上述对付外部影响的最后一种办法，即规定财产权的政策，可以看成是更加一般化的所谓科斯定理的特例。甚至连税收和津贴这种方法也可以看成是科斯定理的一个具体运用。

关于科斯定理，科斯本人并没有一个明确的说法，其他西方经济学家则给出过许多不同的表达方式。虽然这些表达方式大体上是相同的，但仍然存在着细微的差别。下面是一种比较流行的说法：

只要财产权是明确的，并且其交易成本为零或者很小，则无论在开始时将财产权赋予谁，市场均衡的最终结果都是有效率的。

为了说明这一“定理”，我们举一个具体的例子。假设有一个工厂，它排放的烟尘使得居住于工厂附近的5户居民所洗晒的衣服受到污染，由此造成每户75元的损失，从而5户的损失总额为$5 \times 75 = 375$元。再假设存在着两种治理污染的办法：一是在工厂的烟囱上安装一个除尘器，其费用为150元；二是给每户居民提供一架烘干机，使他们不需要到外面去晒衣服。烘干机的费用为每户50元，5户的成本总和是250元。显而易见，在这两种解决办法中，第一种的成本低，因而代表着最有效率的解决方案。这种最有效率的解决方案在西方经济学中就被称为帕累托最优状态。

按照科斯定理的含义，在上面的例子中，不论给予工厂排放烟尘的权利，还是给予5户居民晒衣服不受烟尘污染的权利（即上述的财产所有权的分配），只要工厂与5户居民达成一致所需的费用（即上述的交易成本）为零或者很小，那么市场机制（即自由进行交易）总是可以得到最有效率的结果（即采用安装除尘器的办法）。

为什么会如此呢？科斯等西方经济学家的解释是，如果把排放烟尘的财产所有权给予工厂，即工厂有权排放烟尘，那么5户居民便会联合起来，共同给工厂的烟囱义务安装一个除尘器，因为除尘器的费用只有150元，远远低于5架烘干机的费用250元，更加低于未装除尘器时晒衣服所受到的烟尘之害（375元）。另一方面，如果把晒衣服不受烟尘之害的财产权给予5户居民，那么，工厂便会自动地给自己安装除尘器，因为在居民具有不受污染之害的财产权的条件下，工厂就有责任解决污染问题，而在两种解决污染的办法中，安装除尘器的费用较低。因此，科斯定理宣称，只要交易成本为零或者很小，则不论财产权归谁所有，自由的市场机制总会找到最有效率的办法，从而达到帕累托最优状态。

当然，科斯定理的结论只有在交易成本为零或者很小的情况下才能得到。如果不是这样，结果就会不同。例如，假设在工厂具有排放烟尘的财产权的条件下，如果5户居民联合在一起共同行动的费用很大，例如为125元，那么，为了共同行动给工厂安装除尘器，它们的总支出就是125+150=275元。在这种情况下，5户居民便会各自去购买一架烘干机，因为这样做的结果总共只需要花费250元。然而，这却不是一个最有效率的结果。

在科斯提出以他的名字命名的定理之前，西方经济学家一般认为，市场机制这一“看不见的手”只有在不存在外部影响的情况下才会起作用。如果存在着外部影响，市场机制就无法导致资源的最优配置。科斯定理的出现则进一步强调了“看不见的手”的作用。按照这个定理，只要那些假设条件成立，则外部影响也不可能导致资源配置不当。或者换个说法，在所给条件下，市场力量足够强大，总能够使外部影响“内部化”，从而仍然可以实现帕累托最优状态。

为什么财产权的明确和可转让具有这样大的作用呢？按照西方学者的解释，其原因在于，明确的财产权及其转让可以使得私人成本（或利益）与社会成本（或利益）趋于一致。若以图11-4的生产污染问题为例，则科斯定理意味着，一旦所需条件均被满足，则污染者的私人边际成本曲线 MPC 就会趋于上升，直到与边际社会成本曲线 MSC 完全重合，从而污染者的利润最大化产量将从 Q_1 下降到社会最优产量水平 Q_2。

下面我们来具体说明。将财产权（例如使用河流的权利）明确赋予某人，并假定该权利可以自由买卖，则财产权对所有者来说就是一件有价值的特殊“商品”。特别是在生产污染例子中，财产权（即污染权或不被污染权）就是一种有价值的特殊“生产要素”。这种要素与资本和劳动一样，无论是生产者从市场上买到的，还是自身原来拥有的，都是生产成本的一部分。如果是从市场上买来的，毫无疑问便构成成本的一部分。如果是自身原来就拥有的，则可以出售获得收益。如果不出售而自己用于生产，则遭受的是本可出售获益的机会成本。因此，在这种情况下，生产者生产产品时就存在两种成本：一种是生产产品本身的成本，与其相对应的边际成本就是图11-4中的（生产的）私人边际成本曲线 MPC，可称之为生产的边际成本；另一种是使用财产权所遭受的成本或机会成本，以及相应的使用财产权的边际成本。生产者的总成本应当是这两种成本之和。如果将使用财产权的边际成本加到生产的边际成本上去，则总的私人边际成本曲线就要从 MPC 向上移动，从而利润最大化产量就要从 Q_1 向左边减少。

在完全竞争条件下的理想均衡状态中，可以期望加入使用财产权的边际成本之后所得到的总的私人边际成本与社会边际成本相一致，从而私人最优产量与社会最优产量相一致。运用科斯定理解决外部影响问题在实际中并不一定真的有效。有以下几个难题：第一，资产的财产权是否总是能够明确地加以规定？有的资源，例如空气，在历史上就是大家均可使用的共同财产，很难将其财产权具体分派给谁；有的资源的财产权即使在原则上可以明确，但由于不公平问题、法律程序的成本问题等也变得实际上不可行。第二，已经明确的财产权是否总是能够转让？这就涉及信息充不充分以及买卖双方能不能达成一致意见的各种原因，如谈判的人数太多、交易成本过高、谈判双方都能使用策略性行为，等等。最后，明确的财产权的转让是否总能实现资源的最优配置？显然，在这个过程中完全有可能得到这样的结果：它与原来的状态 Q_1 相比有所改善，但并不一定恰好为 Q_2。此外，还应该指出，分配产权会影响收入分配，而收入分配的变动可以造成社会不公平，引起社会动乱。在社会动乱的情况下，就谈不上解决外部影响的问题了。

11.4 公共产品

资料链接

著名的社会学家费孝通先生在1947年出版的《乡土中国》一书中写道："扫清自己门前雪的还算是了不起的有公德的人，普通人家把垃圾在门口的街道上一倒，就完事了。苏州人家后门常通一条河，听来是最美丽也没有了，文人笔墨里是中国的威尼斯，可是我想天下没有比苏州城里的水道更脏的了。什么东西都可以向这种出路本来不太畅通的小河沟里一倒，有不少人家根本就不必有厕所。明知人家在这河里洗衣洗菜，毫不觉得有什么需要自制的地方。为什么呢？——这种小河是公家的。一说是公家的，差不多就是说大家可以占一点便宜的意思，有权利而没有义务了。小到两三家合住的院子，公共的走廊上照例是尘灰堆积，满院生了荒草，谁也不想去拔拔清楚，更难以插足的自然是厕所。"

随着生活水平的提高，公共的河道离普通居民的生活越来越远了，但与公共河道相同的经济现象却比比皆是。公共的牧场总是容易放牧过度，寝室里的卫生总是没人打扫，几个人共用的秘书会非常辛苦，甚至有些老人有几个孩子，反而得不到很好的赡养。这些都与"公共品"这个概念有关。

正是前述外部性所导致的低效率问题，给公共品的提供带来了很大的问题。比如由外部性导致的环境污染问题，实际上就是环境作为一种"公共品"而出现的供给不足。再比如说，藏羚羊的过度捕杀反过来说就是生物的多样性作为公共品的供给不足。可见，公共品可以作为一种特殊的外部性。

11.4.1 公共产品的定义

西方经济学到目前为止主要论述的是私人产品——普通市场上常见的那些物品,例如,用于吃的水果、用于穿的衣服以及火车上的座位,等等。私人产品是那些数量将随任何人对它的消费增加而减少的物品。

它在消费上具有两个特点。第一是竞争性:如果某人已消费了某个商品,则其他人就不能再消费该商品了;第二是排他性:对商品支付价格的人才能消费商品。

公共产品是指由政府部门生产,并向社会和个人提供的一切物品和服务的总称。如国防、警察、教育、司法、邮政、消防、基础设施等。

它在消费上具有两个特点。第一是消费的非竞争性:公共产品可供大家共同消费。如大家共同消费一条公路。第二是非排他性:公共产品是免费的,它不阻止任何人享用。第三是强制性。无论你是否愿意,每个人都必须使用某些公共产品。比如国防、警察、法律这类公共服务就具有强制性。公共产品无法避免"搭便车"的情况,即不用购买也可消费的行为,因而造成市场失灵。

市场经济不能自动解决公共产品的供求均衡问题。许多由社会消费的公共产品难以通过正常的市场价格机制加以分配,公共部门和公共产品的生产与经营需要政府按照社会的需要适当进行直接的调节和管理。

还有一种物品,如海鱼,跟国防一样,不具有排他性。但与国防不同的是,它具有竞争性,即当某个人捕捞到一些海鱼时,他人所能捕捞到的海鱼数量就减少了。通常把海鱼这样一类不具有排他性而具有竞争性的物品叫做公共资源。

11.4.2 公共产品的最优数量

我们先来回顾一下私人产品最优数量的决定。为简便起见,假定社会上只有 A 和 B 两个消费者,他们对商品的需求曲线分别由 D_A 和 D_B 表示。商品的市场供给曲线为 S,参见图 11-6(a)。由于所讨论的是私人产品,故将消费者 A 与 B 的需求曲线 D_A 和 D_B 水平相加即得到某市场需求曲线 D。市场需求曲线 D 与供给曲线 S 的交点决定了该私人产品的均衡数量 Q_0 和均衡价格 P_0。这个均衡数量 Q_0 显然就是该私人产品的最优数量。这是因为在这个产量水平上,每个消费者的边际利益恰好等于商品的边际成本。

我们知道,供给曲线代表了每个产量(供给量)水平上的边际成本,需求曲线代表了每个产量(需求量)水平上的边际利益。故当供给量为 Q_0 时,边际成本为 Q_0H;而当价格为 P_0 时,消费者 A 和 B 的需求量分别为 C 和 F,再根据需求曲线 D_A 和 D_B,相应的边际利益为 CE 和 FG。由图可知,$CE = FG = Q_0H$,即每个消费者的边际利益均等于边际成本。

现在来看公共产品的情况。参见图 11-6(b)。与私人产品的讨论一样,我们仍然假定每个消费者对公共产品的需求曲线是已知的,为 D_A 和 D_B,公共产品的市场供给曲线为 S。如何从个人的需求曲线形成市场的需求曲线呢?这里的关键之处在于公共产品的市场需求曲线不是个人需求曲线的水平相加,而是它们的垂直相加。之所以如此,原因在于公共产品消费上的非竞用特点。由于消费上的非竞用性,每个消费者消费的都是同一个商品总量,因而每一个消费者的消费量都与总消费量相等;另一方面,对这个总消费量所支付的全部价格,却是所有消费者支付的价格的总和。例如,设公共产品的数量为图 11-6(b)中的 R,消费者 A 和 B 的消费

量于是都是 R。当 A 和 B 的消费量均为 R 时，他们所愿意的价格按各自的需求曲线分别为 L 和 N。因此，当消费量为 R 时，消费者 B 所愿意支付的价格之和就是 $L+N=T$。

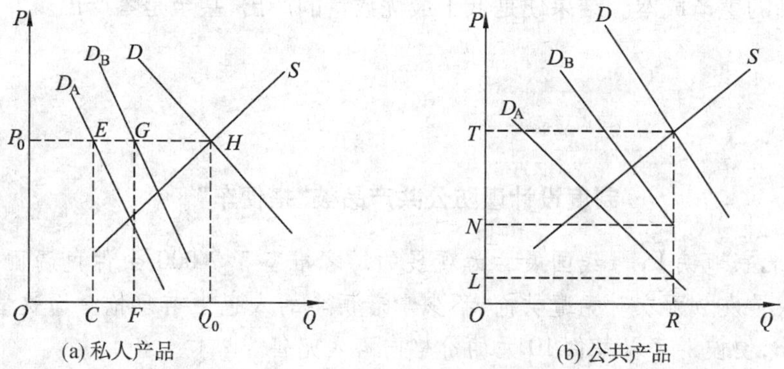

图 11-6　私人产品和公共产品的最优数量

有了公共产品的市场供求曲线，公共产品的均衡数量即可决定，这就是供求曲线交点所指示的 R。实际上，这个均衡数量 R 也代表着公共产品的最优数量。要解释这一点并不困难。当公共产品数量为 R 时，根据供给曲线，公共产品的边际成本为 T，而根据消费者的需求曲线，A 和 B 的边际利益分别为 L 和 N，从而总的社会的边际利益为 $L+N=T$。于是，边际的社会利益等于边际成本，公共产品数量达到最优。

这里值得注意的是，公共产品的最优标准与私人产品的最优标准不完全相同。在私人产品场合，最优标准是每个消费者的边际利益与边际成本相等。而在公共产品场合，最优标准是每个消费者的边际利益之和，与边际成本相等。这个区别仍然根源于是否具有消费的竞用性这个基本特点。

11.4.3　公共产品与搭便车问题

上一段在假定每个消费者对公共产品的需求曲线均存在且已知的条件下，讨论了公共产品的最优数量的决定。但是，许多西方经济学家认为，这种讨论并没有多大的实际意义。原因是公共产品的需求曲线是虚假的。首先，单个消费者通常并不很清楚自己对公共产品的需求价格，更不用说去准确地陈述他对公共产品的需求与价格的关系；其次，即使单个消费者了解自己对公共产品的偏好程度，他们也不会如实地说出来。为了少支付价格或不支付价格，消费者会低报或隐瞒自己对公共产品的偏好。他们在享用公共产品时都想当“免费乘车者”，不支付成本就得到利益。由于单个消费者对公共产品的需求曲线不会自动显示出来，故我们无法将它们加总得到公共产品的市场需求曲线并进而确定公共产品的最优数量。

尽管我们实际上难以通过公共产品的供求分析来确定它的最优数量，但却可以有把握地说，市场本身提供的公共产品通常将低于最优数量，即市场机制分配给公共产品生产的资源常常会不足。我们知道，在竞争的市场中，如果是私人产品，则市场均衡时的资源配置是最优的。生产者之间的竞争将保证消费者面对的是等于商品的边际成本的同样的价格，消费者则在既定的商品产出量上展开竞争。某个消费者消费一单位商品的机会成本就是在市场价格上卖给其他消费者的同样一单位商品，故没有哪个消费者会得到以低于市场的价格而买到商品的好处。但是，如果是公共产品，情况将完全不同。任何一个消费者消费一单位商品的机会成本总为零。这意味着，没有任何消费者要为他所消费的公共产品去与其他任何人竞争。因此，市场不再是竞争的。如果消费者认识到他自己消费的机会成本为零,他就会尽量少支付给生产者以换取消费公共产品的权利。如果所有消费者均这样行事,则消费者们支付的数量就将不足以弥补公共产品的生产成本。结果便是低于最优数量的产出,甚至是零产出。

资料链接

制度设计谨防公共产品被"搭便车"

近日,北京地铁15号线国展站为观展的游客准备了7 000余件免费雨衣,然而就在工作人员发放雨衣时竟遭哄抢,不少拿着雨伞的人也上前争抢。而这些免费雨衣出得站外,便被游客以每件10元的价格向路人兜售。

社会心理学家指出,在一切人群聚集的公开场合,由于个人在群体中的消失,无意识成为统治者,人可能会有从众心理。所以,在提供公共产品前,必须设计一套确保良好愿望能落到实处的既定程序措施和操作规则,以遏制"搭便车"行为的泛滥。比如,这次北京地铁站免费发雨衣的行为,增加一个简单的登记签名环节,凭票(卡)一人一件,按顺序发放,哄抢就不会发生。

同样是免费使用雨伞,广州地铁凭押金免费使用雨伞的做法也许更适合现状。不还伞就当买伞,还了就算免费借用。这种"免费"形式的好处是对部分"贪小便宜"的乘客能起到制约作用。通过物质上的制约来保证诚信,他们便会自我权衡一番,而不会出现哄抢的场面。事实证明,这样的"免费"措施往往实行起来也更成功和持久,原因便是有"契约精神"的维系。除了在制度方法上的改进外,还需要从加强国民教育、完善配套设施等深层次问题上着手解决。而这些问题其实更需要国家层面的积极引导,如此民众的积极参与才能最终达成。

(http://www.jfdaily.com/a/3189644.htm)

11.4.4 公共产品和成本—收益分析

公共产品的生产和消费问题不能由市场上的个人决策来解决。因此,必须由政府来承担起提供公共产品的任务。政府如何来确定某公共产品是否值得生产以及应该生产多少呢?在这里,西方经济学家经常提到的一个重要方法是成本—收益分析。

成本—收益分析是用来评估经济项目或非经济项目的。它首先估计一个项目所需花费的成本以及它可能带来的收益,然后把二者加以比较,最后根据比较的结果决定该项目是否值得。公共产品也可以看成是一个项目,并运用成本—收益分析方法来加以讨论。如果评估的结果是该公共产品的收益大于或至少等于其成本,则它就值得生产,否则便不值得。

11.4.5 公共资源与公地悲剧

从上述对公共产品的分析中可知,一种物品,如果不具有排他性,则每个人出于自己的利益考虑,就会尽可能多地去利用它。据说在这种情况下,如果该物品又具有竞用性的特点,即是所谓的"公共资源",则它可能很快就会被过度地使用,从而造成灾难性的后果。下面我们介绍被西方学者经常使用的"公地的悲剧"。

考虑这样一个乡村,村里有一块公共土地,村民们在这块公地上放牧奶牛。如果每一个村民都能够免费地使用公地,则实际的均衡奶牛数量将远远超过它的最优水平。由此引起的后果就是:公地将由于长期的超负荷放牧而日益衰落。这就是所谓的"公地的悲剧"。

先来看公地上的最优放牧量的决定。对这个问题的回答显然取决于整个乡村集体在奶牛放牧上的边际收益和边际成本。我们把乡村集体的边际收益和边际成本分别叫做"边际社会收益"和"边际社会成本"。如果放牧奶牛的边际社会收益超过了相应的边际社会成本,就意味着增加放牧的奶牛数量能够给整个乡村带来更多的好处;反之,如果放牧奶牛的边际社会收益小于相应的边际社会成本,就意味着减少放牧的奶牛数量对整个乡村来说更加有利。对整个乡村来说,最优的(也就是能够使得整个乡村的利润达到最大的)放牧量应当使得边际社会收益恰好等于边际社会成本。

我们用 x 来表示公地上放牧的奶牛的数量。为简便起见,假定每头奶牛每天可生产牛奶 1 公斤。于是,x 头奶牛每天总共可生产牛奶 x 公斤。设牛奶的需求函数为:

$$P = a - bx$$

其中:P 是牛奶的市场价格,a 和 b 均为大于零的常数。于是,放牧 x 头奶牛的总社会收益(TR_s)和边际社会收益(MR_s)分别为:

$$TR_s = Px = ax - bx^2$$

$$MR_s = TR_s = [ax - bx^2]' = a - 2bx$$

再设购买一头奶牛需要花费 1000 元钱,并假定这就是喂养奶牛的所有支出。于是,放牧了 x 头奶牛的总社会成本(TC_s)和边际社会成本(MC_s)分别为:

$$TC_s = 1\ 000x$$

$$MC_s = TC_s = 1\ 000$$

整个乡村的利润达到最大的条件是边际社会收益等于边际社会成本,有 $MR_s = MC_s$。即:

$$a - 2bx = 1\ 000$$

解之即得公地的最优放牧量 $x^* = (a - 1\ 000)/2b$。

现在来看公地的实际放牧量(亦即均衡放牧量)的决定。这个乡村果真能够按照上述使整个乡村集体的利润达到最大的条件来确定其实际的放牧量吗?在两种情况下,可以做到这一点。一是该乡村做出集体决策来规定在公地上放牧的奶牛数量。任何个人不得超过所规定的数量进行放牧。在这种情况下,只要所规定的放牧数量恰好等于 x^*,并且能够以有力的措施来保证这些规定得到切实的贯彻执行,则结果就是最优的。另一种情况是乡村的公地由某个个人所有。在这种情况下,公地的所有者就能够像乡村集体决策时一样对进入公地放牧的奶牛数量进行限制:他可以购买恰当数量的奶牛来实现自己的利润最大化。由于在这种情况下,公地的利益就是公地所有者的个人利益,故此时使公地所有者利润最大化的放牧量也就是公地的最优放牧量。

但是,如果对公地的使用没有明确的规定,也不存在着乡村的集体决策,则结果就可能不是最优的。如果放任村民们自由地和不受任何限制地在公地上免费放牧,就会上演一场"公地的悲剧",即实际的奶牛放牧量将会大大超过其最优的水平。结果,公地的草场将由于长期的超负荷放牧而不断地被破坏、被损坏,并日益凋零和衰落下去。

为什么缺乏限制的自由放牧会造成如此后果呢?这是因为,如果每一个村民都可以无限制地自由使用公地，则他们就会根据自己的（注意，不是乡村集体的）利润最大化考虑而行事。也就是说，他们将把自己的放牧数量确定在边际私人收益和边际私人成本相等的地方。按照前面的假定，每个村民个人的边际私人成本很清楚，就是他购买一头奶牛时支付的价格1000元。这一点与乡村集体的边际社会成本是一致的。但是，边际私人收益会不会与乡村集体的边际社会收益一致呢？如果也是一致的，则个人的行为就将完全与集体的行为一样，也就不会有什么公地的悲剧了。可惜事实并非如此，并没有这样的好事。

假定某个村民决定增加饲养一头奶牛。这个行动意味着整个乡村放牧的奶牛总量和生产的牛奶总量增加了。牛奶总量的增加将导致牛奶的市场价格下降。牛奶市场价格的下降不仅使该村民的边际私人收益下降，而且也使整个乡村的边际社会收益下降。但是，整个乡村的边际社会收益下降的程度要更大一些。这是因为，当一个村民决定增加自己的奶牛数量从而使牛奶的市场价格下降时，不仅他自己生产的牛奶的价格以及边际收益下降了，而且其他村民生产的牛奶的价格以及边际收益也下降了。但是，该村民在计算自己的边际私人收益时，却只需要考虑自己产品的价格下降以及收益损失，而无需考虑其他村民的产品价格下降以及收益损失。另一方面，我们在计算价格下降对整个乡村的社会收益的影响时，则不仅要考虑该村民的私人收益的损失，还要考虑所有其他村民的私人收益的损失。因此，随着某个村民放牧量的增加，该村民的边际私人收益的下降幅度比整个乡村的边际社会收益的下降幅度要小。二者之间差别的大小则取决于该村民拥有的奶牛数量在整个乡村的奶牛总量中所占的比例。这个比例越大，则边际私人收益与边际社会收益的差别就越小。特别是，当该村民拥有的奶牛数量的比例达到100%，亦即乡村的全部奶牛都归该村民所有时，他的边际私人收益就等于边际社会收益——因为此时他增加放牧量不会给其他村民造成损失。另一方面，该村民拥有的奶牛数量的比例越小，则边际私人收益与边际社会收益的差别就越大。特别是，当该村民新增加的那头奶牛就是他唯一的一头奶牛时，边际私人收益与边际社会收益的差别达到最大。实际上，他的边际私人收益此时将等于放牧奶牛的平均收益。

应该指出："公地的悲剧"并不能说明土地的个人所有优于集体所有，因为这个例子也同样可以说明，在对土地的使用作出明确规定或在集体决策下，"公地的悲剧"不会出现。此外，集体所有还可以避免各种"私地的悲剧"。例如，在一片公有的海滩上，每个人都可以享受到海浴和观海的乐趣。但是，如果私人拥有该海滩并圈起了篱笆禁止外人进入，大家的乐趣就会因之而被剥夺。

11.4.6　公共选择理论

对公共产品（公共资源）的处理涉及与政府行为有关的"集体选择"。所谓集体选择，就是所有的参加者依据一定的规则通过相互协商来确定集体行动方案的过程。公共选择理论特别注重研究与政府行为有关的集体选择问题。

（1）集体选择的规则

① 一致同意规则。所谓一致同意规则，是指一项集体行动方案只有在所有参加者都认可的情况下才能够实施。这里的"认可"意味着赞成或者至少不反对。换句话说，在一致同意规则下，每一个参加者都对将要达成的集体决策拥有否决权。例如，联合国安理会的任何议案都必须得到5个常任理事国的一致认可才可实施。如果有一个反对，则相关议案即被否决。由于每一个参加者都拥有否决权，任何一个有可能损害某些参加者利益的集体行动方案都会被

否决,于是,一致同意规则便具有如下的优点:第一,能够充分地保证每一个参加者的利益;第二,可以避免发生“免费乘车”的行为;第三,如果能够达成协议,则协议将是帕累托最优的。一致同意规则的缺点则在于:达成协议的成本常常太大,在许多情况下甚至根本就无法达成协议。

② 多数规则。所谓多数规则,是指一项集体行动方案必须得到所有参加者中的多数认可才能够实施。这里的多数,可以是简单多数,即超过总数的一半,也可以是比例多数,如达到总数的三分之二以上。美国国会、州和地方的立法常常使用简单多数规则,但在弹劾和罢免总统、修改宪法时,则采取三分之二的比例多数规则。与一致同意规则相比,多数规则的协商成本较低,也更加容易达成协议。多数规则存在的问题是:第一,它忽略了少数派的利益。由多数派赞成通过的集体协议强迫少数派也要服从。第二,可能出现“收买选票”的现象。这是因为,在多数规则的条件下,单个参加者的选择对最终的结果影响不大,具有可忽略性,从而一部分选民有可能不重视自己的选举权。这样一来,选举就有可能被利益集团所操纵:利益集团通过一定的小的代价来收买那些不重视自己选举权而打算不投票或投弃权票的选民,让他们按利益集团的意愿投票。第三,在多数规则下,最终的集体选择结果可能不是唯一的。不同的投票秩序会导致不同的集体选择结果,使社会成员作出前后不相一致甚至相互矛盾的决策。这就是所谓的周期多数现象。

③ 加权规则。所谓加权规则,就是按实际得到的赞成票数(而非人数)的多少来决定集体行动方案。一个集体行动方案对不同的参加者会有不同的重要性。于是,可以按照重要性的不同,给参加者的意愿“加权”,即分配选举的票数。相对重要的,拥有的票数就较多,否则就较少。

④ 否决规则。具体做法是:首先让每个参加对集体行动方案投票的成员提出自己认可的行动方案,汇总之后,再让每个成员从中否决掉自己所反对的那些方案。这样一来,最后剩下的没有被否决掉的方案就是所有成员都可以接受的集体选择结果了。如果有不止一个方案留了下来,就再借助于其他投票规则(如一致同意规则、多数规则等)来进行选择。否决规则的优点是显而易见的,因为经过这一规则筛选之后留下来的集体行动方案都将是帕累托最优的。

(2) 最优的集体选择规则

上面所说的各种集体选择规则都是有利有弊的。这就产生了如何确定最优的集体选择规则的问题,即按照什么样的规则来进行集体选择,才能保证所得到的结果是最有效率的。在这方面,西方公共选择理论家们提出了两个主要的理论模型。

① 成本模型。按照这一模型,任何一个集体选择规则都存在着性质完全不同的两类成本。一类叫做决策成本,指的是在该规则下通过某项集体行动方案(即作出决策)所花费的时间与精力。集体决策的形成需要参加者之间不同程度的讨价还价。随着人数的不断增加,讨价还价行为发生的可能性将成倍增加,从而决策成本也将成倍增加。另一类是外在成本,指的是在该规则下通过的某项集体行动方案与某些参加者的意愿不一致而给他们带来的损失。当通过的某项集体行动方案与某些参加者个人的实际偏好一致时,这些参加者个人承担的外在成本就等于零;而当两者不一致时,他们承担的外在成本就大于零。显而易见,随着这种不一致的人数和程度的增加,外在成本的总量也将增加。对于不同的集体选择规则,决策成本和外在成本的大小是不一样的。例如,与一致同意规则相比,多数规则的决策成本可能较低,因为

容易作出决策,但外在成本却可能较高,因为决策的结果可能和很多人的意愿不一致。决策成本和外在成本之和叫做相互依赖成本。最优集体选择规则的成本模型的结论是,理性的经济人将按最低的相互依赖成本来决定集体选择的规则。

② 概率模型。与成本模型不同,寻找最优集体选择规则的概率模型并不是追求社会相互依赖成本的最小化,而是力图使集体决策的结果偏离个人意愿的程度达到最小。根据这一模型,最好的集体选择规则就是那种能使上述偏离可能性达到最小的规则。西方一些公共选择理论家证明,按照这一标准,集体选择中的多数规则是一种比较理想的规则。

(3) 政府官员制度的效率

按照公共选择理论,政府官员制度是指那种由选举所产生的、被任命的以及经过考试而被录用的政府官员来管理政治事务的制度。总的来说,这种政府官员制度的效率是比较低的。其原因如下:

首先是缺乏竞争。政府的各个部门都是某些特殊服务的垄断供给者。没有任何其他的机构可以替代这些政府部门的工作。由于缺乏竞争,政府部门的效率一般都比较低下。此外,由于缺乏竞争对手,人们常常甚至无法判断政府部门的成本即每年的财政支出是否太多,或者它们的产出即所提供的服务是否太少,即很难准确地判定政府部门的效率。

其次是机构庞大。政府官员一般不会把利润最大化(或者成本最小化)作为自己的主要目标,因为他很难把利润直接占为己有。政府官员追求的主要是规模(亦即官员机构)的最大化,因为规模越大,官员们的地位就越高,权力就越大,得到进一步提升的机会就越多。

最后是成本昂贵。政府官员会千方百计地增加自己的薪金,改善工作条件,减轻工作负担,从而不断地提高他们的服务的成本,导致浪费的极大化。

公共选择理论认为,解决政府官员制度低效率的主要途径是引入竞争机制。具体做法是:第一,使公共部门的权力分散化。分散有利于减少垄断的成分。例如,可以把过于庞大的公共机构分解成几个较小的、有独立预算的机构。第二,由私人部门承包公共服务的供给。由政府投资的公共服务,并不一定必须由政府来生产。例如,街道清扫、垃圾处理、消防、教育、体检等公共服务的生产都可以实行私有化。第三,在公共部门和私人部门之间展开竞争。如果允许私人部门和公共部门一样提供公共服务,则它们之间就会展开竞争,竞争将促使公共部门提高效率。第四,加强地方政府之间的竞争。地方政府的权力不仅受到公民选票的制约,而且受到居民自由迁移的制约。当一个地方政府的公共服务的成本(税收)太高而质量太低时,居民就可能迁移到其他地区去,从而使当地政府的税收减少。因此,地方政府之间的竞争也可以促使它们提高效率。

案例评析

堵车,并非无药可救!

新加坡是一个东西长 47 公里、南北长 23 公里的岛国,常住人口 508 万,每年还有超过 1 000 万的旅游观光人员光顾这个城市国家。然而即使这样,穿行在新加坡的大小街道,也未见国内城市司空见惯的严重塞车现象。

新加坡没有汽车工业,汽车全部进口。政府对进口汽车按到岸价征收20%的关税后,还对每辆汽车征收到岸价100%的附加注册费。这样一来,汽车的实际销售价格就变成了到岸价的2.2倍。其次是控制车辆总数。为了控制家庭汽车数量的增长,新加坡政府规定每年全国车辆(含摩托车)增速不超过3%(2011年新加坡政府又将这个增速限制调低为1.5%),并通过购买和竞拍拥车证的方式加以控制。每个拥车证有效期为10年。从新加坡拥车证实施的历史看,其价格在1万至10万新元间波动。这样,一个家庭若想拥有汽车,就必须付出10多万新元的代价,相当于新加坡一个中等收入家庭两年的总收入。

早在1975年,新加坡就针对交通繁忙的路段和区域开始征收车辆拥堵费。但限于技术落后,当时只能手工收费,就是要求进入中心区的车辆必须购买"区域通行证",否则就视为违法。只有一种情况例外,若车上有4个人,就可以免费。

1998年,新加坡成为全球第一个实行公路电子收费ERP(Electric Road Pricing)的城市。在中心城区的主干道上方,都设置了电子收费系统。新加坡除了自行车以外的所有车辆,都安装了一个手掌大小的仪器,可以插入现金储值卡。当经过电子收费系统时,司机无需停车,收费器就可以自动扫描扣费。而收费则完全根据车流量自动进行调整。这一措施的实施,使得一些不必要的车辆在交通高峰时段不上路或是绕道而行。

新加坡的道路设计科学。在新加坡乘车,常有上天入地之感,车辆一会儿爬上了高架桥,一会儿钻入了地下隧道。据了解,新加坡政府为了有效避免交通拥堵,常常把商业繁华地段的汽车道路建在地下,从而避免人车争抢道路的现象。

国内很多城市交通状况日益糟糕。关于征收交通拥堵费的讨论也很多。虽然对于公共出行这种公共产品,征收一定费用并非一定是解决交通问题的灵丹妙药,但从新加坡及世界其他国家和地区(如英国伦敦、中国香港)的成功实践来看,此方法符合经济学道理。

公共道路就像一个公共的牧场,是有一定容量的,如果只是少数人放羊,问题不大,可是,一旦牧羊人多了,大家都想着自己利益的最大化,必然会造成"公地悲剧","公共牧场"将在牧羊人无节制的放牧中走向毁灭,而公共道路则在有车族们的"放牧"中堵塞。

"交通拥堵"所带来的损失是由全社会共同承担的。但是,有私家车的人很多时候只考虑出行距离、汽油费、时间等费用,而不会考虑或者很少考虑其驾车出行给他人所带来的外部负效应。要解决"交通拥堵",最根本的方法还是要将"有车族"在高峰期驾车出行所带来的"外部负效应"内部化——向他们征收"拥堵费",让他们为其所带来的负效应负责到底。

从经济学的角度来看,交通拥堵主要是由交通需求超过供给、交通道路资源稀缺所致。因此,要缓解交通拥堵,可以从"增加道路供给"和"优化管理以减少需求"两方面入手。而交通道路资源在某段时间内总是固定的,不可能天天去拓宽马路,而且拓宽马路的成本高昂。城市道路拥挤收费其本质上是一种交通需求管理的经济手段，目的是利用价格机制来限制城市道路高峰期的车流密度，达到缓解城市交通拥挤的目的，提高整个城市交通的运营效率。

拓展阅读

市场失灵与政府失灵

对市场失灵的情况简单地以偏概全，是有误导性的，不能成为政府大规模积极干预的理由。市场失灵是指私营部门无法高效正常运转的情况。为了解决这一问题，经济学家和其他专家通常会建议政府进行干预，例如通过税收政策来减少污染。

然而，政府失灵与市场失灵同样存在。在建议以政府干预应对市场失灵之前，应当考虑政府的实际政策是否反而会导致私营部门局势更加恶化，而非有所助益。例如，消费者有时并不了解所购产品的质量。但是，在倡导政府对消费者进行各种形式的保护之前，应当承认选民们对政坛候选人的了解程度还远不如消费者对所购产品的了解程度。

私营部门经常出现垄断。不过，政界也存在垄断，而且更加普遍。一旦政府企业获得垄断地位，一般都会成功阻止或者尽量拖延私营竞争对手进入市场。相反，私营企业占据垄断地位的历史通常都很短暂，例如 IBM 和微软的优势地位正在逐渐削弱。

有时，政府干预不但无法应对市场失灵，反而会火上浇油。美国政府相信私营部门没有向家庭，尤其是低收入家庭提供足够的抵押贷款，因此成立了房利美和房地美两家准政府机构，以鼓励人们贷款买房。但是，这两家机构利用特权地位承担过度风险，大笔发放根本不应当发放的抵押贷款。

欧洲监管当局以各种所谓的反垄断政策为由对 Google、微软等大公司（主要为美国企业）进行干预。美国监管当局也多次进行反垄断干预，例如，最近阻止美国电话电报公司收购 T-Mobile。这些反垄断措施主要是为了保护这些大公司的竞争对手或者保护就业，而非提高消费者的利益。

由于石油燃料污染甚巨，因此许多国家对各种替代能源提供补贴，如风能、太阳能、生物燃料等。但是，哪种替代能源的补贴力度大，通常取决于政治考虑，而非经济因素。例如，由于政治原因，氢燃料汽车曾经一度似乎最有可能替代汽油燃料汽车；后来氢燃料汽车没落，电动汽车又成为政界新宠。政府很少选对技术赢家。一个新例证是，最近美国政府巨资支持的太阳能电池板制造商公司 Solyndra 陷入破产丑闻。

既然意识到政府失灵比市场失灵规模更大，后果更为严重，那么政府应当如何制定政策？我认为，只有当市场失灵规模相当庞大而且持久时，政府才应当干预。另一方面，如果市场失灵规模相对较小，而且持续时间较短，例如出现垄断，或者利用消费者的不知情，就应当尽量减少诸如反垄断法案之类的政府干涉，让消费者自己决策。

当出现重大市场失灵，而政府又没有其他可靠替代方案之时，情况最为复杂。此时应当具体问题具体分析。但是,我认为,通常规则应当是让市场自行解决。因为,在整体上,政府失灵比市场失灵更为普遍,破坏力更强,更难自动调整。

(加里·贝克尔:《市场失灵与政府失灵》,《新世纪》,2011 年 10 月 28 日。)

复习思考

1. 公共产品跟私人产品相比,有哪些特点?这些特点是如何导致公共产品的市场提供失灵的?

2. 垄断为什么不能实现帕累托最优?对此政府有何对策?

3. 外部性是如何导致资源配置无效的?政府该如何解决外部性问题?解决外部性问题只能靠政府吗?

4. 科斯定理对实现资源的有效配置有何启示?为什么一些经济学家认为规定产权可解决外部影响问题?

5. "公地悲剧"是怎么回事?请给予简要的数学分析,并说明解决此类悲剧的途径有哪些。

6. 结合实际情况,论述价格机制的缺陷。你认为市场失灵的最主要原因是什么?为什么会产生?该如何完善市场机制?

7. 谈谈你身边的"搭便车"现象。如何用经济学理论解释该现象?如何解决"搭便车"问题?

参考文献

[1] 冯金华:《一般均衡理论的价值基础》,《经济研究》,2012 年第 1 期。
[2] [美]斯蒂格利茨:《经济学》,中国人民大学出版社,2000 年。
[3] 高鸿业:《西方经济学》,中国人民大学出版社,2011 年。
[4] 李立春,王新生,李惠杰:《西方经济学》,高等教育出版社,2008 年。
[5] 《西方经济学》编写组:《西方经济学》(上册),高等教育出版社,人民出版社,2011 年。
[6] 刘东,梁东黎,史先诚:《微观经济学教程》,科学出版社,2010 年。
[7] 任保平,宋宇:《微观经济学》,科学出版社,2009 年。
[8] 叶德磊:《微观经济学》,高等教育出版社,2009 年。
[9] 司春林,等:《现代微观经济学》,复旦大学出版社,1998 年。
[10] [美]曼昆:《经济学原理》,梁小民译,机械工业出版社,2003 年。
[11] [美]布拉德利. 希勒:《经济学基础》,王福重译,人民邮电出版社,2004 年。
[12] Robert S. Pindyck, Daniel L. Rubinfeld, Winston T. H. Koh:《微观经济学(亚洲版)》,刘启、王引、毛剑辉等译,清华大学出版社,2008 年。
[13] 陈建萍:《微观经济学——原理、案例与应用》,中国人民大学出版社,2006 年。
[14] 陈钊,陆铭:《微观经济学》,高等教育出版社,2008 年。